IP之道

30家国内一线创新公司的知识产权是如何运营的

（第2版）

柯晓鹏　林炮勤 / 主编

企业管理出版社
EMPH
ENTERPRISE MANAGEMENT PUBLISHING HOUSE

图书在版编目（CIP）数据

IP之道：30家国内一线创新公司的知识产权是如何运营的 / 柯晓鹏，林炮勤主编. -- 2版. -- 北京：企业管理出版社，2023.3

ISBN 978-7-5164-2752-1

Ⅰ. ①I… Ⅱ. ①柯… ②林… Ⅲ. ①企业—知识产权—研究—中国 Ⅳ. ①D923.404

中国版本图书馆CIP数据核字（2022）第216654号

书　　名：IP之道：30家国内一线创新公司的知识产权是如何运营的（第2版）
书　　号：ISBN 978-7-5164-2752-1
作　　者：柯晓鹏　林炮勤
选题策划：周灵均
责任编辑：张　羿　周灵均
出版发行：企业管理出版社
经　　销：新华书店
地　　址：北京市海淀区紫竹院南路17号　　邮　　编：100048
网　　址：http://www.emph.cn　　电子信箱：26814134@qq.com
电　　话：编辑部（010）68456991　　发行部（010）68701816
印　　刷：北京博海升彩色印刷有限公司
版　　次：2023年3月第2版
印　　次：2023年3月第1次印刷
开　　本：710mm × 1000mm　1/16
印　　张：20.5
字　　数：270千字
定　　价：89.00元

主　编

柯晓鹏　林炮勤

编委会

李　兵	刘光华	李　阳	郭　敏	罗伟欢
杨　金	付　饶	李　丽	林炮勤	张天翔
章　捷	姜银鑫	许立举	李文红	徐迎春
陈小俭	赵永辉	王若飞	李　刚	李海波
唐立平	陆敏勇	柯晓鹏	郝传鑫	刘大江
丁建春	王安武	赵　刚	吴锦伟	王宗鹏
郑玉林				

PREFACE

·第2版序·

2022年11月，我在与林炮勤的交流中得知《IP之道：30家国内一线创新公司的知识产权是如何运营的》一书将再版，为此深深地感到高兴。知识产权方面的图书相对于其他管理类图书，读者群还是偏小的，欣慰的是，关于知识产权的图书也有很好的市场销量。进一步了解才知道，本书在国内的豆瓣评分为7.6，相当于满分是五颗星的话得到了四颗星的评价。这本书最吸引我的，也是与市面上的知识产权法律图书最大的区别之处，就是本书内容是多位编委职业经验的总结。他们从工作实务出发，结合企业跨部门的协作，进入知识产权的战略分析与布局，深入知识产权的风险管控及相关诉讼管理，最后以综合管理的方式呈现。书中所有的分析数据与案例都是从编委们日常研究与实际工作中而来，融合了产业面、知识面与工作面的丰富信息。

当今，经济全球化竞争加剧，企业面临的挑战不再单纯是销售产品或提供服务，知识产权成为全球各大企业竞争的主要手段，而我们不可避免地成为这场博弈中的一分子，一定要认识到知识产权的重要性，并掌握这个“武器”。当知识产权与企业层级战略相结合时，其影响是全面性的，从企业管理层的资源分配战略到各个层级的研发战略、销售战略、质量战略，乃至企业每日运作基本的价值活动，它的影响延伸到各个层面、各个系统。以通信产业为例，没有5G通信基础专利权利人的授权，手机就无法制造出来并销售出去，因为买不到最重要的5G通信芯片，而这个通信芯片是特定企业所掌握的。又如，缺少HDMI（High Definition Multimedia Interface）的专利与商标的授权，就无法制造影音连接器线缆，工作场所及家庭中的音响、电视就无法连接。所以，可以说，知识产权在一定程度上支配了现今的产业以及相关的供应链，而本书给我们提供了解决知识产权问题与冲突的方法，给出了我们想要的答案。

2022年是我进入知识产权领域工作的第26个年头，同本书多位编委的工作资历一样，我也是一离开学校就选择加入了富士康知识产权的大家庭。为这本书作序，不由地回忆起刚加入富士康时的情形。当时美国、日本及欧洲的企业在知识产权方面拥有绝对的优势，而我们想要把自己企业的知识产权做大、做高、做远，困难重重。当时的工作环境与产业发展状况，与今天相去甚远，更没有互联网的便利，那时还没有知识产权专门的研究所，我们团队大多数人没有受过专门的知识产权训练。1998年，我到广东深圳富士康龙华厂带领一批刚进入工厂的大学生，就这么从专利撰写、答辩、诉讼开始，边做边学，其实就是摸着石头过河。多年之后，看到柯晓鹏与林炮勤带领一群知识产权人，研究、整理、提炼30家国内一线创新公司的知识产权运作的实务经验，并形成自己的知识产权，我深受感动。我们当年的工作有人继承与发扬，我相信我们在知识产权路上做的所有探索，对于现在要加入或已在知识产权工作岗位的人，能起到很好的引领作用。

知识产权工作是永远不会中断的，而从事知识产权工作的同人已经是企业不可或缺的人才与特殊资源。未来，可以说知识产权是全球企业竞争的制胜武器，作为知识产权工作者，任重而道远。我希望《IP之道：30家国内一线创新公司的知识产权是如何运营的（第2版）》推向市场，取得更大的成功；更希望我们的作者后续开发出“IP之道”系列图书，为我国的企业在全球市场中赢得竞争保驾护航。在此对本书成功再版表示诚挚的祝贺！

富士康科技集团智权总处前处长

益实实业股份有限公司总经理特助　**傅绍明**

2022年10月

PREFACE

·初版序·

正是人间四月天，春风荡漾，夕照烂漫，坐在洒满落日余晖的阳台上，一边品味用友人送来的上好咖啡豆现磨的蓝山咖啡，一边阅读晓鹏发来的《IP之道：30家国内一线创新公司的知识产权是如何运营的》书稿，情不自禁地从内心深处发出一声感慨：味道好极了！味道好不仅是这一杯味蕾沉浸的咖啡，更是这一本讲授企业知识产权运营管理之身体力行、真抓实干的精彩书稿。几天来粗粗一读，已经收获多多，获益匪浅。掩卷静思，回味隽永，值得为这本书击节叫好，抚卷点赞。

由柯晓鹏、林炮勤主编并由30多位资深知识产权经理人共同撰写的这本书，共分成从零开始做知识产权、跨部门合作、知识产权分析、知识产权布局、知识产权策略、知识产权质量管控、知识产权风险管控、知识产权无效诉讼、知识产权综合管理九个部分。本书并不讲究体系化，也不追求系统性，这九个部分并不是严格设计的区隔规划，只是从这九个方面随机展示了企业知识产权运营中的些许春风秋雨和几抹夏云冬雪。然而，顾名思义，这些方面可以说涉及企事业单位知识产权经营管理的“开门九件事”，也可以说都是企业实施知识产权战略、策略的落地举措和实践经验。企事业单位的知识产权运营实战，一般总是“纸上得来终觉浅，绝知此事要躬行”。难能可贵的是，本书围绕九个方面的那些故事多是作为资深知识产权经理人的作者身体力行、亲力亲为的职业轨迹和历史脚印，记录着他们从事知识产权运营的“三十六计”以及从事智慧财产管理的“十八般武艺”。也正因为如此，本书对企业的知识产权经营管理具有更现实的指导意义和参考价值。

当前我们所处的知识经济时代，凸显出在互联网科技进步下以知识产权来“经营”经济的时代特征。在这样的时代背景下，企业的发展离不开知识产权，因此，当代企业就必须以知识产权法律知识与知识产权管理知识武装自己。

近年来我国可能是世界上举办知识产权会议最多和出版知识产权书籍最多的国家，但二三十年来我国出版的众多知识产权书籍多是知识产权法律书籍，较少有知识产权经营管理书籍。即使一些冠名“知识产权管理”的书籍，也多半是挂了“知识产权管理”之名，主要讲的仍然是知识产权法律的内容。所以，迄今我国仍然严重缺乏注重应用实效、实至名归的知识产权经营管理书籍；而作为一本身体力行、深入浅出、融会贯通的知识产权运营应用书籍，《IP之道：30家国内一线创新公司的知识产权是如何运营的》的正式出版，将在提升企业知识产权运营方面发挥积极的宣传和传授作用。

企业管理新篇章，知识产权运营忙。期望随着《IP之道：30家国内一线创新公司的知识产权是如何运营的》一书的出版，有更多的理论联系实际、富有实效的知识产权经营管理类书籍问世，也期待本书作者柯晓鹏等资深知识产权经理人再接再厉，为推进企事业单位的知识产权运营创作更多新作品。

是为序。

大连理工大学知识产权学院院长
上海大学知识产权学院名誉院长
陶鑫良

2017年4月

CONTENTS

目录

第一部分　从零开始做知识产权

一、变革者的春天——也谈中国IPR的时代格局

二、从零开始做知识产权

第二部分　跨部门合作

一、通过专利培训打通企业专利工作的任督二脉

第四部分　知识产权布局

第五部分　知识产权策略

第八部分　知识产权无效诉讼

1

PART

第一部分

从零开始做知识产权

30家国内一线创新公司的知识产权是如何运营的

IP之道

一、变革者的春天——也谈中国 IPR 的时代格局

作者简介：柯晓鹏，阿里巴巴集团专利法务总监，曾任职于富士康科技集团、中兴通讯股份有限公司、恩智浦半导体有限公司、维信诺集团，曾任东方知识产权俱乐部理事长、中国企业知识产权发展沙龙理事长。

人间四月，芳菲正盛，春暖中华。

四月历来是中国知识产权圈的旺季，因为以中国为主要发起人之一设立的世界知识产权日定在每年的4月26日，最高人民法院历来在这一天发布重磅报告《中国法院知识产权司法保护状况》年度白皮书，政府或民间举办的各类大小IP（Intellectual Property，知识产权）会议通常也在这个黄金时段遍地开花。仅本人所知，四月份在一、二线城市召开的百人以上规模的IP研讨会至少有十几场，众多中国IP界的精英正忙着穿梭在大江南北，不是在会场里端坐，就是在奔赴会场的飞机高铁上沉思。

“创新”从顶层口号落实到社会现实，中国经济转型的顶层设计师和领导者们在各种场合为创新和IP摇旗呐喊已是新常态，在格调或高或低的无数行业会议上，精英们和新锐们也纷纷为创新和IP代言。对涉及知识产权创造、运用、保护和管理各环节的政策扶持和资本运作亦是如火如荼。作

为在中国知识产权从业者（以下统称IPR）圈里沉浮二十载的“老兵”，我的个人感受是，伴随着扑面而来的创新热潮，笼罩在中国知识产权穹顶的雾霾正在逐渐消散，广大中国IPR迎来繁花似锦的职业春天。

每个人都是时局的棋子，每段职业生涯都是在时代背景里被梦想和现实不停纠葛撕扯的人生。在这个波澜壮阔的创新时代的风口中，且让我们回顾和前瞻一番，作为21世纪最重要的无形资产——知识产权的操盘手们，中国IPR经受住历练，正在以积极的心态迎接新的时代格局。

（一）IP1.0时代：1985—2002年——大道之初

1985年4月1日，《中华人民共和国专利法》（以下简称《专利法》）颁行，开启了中国IP1.0时代。

同年，在美国，30岁的青年企业家乔布斯因在与董事会的权力斗争中败北而离开一手创立的苹果公司，转攻动画制作，继续他的创新创意之旅。在欧洲，柏林墙依然矗立，西欧十七国发起名为“尤里卡”的技术合作项目，旨在提高欧洲企业对阵美日同行的国际竞争力。在中国，改革开放方兴未艾，苏南各行业的乡镇企业步入“野蛮生长”的黄金时代，而中国科技公司中最耀眼的未来之星之一——中兴通讯股份有限公司（以下简称中兴通讯）则刚刚在深圳组建。

在以法律移植为主要立法逻辑的中国IP1.0时代里，知识产权法律法规的拟制和修改起步于国际形势的外在要求，而非基于中国创新的内生动力，专利权、商标权、著作权等各项知识产权在很大程度上是纸面上的权利，与实体经济的运行只是偶然地、零星地发生关系，就连侵权表现最显著的盗版光碟亦堂而皇之地充斥着大街小巷。那些起步于20世纪80年代的中国IPR圈的第一批践行者们，无疑是这个行业的先驱，他们当中很多人是“半路出家”投身于这个行业，在中国IP大道初行的艰难岁月里摸着石头过河，主要工作在公务员或事务所系统里，在体制或半体制的生态环境中，进行以IP权利申请登记为主的基本业务。

在中国IP1.0时代的中后期，少数具备前瞻眼光的中国科技企业开始尝试设立in-houseIP（企业知识产权人员）岗位。今天在全球IP竞技场呼风唤雨的华为、中兴们，彼时亦不过只有寥寥数人的IP团队在从事专利申请、商标注册等基本业务；而布局、分析、诉讼等彼时看起来“高大上”的IP业务，主要集中在外企或台企在大陆设立的分舵。比如鸿海精密工业股份有限公司的大陆公司富士康科技集团（以下简称富士康）从1998年开始在深圳、苏州大规模组建IP分舵，设立了后来被誉为“中国IPR黄埔军校”的富士康智慧财产团队，多年后其创始人周延鹏先生的门徒已然遍布中国IP圈，团队先后离职人员也组成了数百人的“富智荟”，活跃在IP“江湖”的各个角落。至于IP许可、运营，似乎只是少数外资巨头例如飞利浦、IBM、高通等才能涉足的“高冷”领域，其一线阵地也大多被派驻中国的外籍同行所把持。

在中国IP1.0时代，来自中国权利人的知识产权权利登记并不活跃，在国内的维权行动更是屈指可数，各类知识产权排行榜上也甚少有中国权利人的身影。从国际市场竞争格局来看，大部分中国企业尚未冲出国门，在国际市场竞争中无法切身感受IP作为市场竞争达摩克利斯之剑的残酷。需要指出的是，在巨头环伺的科技产业，众多国外权利人已然在中国企业未来必经的成长征途上布下重重IP权利屏障，虽然IP直面竞争暂未硝烟弥漫，但十面埋伏的格局已悄然成形。例如，1999年Hisense商标已经被德国博西抢注，令海信日后在欧洲市场拓展掣肘难行。又如，曾一度辉煌的中国DVD军团，在与3C、6C等国外专利权利人联盟的谈判中，因IP实力严重失衡，不得不付出高昂的专利许可费，日后导致一个产业的迅速没落。这些看似偶然实则必然的IP事件的发生，刺痛了勤于学习和思考的中国IPR。

如何利用IP为企业开拓市场保驾护航，成为中国IPR必须面对的严酷考验。

（二）IP2.0时代：2003—2014年——披荆斩棘

2003年春节，来自美国思科公司的一纸侵权诉状送达中国科技产业的明星企业华为技术有限公司（以下简称华为），在中国IP圈乃至全球产业界掀起了热烈讨论。彼时正值中国企业国际化浪潮风起云涌之际，这次中美产业巨头间的跨国IP诉讼，不仅意味着中国企业面临的国际竞争格局从产品、技术、价格竞争时期全面升级到IP争霸的帝国时代，也是中国IPR从1.0时代迈入2.0时代的揭幕之战。在此后十多年间，专利侵权诉讼、美国337调查、商业秘密阻击战日渐成为疾驰在国际化征途上的中国企业不得不熟悉的重要议题。受此推动，越来越多的经历过、围观过或大或小的IP战争或战役的中国企业群体开始陆续增加对知识产权的投入，以华为、中兴为代表的中国力量逐渐成为世界专利争霸赛场的重要角色。

2003年4月，联想集团（以下简称联想）宣布启动新的联想品牌标识，沿用了19年的“LEGEND”被换成“LENOVO”。换标是项庞大的系统工程，对于已在全球市场拥有庞大份额和影响力的公司，意味着巨大的风险和巨额的成本投入。联想换标背后的重要原因是，“LEGEND”商标早已在多国被他人在相同或类似产品上注册，换标其实是在高度法律风险阻击下的釜底抽薪之举。2005年3月，海信集团与德国博世－西门子家用电器集团在北京共同发表联合声明，宣布双方经过充分磋商，终于在海信被抢注的商标问题上达成和解协议。这是一个艰难的和解，海信为此调动了巨大的资源。这些标志性的事件充分证明，在国际化的道路上，作为企业知识产权的重要组成部分，企业的商标和品牌也必须开展前瞻性的国际布局。

联想换标和海信夺标是中国商标史上的一个里程碑，经历过那个知识产权黎明的前夜之后，中国迅速成为商标注册的超级大国，中国企业也开始成为国际商标注册的第一军团；而历史的吊诡之处在于，相似的剧本一再重演，商标抢注依然是国际IP“江湖”明争暗斗的大杀器，只是在众多雷同的故事中，在抢注者的马甲之后，往往深藏着中国主角。

起于2007年，历时两年的江苏盐城捷康三氯蔗糖制造有限公司（以下简称盐城捷康）对阵美国泰莱公司的ITC-337诉讼，以盐城捷康在法律战和市场战的双赢而告终。此役被认为是中国企业主动应对美国337调查并以弱胜强的经典案例，也是企业管理层通过顶层设计将IP战略融入企业主营业务的最佳实践样本。盐城捷康为此役投入300多万美元，成为中国历史上第一个主动加入ITC-337调查并获得胜诉的企业，最终用法律武器捍卫了广阔的国际市场。拥有法律专业背景，率领盐城捷康赢得胜利的时任CEO安立军先生一度被赞为中国最懂IP的实业公司CEO。我多年前曾在南京某IP研讨会上有幸听闻安先生传道，对其IP与企业运营关系的点睛之句“未雨绸缪是投资，亡羊补牢是费用”至今言犹在耳。盐城捷康的337调查胜诉对于中国企业具有启示性的意义，鼓舞了各行业的中国企业主动出击掌握主动权，鼓励中国企业不断提升核心竞争力并善用知识产权规则。几年之后，中兴通讯对阵美国TPL、Flashpoint、InterDigital等公司发起的337调查，取得辉煌的四连胜，为中国企业披荆斩棘的国际化征程书写了浓墨重彩的绚烂篇章。

2008年可以视为中国IP2.0时代继往开来的重要里程碑，这一年中国通过北京奥运会向世界展示了大国形象，中国企业也通过中兴、华为等领先者们在全球PCT专利申请排行榜上的“状元”和“探花”的好名次，向世界展示了中国企业令人生畏的大规模专利布局能力。暂且不论专利数量与质量的关系之争，这样大规模、高成本的国际专利布局确实迅速改变了中外企业在全球通信领域的专利储备对比，客观上用一种便捷的方式夯实了中国企业在竞争异常激烈的通信领域的专利抗击打力和威慑力，为中国企业在全球市场的IP竞争中从消极防守转变为主动防御甚至积极进攻奠定了战略基础。

中国IP2.0时代的主要特征，除了专利申请、商标注册等主要知识产权权利在量级上年复一年的狂飙突进之外，对于权利的主动运用也呈几何级数递增。以知识产权民事诉讼为例，在IP2.0时代之始，中国各级法院不过几千件的年度一审案件受理量，而到IP2.0时代之末，各级法院受理的知识产权民事诉讼一审案件达到10万件量级。在IP2.0时代里，中国企业与外国企业之间，中国企业与中国企业之间以IP为市场竞争武器，进行着全方位、多角度、跨地域的较量。IP2.0时代里，中国IPR耳熟能详的标志性案件如通信领域的“爱（立信）中（兴）华（为）”专利大战、华为VSIDC专利滥用之诉，集成电路领域的珠海炬力与美国矽码特之争，软件领域的东进与英特尔之争，电器领域的格力与美的之争、九阳与苏泊尔之争，电子领域的正泰与施耐德之争，以及商标方面的王老吉商标之争、IPAD商标之争，众多此起彼伏的IP大案要案，既对社会进行了生动的知识产权普法教育，推动了无数市场竞争主体的IP意识、技能和投入，也从内因上推动了几轮IP相关法律的修订。2014年年底，北京、上海、广州三地专门知识产权法院的筹建或成立，既是司法系统对中国知识产权案件频发高发的积极应对战略举措，也是中国IP2.0时代收官和3.0时代开启的标志性事件。

（三）IP3.0时代：2015年至今——变革之路

2015年年初，国家发展和改革委员会经过一年多的缜密调查，公布对美国高通公司反垄断案的调查和处罚结果。这次由标准必要专利权利滥用而引发的反垄断调查，被广泛认为在全球标准必要专利许可领域具有里程碑的意义。因为本案牵涉厂家之广、对行业格局影响之大、处罚金额之巨、对IP许可模式规制之深，堪当中国IP3.0时代的揭幕式。

2015年4月1日，是中国《专利法》颁行30周年纪念日。在这个专利墙遍布于世的时代，已经无须再去向中国企业家们宣讲专利申请的意义。需要中国IPR思考并探索的是，在全球经济深度互联、创新业务层出不穷、开放共享日益蓬勃的时代格局里，如何立足各自行业模块的现实，打好IP组合拳，实现内外部客户的愿景。2015年之后的几年，中国的IPR在各项新兴业务包括专利运营、IP新媒体、IP培训等方面与资本市场对接良好，也取得了不错的成绩，希望这样的变革努力能促进整个IP行业在发展的广度与深度上更上一层楼，广大IPR同人也能有更大的发展和贡献。

二、从零开始做知识产权

作者简介：李兵，万魔声学科技有限公司董事长助理兼法务总监，荣获“2015年度中国杰出知识产权经理人”称号，曾任职于富士康科技集团和华为技术有限公司知识产权部。他的《从零开始做知识产权》一文以所在公司为例，阐述了“如何从零开始构建自己的IP防线”的问题。

本文作者所在企业属于轻资产企业，其中生产加工环节委托给加工厂，这使得企业可以将主要精力聚焦在耳机等声学产品的设计研发、质量管控、产品销售、售后服务和品牌经营五个方面。企业的核心竞争力在于产品的外观设计、声学技术和品牌影响力，这些无形资产是企业生存的基础和发展的命脉，如何有效地利用知识产权制度为企业保驾护航显得尤为重要。

（一）知识产权从0到1的规划

根据我们的经验，知识产权规划工作应当在企业设立之前做好，具体包含商标、域名注册，专利提前规划布局，等等，以跨出从0到1的第一步。在这里一项重要的原则是，尽可能地保证企业字号、商标和域名的一致，这对于后续的品牌经营具有重要的意义。

另一方面，初创企业技术积累通常较为薄弱，研发初期主要是对产品的功能进行改进，或者对商业模式进行创新应用。虽然如此，针对为数不多的“核心技术”，仍应当与研发人员充分沟通，尽可能地在穷尽未来可能的替代技术方案的前提下，集中申报专利包以构建专利战斗群，从而避免竞争对手在未来可能做出的“绕道设计”（design around）；而针对“改进的应用型技术”，则宜采用面向市场宣传和推广的专利申请策略，尽可能地挖掘出能够提升用户体验感和购买欲望的技术点，打造成“卖点专利”，以配合企业进行产品宣传推广。

需要指出的是，在前期需要兼顾版权保护、商业秘密（know how）保护和竞业限制规划工作，以防止核心员工离职后另起炉灶，对企业造成致命伤害，做到未雨绸缪。

（二）知识产权布局和应用策略

1. 专利布局

企业的专利通常可划分为三类：基础专利、卖点专利和外观设计专利。

在具体实践中，专利布局的国家和地区不仅要匹配产品销售和市场宣传推广计划，还要综合考虑产品的生命周期，以及不同国家和地区的知识产权制度存在的差异（例如不同的知识产权保护力度）等因素。例如，在声学领域不同类型专利及国家（地区）的申报过程中，我们就发现：巴西的专利申请周期长且对知识产权的保护力度较小，因此尽量不要在巴西布局专利；印度的专利审查通常参照美国和欧洲标准，出于专利申请成功率和成本的考虑，主要布局基础专利和外观设计专利；而对于生命周期较短的产品对应的功能和技术，原则上只在中国进行申请。

对于上述基础专利、卖点专利和外观设计专利，在实际运用中，我们还有如下考虑。

（1）基础专利申请。采用最小必要项和策略包围的申请方式，争取单个专利权利要求保护范围最大化的同时，建立专利包和专利家族的战斗群，提升专利应用时的攻防兼备能力。例如，为了解决自动适配安卓（Android）系统和苹果iOS系统而开发的智能线控技术，产品形态为安装在耳机线控器上的电路板及其上面安装的芯片，企业除了将产品应用的基础技术方案申请了专利保护（中国发明专利号ZL201310594749.9）之外，还将其他三项可以实现的延伸变更技术方案申请了专利保护。

（2）卖点专利申请。为针对产品功能改进的应用型技术方案，采用面向市场宣传和推广的申请策略，挖掘用户可感知的技术改进点（提升用户体验感和购买欲望）。例如，为了防止用户在插拔耳机插头时打滑和留下指纹痕迹而设计的指纹插头（外表面上设有环形纹路，也称“CD纹”专利技术），企业专门为此技术申请了专利保护（中国发明专利号ZL201310099539.2），并在公司官网上进行了宣传。宣传公司“CD纹”专利技术的相关网页，如图1-1所示。

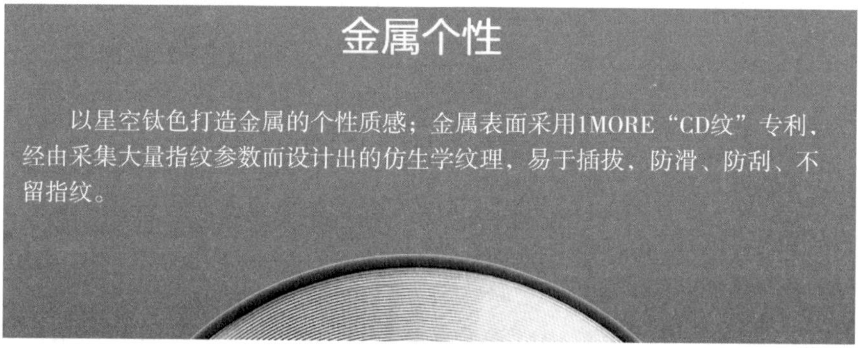

注：来自万魔声学官网

图1-1　宣传公司“CD纹”专利技术的相关网页

（3）外观设计专利申请。充分利用日本和美国“部分外观设计”的保护制度，使外观设计专利的保护范围最大化。考虑到耳机领域的外观设计专利主要集中在日本的现状，企业在申请外观设计专利之前，先对日本现有的设计进行了充分检索，提炼外观设计的创新点，并基于这些创新点绘制部分外观设计的附图。在申报时还特别注重时效，确保中国、日本和美国的专利申请时间差不超过一周，避免由于过期无法享受优先权又在某一个国家提前公开给现有设计造成不良后果。

另外，企业还将外观设计专利产品同时申报了iF设计奖（iF Design Award）和红点等工业设计奖项，以作为版权保护的一种有效补充手段。宣传外观设计专利产品获奖的相关网页，如图1-2所示。

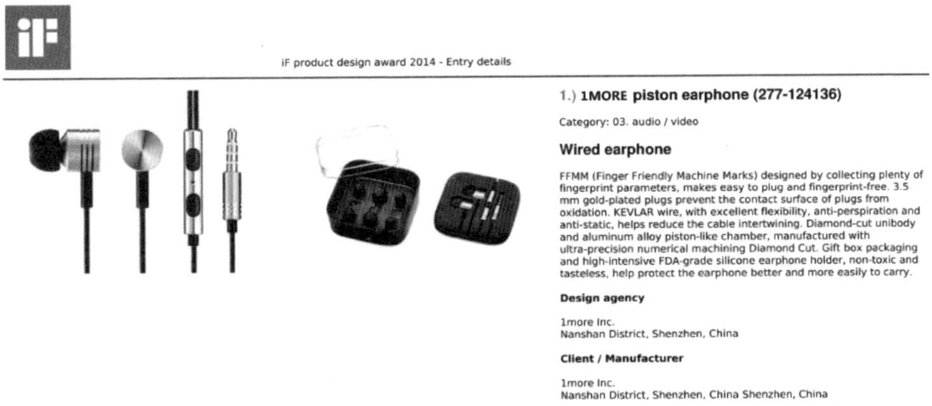

注：来自万魔声学官网

图1-2　宣传外观设计专利产品获奖的相关网页

2. 商标保护

商标要确保与企业字号和域名一致。例如，本企业的商标为“1MORE”，企业英文名称为“1MORE Inc.”，域名为“www.1more.com”；中文商标为“万魔”，企业中文名称为“万魔声学科技有限公司”。这些商标、域名和企业字号都具有高度的统一性。

由于商标具有地域性，在某些国家或地区难免会遇到近似商标被驳回的情况，可以在这些国家或地区增加商标的文字或图形特征先行注册，再通过撤销近似商标、购买、签署共存协议等方式逐步解决。

另外，针对企业的辅助性商标，在注册成功率较低的情况下，可以选择进行著作权登记予以保护。

3. 专利权的应用策略

初创企业因品牌影响力较弱，消费者会误认为品质低劣的侵权产品就是初创企业的正品，从而造成品牌形象受损；另一方面，由于侵权厂商无须投入高额的研发成本，却可以以低廉的价格将侵权产品投入市场，这将对初创企业的销售造成严重威胁。

应对策略之一就是，在产品相关的外观设计专利和实用新型专利授权后及时向国家知识产权局申请获得《专利权评价报告》，作为投诉诉讼侵权嫌疑人的有力证据。

另外，受限于初创企业的维权人力不足和资金预算较少，企业应充分利用知识产权代理所和律师事务所这些外部资源来一起维权。例如，可以采用风险代理的方式，将侵权厂商的赔偿金用于支付律师费等维权费用；而在维权过程中，针对生产商反侦察意识和能力提高、跨区域取证难和执法成本高的难题，企业可集中精力优先打击价格较低且销量较高的销售商，并顺藤摸瓜找出生产商进行诉讼，达到釜底抽薪的目的。

再者，企业在选择供应商（如模具厂、关键零组件厂商和生产厂商）时可要求其声明禁止帮助侵权，通过签署协议约定侵权责任，并严格进行过程管理，避免祸起萧墙。

（三）如何赢得企业管理团队的支持与信任

个人认为，知识产权部汇报的策略规划、日常工作中的执行力、成果展现、关键事件解决问题的能力，都是赢得企业管理团队支持与信任的重要因素。

日常工作中，要深入了解企业管理团队对产品、技术和市场的规划，要警觉地注视着企业的发展变化，及时发现并挖掘知识产权方面的需求，把大部分工作做到企业管理团队的指示前面，并总结日常工作经验和诀窍，或整理成指导手册，以形成企业的经验传承。

对于关键事件，如诉讼攻击或者防守，知识产权管理团队要做好充分的准备，自信并敢于担责。自信来源于专业，专业要靠日常的持续学习和积累。另外，处理关键事件时，要学会情绪管理，尤其是遭受企业管理团队误解甚至受到委屈时，要保持同理心，心态要保持从容淡定，有礼有节地主动与企业管理团队沟通，消除误解。

另外，向企业管理团队汇报或者请示时，采用邮件或者书面的方式，尽量避免采用口头的方式。因为编写邮件或者纸本文件的过程也是梳理思路和完善证据的过程，比口头汇报的思路更清晰，考虑更周全。必要时，针对争议可能较大的事项，请示之前可以先口头与企业管理团队成员逐一沟通，基本达成一致意见后再采用邮件或者书面的方式请示批准。

一句话总结："江湖"地位是靠自己打拼出来的。

（四）如何与兄弟部门建立默契的协作关系

如何与兄弟部门建立默契的协作关系？个人认为重要的一点是秉承

“送人玫瑰，手留余香”的原则。

实务中，要设法减少合作部门同事的工作量，简化合作部门同事的工作，辅以执行专利奖金制度。

沟通时使用日常用语，尽量避免使用专业用语。沟通过程中加强情绪管理，设身处地地站在对方的角度思考问题，心态保持从容淡定，这对于增加合作的顺畅度也将起到重要的作用。

另外，制作技术交底书范本供研发部门同事参考，并对每个栏位需要填写的内容进行说明，说明文字简单明了，并在日常沟通时进行引导和培训，这将有效增加兄弟部门对法务部门的工作配合与支持度。

（五）与知识产权代理所和律师事务所的外部资源协作

企业与外部资源之间的关系不是客户与代理的关系，而是战友关系。

企业法务人员的职责主要定位在专利布局和商标注册策略的制定和执行、企业内部资源整合、专利申请的挖掘、商标注册需求的筛选、外部资源的筛选和协调、内部培训、费用管理这七个方面；而外部资源的职责主要定位在专业咨询、专利申请和商标注册及其流程管理、诉讼及其流程管理这三个方面。

初创企业法务人员与外部资源之间如能在各自擅长的领域做到优势互补、协同作战，对于构建初创企业的IP防线、完成从0到1的转变并持续经营，将起到有力的推动作用。

2

PART

第二部分

跨部门合作

一、通过专利培训打通企业专利工作的任督二脉

作者简介：刘光华，欢聚时代（YYInc.）知识产权总监，广州IP茶社发起人、联席主席，曾任职于富士康科技集团和腾讯科技有限公司知识产权部。

“专利培训”这个选题，当初我是抗拒的，就好比一桌满汉全席，偏偏选了一道小葱拌豆腐，怎么能让它出彩呢？直到我认真地思考并总结这个主题，我才恍然领悟，大厨的能力在于其匠心与匠意，而不是体现在摆在桌面的菜品上。在专利管理这个领域，我们谈了太多的上层设计，诸如专利布局的六种方法、专利运营的五条出路，云云，当然这些是最容易获得掌声的，然而支撑这种“面子”的“里子”的功夫往往被人忽略，这也是为什么我们在听完某业界“大佬”的精彩分享之后，发现落地其实很难的原因。“弱水三千，只取一瓢饮”，希冀这篇小文，能唤起对于专利实务中任何一个细节的重视。遥想在F公司时，郭总所说的“魔鬼藏在细节里”，至今仍牢记心中。

（一）专利培训中的互联网思维

2011年年初，移动互联网、电子商务、社交网络等开始迅猛发展，传统经济思维开始让位于互联网思维，我毅然决绝于F南门的拥挤嘈杂，“移动”到“互联网”领域，从此开始“一入豪门深似海”的互联网旅程。这些年中，用户思维、跨界思维、平台思维、流量思维、迭代思维等说法不绝于耳，潜移默化当中，我也尝试将这些互联网思维方式融合到互联网企业的专利工作当中，此篇希望将专利培训这一“单点”思考做到极致。

“世界上最遥远的距离是红绿灯跟那个交通灯摄像头的距离，它们都在一根杆子上，但是从来就没有通过数据被连接过。”阿里的王坚博士在云栖大会上用这样的修辞来表述交通拥堵的根源。

企业中专利部门和研发部门等其他组织，就像王坚博士描述的红绿灯和交通灯摄像头一样，都绑在企业经营的杆子上，如果两者失去经常性的连接和互动，信息互不相通，相互之间成为彼此的“盲点”，则专利工作是很难开展的。

企业专利工作依赖性强，研发部门及产品部门等既是源头，也是最终价值体现所在，与他们的沟通不畅，犹如习武之人未被打通任督二脉，即便骨骼惊奇，最终也难以激发整个身体组织的潜能，从而达到极高境界。

我认为，专利培训具有一种社交属性，是连接专利部门与其他组织的纽带。专利培训并不仅仅是一种教育工作，也不仅仅是专利流程、信息的衔接，它还是专利情怀和专利理想的连接，是一种让不同组织基于专利产生共同认知、达到“琴瑟和鸣”的渠道。用时髦的话说，是一种社会化营销活动。

专利部门需要通过专利培训这种营销推广，让专利信息在企业的所有组织体内顺畅地流转，从而打通企业专利管理的任督二脉。

专利培训并非易事，有位挚友曾为了提高培训水平，花了不菲的费用参加营销学的培训，讲师的演讲非常精彩，我的这位挚友甚至为了不错过讲师的任何环节的演讲，整场4个小时竟一分钟也不曾离开座位。这样的演讲当然堪称精彩，其背后绝对是一次针对任何细节的完美策划。专利培训亦如此，好的专利培训需要经过精心的营销策划方能达成其最佳目的。

（二）专利培训的策划和营销

我认为，一场专利培训需要经历三个环节：一谓造势，二谓造内容，三谓造影响。对每一环节都应该进行相应的策划。

1. 造势

专利培训是专利部门的基础性工作，然而对于培训对象来讲，未必会意识到其重要性，不少参加培训者无非是来培训室小憩一番，刷刷朋友圈，反馈时给个五星评价就走的。这样的结果自然是“挥一挥衣袖，不带走一丝云彩”，连讲师是男是女都没有记住。这样的培训显然是形式大于实质，因为“讲者”和“听者”在培训之前并没有建立任何的联系，没有联系如何能在短时间产生共鸣？所谓造势，并非指虚张声势，而是在培训之前的预热，让参与者都有强烈的参与感，感受到培训的急迫性和重要性。我认为有以下几点值得关注。

（1）赢得管理层的支持。有条件的，说服公司高层，至少是部门主管亲临培训现场，即使仅仅是列席，也不用专门发言，但其带来的亲身示范效应是非常显著的，而且管理层在培训中所表达的观点和期望，对于明确正确的工作方向大有裨益。

（2）联合多个部门共同宣传。可以包括人力资源部负责培训的组员、受培训部门的部门助理，在组织和宣传上让更专业的人来做专业的事，IPR把主要精力放在内容的输出上。

（3）培训前的摸底。我通常会在培训前向培训对象发送一份调研需求，一是说明此次培训的目标，二是了解培训对象的现状、需求和期望，让学员有强烈的参与感。这种参与感很微妙，但是能让人感受到被关注和受重视，从而调动其积极性。调研问题不宜过多，例如：是否提交过专利？是否写过交底书？是否检索过专利？最关心的专利话题是什么？当前专利工作最大的痛点是什么？调研结果由受培训部门负责人或是助理进行收集整理，通常最后会聚焦于两三个焦点，这些将成为培训的重要内容。通过摸底调查明确需求的情况下，能够更好地了解培训对象的现状和问题，从而对症下药。

（4）讲师形象和内容的包装。讲师是培训的核心，如果能将培训对象变成讲师的“粉丝”，那培训基本上就成功了一半。对讲师的经历、背景、形象等要进行适当的包装，讲课内容和目的要进行概要提炼，并在培训宣传海报中鲜活地体现出来，这样首先抓住学员的眼球。

“势”者分顺势、借势和造势，以造势为最难。对于起步阶段的企业，高新申报、政府资助等所谓顺势；行业领先企业的数据对标、行业热点事件所谓借势；当然结合企业实际需要，建立专利管理的愿景和理想，则需要自己造势了。专利培训中对于这三种“势”可加以综合利用，以达到“动之以情”“晓之以理”“诱之以利”的目的。

专利培训的造势应当与内容相匹配，防止出现营销过度的情况。过分地拉高参与者的期望，却输出劣质的内容，损害的将不仅仅是一次培训的效果，可能造成讲师甚至是专利部门形象的受损。

我的一位朋友刚升任某大型集团的知识产权总监，专利培训仍亲自上阵。他认为专利培训如果搞砸了，专利工作将会非常被动，我深以为然。专利培训是专利人和公司管理层、发明人进行直接交流的机会，这种机会不会太多，怎么重视都不为过。

2. 造内容

在互联网上有句名言，谓之“内容为王”，专利培训亦是如此。内容不简单等同于PPT，而是讲师选择、PPT呈现、节奏控制、情绪控制、互动控制、目标控制的综合体。视培训的对象及目的不同，以上内容应该具有差异化，并非一张PPT打遍天下。

（1）讲师的选择应根据培训目标而定。针对公司细分组织的培训，可由专利团队中的资深人员负责；针对中高层管理者的培训，可邀请外部专家或者政府主管单位领导进行培训。挑选的外部专家，应至少是了解企业所在行业情况，避免与高层沟通的障碍；对于通识性的知识分享，则可挑选公司内部具有一定经验的发明人来担任，以达到现身说法的效果，让参与者（通常是近似领域的研发人员）具有亲近感。我有时候会要求公司的明星发明人在自己团队授课，或者邀请他们写一些文章，放到微信公众号或者博客上。

（2）培训的时间应当控制。听者能聚焦于培训内容的时间原本就非常有限，尤其是现在的工作已经完全碎片化，工作随时会被微信、邮件、电话等打断干扰，因此，内部培训的时间最好控制在1小时左右。在这么短的时间内，能讲的内容自然十分有限，所以每一次的培训都应该聚焦，进行单点突破，切忌眉毛胡子一把抓。例如，企业涉及的专利课程会包括专利经营战略、专利基础知识、公司专利流程及制度、专利技术挖掘、专利交底书撰写、专利信息检索与利用、专利侵权判定及规避设计、专利情报分析等，一次培训讲解一到两个关联主题即可。

（3）专利培训的语言转换。专利同行交流专利的新颖性、创造性以及专利池等张口就来，发明人听着往往是一头雾水。“鸡同鸭讲”是企业专利培训时常面临的问题，如何将专利语言转换成技术人员一听就懂的技术语言，是企业专利者的一项基本素质。我认为转化的最佳方式是与听者的工作相结合，举浅显的例子或者听者自身参与的案例进行说明。比如在讲专利的新颖性时，结合最近因新颖性被驳回的案例进行展开。

（4）PPT内容需注重图文并茂。一图胜千言，尽量少地出现专利术语。专利术语在PPT中大量出现，会导致听者的焦点转移，会让听者没完没了地思考一个自己完全陌生的概念，而忽略了讲授者的核心内容。PPT的初始几页，往往是能否抓住听者的核心，需要精心准备，可以放一些最新的热点问题，内容轻松有趣，或者是以发问的形式作为开头。

（5）情绪控制和互动控制。一个没有“托儿”的培训是不会成功的，因为这样的培训显然缺乏互动。实际上在听者中或多或少总会有一些积极分子，可以通过前期调研去发现，或者在现场进行观察发现。培训过程中，他们自然而然地就成了“托儿”。培训过程中，以“托儿”的案例进行说明，更容易得到共鸣和互动。一旦产生频繁的互动，听者就会愿意提出更多的问题，从而更积极地参与，培训的效果自然会更好。

专利培训的内容需要常讲常新，针对不同的业务也应该有不同的侧重，比如互联网企业里，给交互设计部门做的PPT与云服务技术的PPT，内容相差是很大的。

3. 造影响

在专利布局上有个概念叫“以始为终”，专利培训同样如此，“完成专利培训”和“达成专利培训的效果”是两个不同的阶段。培训的最终目的是传播理念、传授知识、讲解流程、疏通渠道，综合运用各种渠道来进行广泛传播，提高培训的影响力，会达到事半功倍的效果。专利培训的内涵也可以进行泛化，不局限于现场的专利培训，例如我在现任职的公司设立了年度知识产权贡献优秀团队、S级授权专利奖项评审等，评选的过程及结果宣传，以及公司知识产权荣誉获得的宣传均视为专利培训的一部分。

（1）专利培训的宣传渠道。我认为电子邮件、内部工作群、公司内部网站、公司微信号、公司BBS、公司宣传墙，甚至洗手间小贴纸都是有效的宣传渠道。

我现任职的公司有专门的接待厅，在接待厅中设立了知识产权展柜，展示专利授权证书和政府部门颁发的各种知识产权荣誉证书，同时还设有专利墙，列举了公司专利布局的最新情况，并定期向市场部提供最新数据，进行动态更新。公司有领导、贵宾、访客过来参观时，第一时间向外展示了自己的知识产权成果，如果有公司高级管理者进行接待，自然需要先去了解这些内容，讲得次数多了，就会增强大家对于专利的认同感。

（2）专利培训的线上与线下结合。我所在的企业本身以做直播为主，有自己的直播培训室，有非常好的条件进行线下培训、线上同步直播。线上的互动性相对会差一些，但可作为线下的补充。对于企业研发人员较为分散的情况，采用线上与线下结合的方式，成本也会更低。

（3）培训后组织固化。专利培训的目的之一就是让专利人员和培训对象之间建立起良好的沟通渠道，讲师除了在培训过程中突出自己的联系方式外，在培训结束后，还可以建立包括核心骨干的专利工作群或者邮件组，提供一个方便大家沟通反馈的固定渠道。在这个固定的沟通渠道中，一些共性的问题，专利积极分子甚至可以提供正确答案，这样就减轻了专利人员的负担。群组中也会有人提出一些建设性的意见或者是需求，不仅活跃了气氛，也让专利人员能实时了解到研发部门在思考些什么。与积极分子的经常性交流和培训，可谓是授人玫瑰，手有余香。

（4）培训效果的检验和反馈。可以设置专利培训反馈问卷，针对培训组织情况、会前通知、讲师水平、内容契合度、现场互动、达到的效果等设置打分项。另外设置开放式的问题，例如后续的培训还想了解哪些内容，希望什么时候举行，等等，这样既检验了这次培训的效果，又为下次培训埋下伏笔。

以上所阐述的还是专利培训“术”的问题，从战略上，专利培训需要根据企业阶段、员工的创新水平、市场竞争的激烈程度进行系统性规划，并通过公司制度加以保障。专利培训需切入企业培训体系中，例如切入新员工入职培训、新晋管理干部培训、技术骨干晋级培训当中。随着企业专利工作的不断深入、专利业务需求的不断提高，还需要及时总结培训经验，从而不断完善培训内容及培训体系。

二、IP价值与企业部门协同管理

作者简介：李阳，广东省知识产权专家库专家，曾在跨国公司、国内顶级科研机构、民营高科技企业担任专利工程师、运营经理、知识产权经理，作者拥有10多年的知识产权从业经历，包括8年企业知识产权管理及运营履历。

知识产权与企业运营工作有着密不可分的关系。首先，从知识产权创造角度看，专利源于企业技术创新，商标源于企业品牌塑造；其次，从知识产权价值角度看，有价值的知识产权有赖于企业的实施与使用，例如标准专利，它之所以具有很高的价值，是因为大家都在用它；微信商标的价值更是随着微信产品市场规模和用户数量的扩大而与日俱增。因此，知识产权与企业运营有着天然的依附性。

对于企业来说，一方面，知识产权所体现的价值是多方面的，包括通过专利分析了解前人的研究成果，通过诉讼来遏制打压竞争对手获得市场份额，通过知识产权与政策匹配为公司减税并获得资助，通过知识产权质押融资获得贷款，通过知识产权识别评价与考核员工，通过知识产权防止员工流失，通过知识产权宣传提升企业形象，等等。

另一方面，知识产权的价值的发挥又有赖于各业务部门的配合。那么对于企业知识产权工作者（包括知识产权部门、知识产权主管、知识产权工程师，以下统称IPR）来说，各部门之间的协同就变得尤为重要了。在企业里，大家往往有一种意识，知识产权工作就是知识产权部门的事。这种想法与“销售是市场部的事，研发是研发部的事，招聘是HR的事”的说法类似，都是典型的线性思维，经不起仔细地推敲。举个简单的例子，IPR的一项基础工作就是专利挖掘，如果研发部门不配合，“巧妇”面对的就是“无米之炊”，又怎么能将专利挖掘工作推下去呢？又比如做专利分析，诚然，在某种情况下，IPR可以独自完成一份分析报告，但如果要把报告做得更有效率也更有价值，就少不了市场、研发部门的配合。试想，如果市场部门能告诉你，目前业内有哪些竞争对手，各家的竞争优势在哪里，那么IPR则可将这些厂商作为重点分析的对象，并进行知识产权竞争态势分析，得到真正有指导意义的分析结果。如果研发部门可以告诉你某项技术的起源及演变过程、生命周期、研发热点等信息，那么IPR就可以锁定专利分析的时间及空间范围，让专利分析工作事半功倍。再比如，专利诉讼的工作离不开技术部门、市场部门的配合，许可工作有赖于财务部门的支持，并要考虑市场部门的态度，而专利布局更是与研发工作密不可分。

既然知识产权部门与其他部门的协同这么重要，那么怎样才能让这种协同变得更有效率，需要考虑哪些因素和技巧呢？

（一）管理层

管理层包括直接管理层、最高管理层及相关管理层，直接管理层就是IPR的直属领导（在某些情况下，直接管理层就是IP部门主管）。知识产权对于管理层的价值也就是对于公司的价值，相较于其他各个职能部门，管理层更关注知识产权事关企业全局的意义和长远利益，作为IPR在向管理层陈述分析时，应站在企业整体角度，融会经营思维，晓以利害关系，同时要考虑到不同管理层所处的职责和立场差异。

从开展具体工作来说，直接管理层的职责范围、资源整合协调能力、对于IP业务的理解及支持将决定IP业务所能拓展的空间、所获得的资源及发展高度，直接管理层的主要任务是重大决策和资源协调，包括规划IP工作发展规划和方向、制定目标、协调内外部资源等。作为IPR，如果能遇到对IP工作有较强意识并有较强资源整合能力的管理者那是非常幸运的。最高管理层（如总经理或董事长）虽然不直接负责知识产权管理工作，但其对知识产权工作的理解和意识将决定IPR定位。比如，将IP工作划分为公司哪个体系、由哪个分管领导负责，为IP工作提供站台和背书，IP工作长期发展规划，等等。IPR注重通过各种舆论机会对最高管理层形成间接的积极影响，引导最高管理层对IP工作形成正确、合理的预期，并在关键时刻提供重要的支持。企业内部有时候是很复杂的，尤其是大中型企业，部门墙林立，若想获得其他部门有效的支持，需要处理好与相关部门管理层的关系，通常最好由直接管理层出面与相关部门管理层沟通；在开展跨部门工作协调时，若遇到一些难啃的“骨头”，最好由相关部门管理层出面解决。当然，这个办法不能经常使用，毕竟管理层都很忙，对于常规工作，IPR最好自行出面与兄弟部门协调解决。

（二）研发部门

知识产权工作相对于研发有多重价值，比如：知识产权可视为研发产出成果之一，作为研发部门对于公司的贡献和绩效考核指标；若有合理的评价体系，知识产权也可作为研发人员能力和技术水平的衡量标志，在给研发人员带来奖金和荣誉的同时，在许多地方政府的人才引进政策中，知识产权也常常成为加分项；专利数据库犹如一个巨大的技术资料库，且汇聚了最新技术信息，倘若能好好利用，不仅可以为研发人员节省大量的研发时间，也可为公司降低不少研发成本。如此种种好处，研发部门对知识产权工作没有拒绝的道理。

从开展具体工作来说，研发是企业知识产权工作，尤其是专利工作的源头，且是很多知识产权工作的重要支撑，比如专利分析、侵权比对、诉讼纠纷、专利运营等。事实上，很多公司在发展知识产权的初期，常常将知识产权岗位设立在研发体系中，比如设立在研发管理部、项目管理部中，这也从一个侧面体现出知识产权与研发之间的密切关系。IPR需要重视与研发部门关系的建立。为了与研发人员保持密切沟通，可以考虑建立联络人机制以便定期会晤，并参加研发项目组的日常会议，这样通过与研发人员的面谈，了解研发的最新动态。在平常的工作中可以多举办些专利培训来提升研发人员的知识产权意识，在专利培训过程中甚至还可以顺便挖掘、布局专利，做到一举两得。在工作外，IPR还应争取多参加研发部门的业余活动，与研发人员打成一片，从而培养与研发人员的私人感情，这样对自己工作的开展大有裨益。

（三）法务部门

从某种角度说，法务部门是公司的风险控制部门，需要为各项业务保驾护航。知识产权风险是企业经营中可能遇到的风险之一，尤其是当公司做大做强时，此种风险尤为突出。对于法务部门来说，将知识产权风险防范纳入公司整体风险控制工作中是自然的事情，甚至在职能架构中将IPR纳入法务部门，也是常有的事。从这个角度来阐述IP工作对于公司法务的价值，应很容易为法务部门所理解和接受。

就具体的工作来说，IPR与法务部门工作的关联通常体现在合同、诉讼等事务中。在法务部门的合同审核工作中，知识产权在技术合作、采购、销售、人事劳务中均有所体现。因为知识产权的专业性，法务部门不得不寻求IPR的支持。IPR可以通过设定标准条款并对法务部门开展必要的培训，来提高双方合作的效率。需要注意的是，IP与法务部门之间关系微妙（尤其是涉及诉讼时），实际情况下，因为专业思维差异及其他因素（如双方都想获得IP诉讼的主导权）的影响，双方的合作配合可能并不理想。因诉讼对于IPR来说是一个提升部门业绩、积累实战经验的绝好机会，应该尽力争取。如果IPR可以不受成本约束，则可考虑外聘专业律师或内聘有律师资格的IPR参与诉讼。

（四）市场部门

市场部门对IP工作的价值意识有两个极端的表现：一是特别在意，二是置之不理。

“特别在意”的情况大多是公司因为侵权做过被告，并因此丢掉了市场或者订单，在这种情况下，市场部已经深刻理解了IP工作的价值，无须IPR做过多的宣传，至于如何应对，IPR首先要深入了解诉讼背后的原因，这包括几种情况：一是原告方是为了维护自己合法权益和尊严发出警告；二是竞争对手出于市场竞争的打压手段；三是原告方为了获得授权许可的机会，诉讼只是一个前奏。IPR在考虑应对方式时，除了从专业角度冷静、客观地分析胜诉的机会，并着手做好全力应诉的准备，也需要从商业上考量应诉的得失以及解决问题的可能性。

对于市场部门“置之不理”的反馈，IPR首先要分析出现此种情况背后的深层原因。可能的原因是，市场部门还未了解IP工作能给他们带来的好处。IPR可以多了解公司所在市场的商业模式、竞争对手和客户关系等情报信息，对竞争对手产品进行监控，准备好专利包并完成必要的侵权分析，通过合作策划一个IP专案帮助市场部门获得订单（比如在投标中通过警告函排除竞争对手）来打开局面。让市场部门尝到甜头，跟其交流就会变得相对容易了；但也要注意，市场部门是一个十分讲究工作实效的部门，一般的“花拳绣腿”不要轻易在市场部门摆弄，对胜诉机会要做充分评估，没有较大的胜诉机会和充分理由不要轻易发动进攻。另一方面，IP诉讼的长周期、复杂多变及不确定性会让市场部门知难而退，最好采用“短平快”方式解决战斗。

（五）人事行政部门

IP对于人事行政部门的工作也是有价值和贡献的。在人事工作层面，从人才的招聘、激励到防止人才流失，比如，通过专利中发明人检索分析发现优秀研发人才，对入职员工开展竞业限制方面的尽职调查，通过专利指标帮助员工积分落户评定职称，参考专利贡献对优秀员工进行升职奖励，通过保密合约和竞业限制防止核心员工流失，等等；在行政工作层面，知识产权宣传培训活动对于打造企业创新文化、培养积极进取的创新氛围大有裨益。

在具体操作层面，人事行政部门的工作与知识产权工作的交集表现在很多方面。比如IPR岗位定级、招聘培养、IP宣传培训、绩效考核、奖励支持、商业秘密管理等。可别小看了这些事情，其对IP工作有非常重要的影响。就拿IPR岗位定级来说，由于有的公司对IP工作的重要性和专业度认识不够，甚至会将IPR岗位视为一般的行政文员：一方面待遇较低，导致很难招到合适的专业人才；另一方面即使有幸招到不错的人，也很难长期留人。因此，知识产权部负责人应通过阐述IP工作的重要性，或者获得来自上层的支持，来提升IPR的职级定位。

以我个人的看法，IP工作宣传培训、绩效考核及奖励支持是提升IP管理执行力的“三板斧”。要用好这“三板斧”，需要充分调动和借用人事行政部门的力量和资源。当然，这“三板斧”不一定都掌握在人事行政部门的手上，因为每个公司的架构和分工可能不一样。对于IPR来说，首先要找对部门，其次要找对人，不同的工作在人事行政部门的职权和分工也不一样。打个比方，岗位定级和奖励支持属于HR总监的职权范围，绩效考核和招聘培养归HR经理负责，宣传培训和商业秘密则可能由行政经理或者主管负责。

（六）财务部门

知识产权相较于财务部门的价值，最直接的莫过于带来收入。其收入表现于几个方面，包括减少税收、带来收入、活化资产。减少税收较为典型的方式就是通过申报国家高新技术为公司减免企业所得税，再有就是通过软件产品退税，这其中都离不开知识产权的贡献；带来收入，例如申报知识产权优势、示范企业，专利奖，驰名商标，等等，甚至是专利许可转让；活化资产指的是将知识产权作为无形资产抵押给银行从而获得贷款，或者通过知识产权投资入股与其他方成立合资公司。

谈到IPR与财务部门的交集，主要体现在预算和费用管理上。通常来讲，IPR的预算都是IP主管制定后，由财务部门进行审核的。那么，IPR如何做好知识产权预算呢？个人有几条心得：第一，先做好工作计划，根据工作计划去拆分预算。第二，将预算分为两块：一块是常规工作的预算，包括员工工资、申请费、维护费、检索分析费等，这部分的预算可以稍有冗余；另一块是面临诉讼、侵权纠纷时需要用到的预算（可以当作是“风险准备金”），需要根据当下情况及产品潜在的法律风险进行预估。第三，有些费用最好由相关部门一起来分担。比如，专利申请费用可以摊到研发费用中去，奖励费用可算入人事行政部门的预算。

对于IPR而言，在费用管理方面令人头疼的问题是付款问题。这是因为企业的资金链并不总是充裕的，在资金紧张时，财务部会优先支付对企业来说比较重要的费用，如销售、研发的费用，在这种情况下IP该支出的费用就有可能出现拖欠的问题。

一般企业的知识产权，如专利事务都会通过外部合作伙伴（如专利事务所）协作处理，而拖欠事务所的费用（比如申请费）会影响到IPR在外部合作伙伴中的信誉，甚至引发对方工作上的消极配合。

如何做好费用管理工作呢？我的建议是：第一，定好付款规则。比如，根据财务部门常规付款规律，与外部事务所之间约定付款周期，让外部合作伙伴有心理预期，也好提前做好财务安排。第二，根据IP工作项目的重要性对付款优先级进行排序。比如，维护类 > 诉讼类 > 申请类，核心专利申请费 > 普通专利申请费。这样财务就可以根据优先权重安排付款，在公司财务吃紧的情况下不至于因为费用拖欠问题影响到IP重要事务的开展，造成无法挽回的损失。

除了这些方法，说服财务将知识产权当作资产进行管理将有利于减少来自财务的费用干预。虽然学术上讲知识产权属于公司重要的无形资产，然而实际情况是，受制于现有的财税法规、政策，以及财务对IP工作的理解不足等因素，财务部门往往习惯将知识产权当成费用中心来处理。IP管理者最好了解些财税知识，通过阐述知识产权“无形资产化”的种种好处（比如避税），用积极的态度来说服财务管理者将知识产权当作资产进行管理。

以上介绍了IPR与相关职能部门协同合作时值得注意的要点和技巧，然而不同类型的企业，由于管理层偏好、企业文化、所在行业、规模、发展阶段、组织架构及分工均存在差异，所以这些经验的应用还是要因地制宜。对于IPR及IP管理者来说，应知“水无常形、活学活用”，关键是要了解并掌握企业运行的规律，洞悉管理层及各部门的立场，提高自身情商和协调能力，始终围绕着“IP与业务一体化”的核心目标，推动IP工作融入公司的整体发展中，在合作及共赢原则下促进IP工作最大限度地对企业价值做出贡献。

三、总经理办公室里的古德曼——企业知识产权跨部门管理实务

作者简介：郭敏，通用电气公司（GE）知识产权顾问，曾任职于富士康科技集团知识产权部。

南下的列车终于驶出了雾霾笼罩的华北，远处小山依稀可见，终于到了江南。列车上古德曼（文中人物和案例皆为虚构，如有雷同纯属巧合）心情激动，第一次离开北方，被一家位于江苏昆山的企业录取，能成为总经理办公室的一员，古德曼抱着大展宏图的雄心。

这家公司主要经营汽车配件及电机产品，其“小司机”商标给人一种清新而又朴实的感觉，在业界颇受好评。年轻有为的董事长兼总经理柯总接待了古德曼，根据他的机械专业并修过法律的背景，让他负责公司知识产权相关事务。

半年下来，古德曼的工作比较顺利，他主要负责专利申请。这也让他感觉到虽然自己在总经理办公室，其他部门的同事见面都会打招呼，但好像也仅限于此，除了技术部门申请专利会来找自己，其他方面似乎自己被孤立在公司的运作之外。在和柯总交流心中的疑虑之后，经验丰富的柯总建议古德曼深入业务部门，从参加他们的会议开始，了解公司业务及他们

的真正需要。此后一段时间的经历，让古德曼终生难忘，受益良多。

（一）供应链管理中的知识产权课

古德曼第一次参加的会议是公司的供应链管理会，负责供应链的王大龙总监经验丰富，此次供应链会议主要讨论将几款新产品委托给供应商生产加工相关的事宜。经过参加几次供应链管理会议，古德曼对其中的知识产权管理逐步有了一些认识。

之前出现过供应商除了给我们公司供货，还将相同的产品自己偷偷多生产、拿出去卖的情况。由于生产线投入大，部分产品生产外包是明智之举，但如何有效控制供应商的生产又是现实问题。公司的法务人员通常认为，我们和供应商之间有合同的约定就万事大吉，但是如何让供应商真正履行合同约定并不在法务的考虑范围之列。很多占据技术优势的企业其法务不可谓不专业，合同条款不可谓不完美，但几年下来被竞争公司反超，逐步失去技术优势，其中缘由让人深思。

“手机、电脑大厂都是OEM代工的模式，应该早就对这个问题有相应的管理办法了吧。”古德曼不以为意。

“手机、电脑委外代工可以通过控制软件、代码的方式，委托生产的主要是硬件，软件可以控制在自己手上。没有软件，就是一堆塑料加金属，没有实际价值，而我们的产品主要就是硬件，很难控制供应商的实际产量，仅凭一纸合同很难约束供应商。”质量控制部的老罗道出问题的症结。

古德曼一时语塞，平时主要向技术部门宣传要多申请专利，针对这一实际问题却没有深入考虑过。

此时王大龙总监解围道：“上次参观某供应商生产线，他们生产一家台湾公司的电子元器件，听讲解员说只要生产线一开动起来，他们的计数器就开始计数，可以实时掌握产量。这种计数器价格并不贵，我们可以考虑采用。”

王大龙接着说：“另外我们可以把大部分的半成品委托给供应商加工，半成品拿回来后由我们自己的工厂将一小部分元器件安装上去，然后再成品出厂，同时元器件也从不同供应商手上分散采购，这样每家供应商手上都是半成品和元器件，从而降低其组装成成品自行出售的可能性。核心的驱动部件GXY330最好由我们自己控制。关于加工产品的模具，不管是由供应商还是由我们公司出资开发，等项目结束后最好想办法折旧要回来，避免模具外流。”

古德曼深感脑洞大开，原来公司供应链管理的过程已经将保护知识产权的制度设计在其中，“隔离功能”“多元化采购”这些制度原来都是为了不泄露公司知识产权而设计的。管理供应商不泄露技术秘密，不能仅凭合同条文设计完美，更需要在流程上做一些有针对性的设计。

（二）渠道管理中的知识产权课

主持渠道管理会议的是军帅总监，人如其名。

公司一款核心产品，由于设计精巧且有专利保护，市场占有率一直很高，市场上鲜有同类产品，各地的销售情况一直很好，但南区一位经销商近三年拿的货逐步减少。该区域市场很大，提货逐年减少，使得销售经理怀疑该经销商有问题，不排除掺假的可能性。由于我们公司尚没有足够的人力自己服务该区域，还需倚重该经销商，但任由此现象蔓延不但会失去市场，对品牌形象也会造成影响。

针对此情况，军帅总监制定了一系列对策：第一，在该区域加大宣传假货的安全隐患力度，提高客户使用正品的意识；第二，推出新版的防伪标识，客户可以通过拨打电话、微信扫码等方式当场确认真伪，尽可能避免客户不知道是假冒产品而被蒙蔽的可能性；第三，想办法调动各方的积极性，广撒网，给提供假冒商品线索的商家和个人以奖励；第四，监控电商平台上相关产品的销售情况并及时投诉。

电商平台上销售的产品，卖家众多，真伪难辨，有的可能是从正规渠道买到后销售的，有的可能是经销商违规销售（比如超出授权销售地域串货销售），这些情况不能一概认定为假货。如果通过购买网上各个卖家的产品，再回来鉴定真伪，费时费力且维权成本太高；而依据电商平台的规则，可以由权利人投诉后由卖家说明产品来源，如果不能说明合理来源则有可能将相关的产品从平台下架，这一机制极大地提高了公司对假冒产品的打击力度，同时能帮助公司管理好渠道。

经过一段时间的整治，南区销售反映订单有所回流，同时公司加大了在该区域对终端客户的服务力度，占据了主动权。根据举报人提供的线索，公司锁定了一家制假公司，准备采用法律手段维权。这些内容都是古德曼之前没有接触过的，深深感到除了运用法律途径维权之外，保护知识产权还有很多事情可以做。

（三）产品陈列室里的知识产权大数据

经过一段时间的锤炼，古德曼感觉自己对公司的运作情况有了比较深入的了解，更体会到公司的日常运作流程设计其实已将知识产权保护的部分内容考虑在内。在企业内部想要提出专业法律意见，必须先对公司运作有深入的了解，否则给出的意见通常是脱离现实的。正当飘飘然有些得意之时，一次意外参观产品陈列室的经历又给古德曼上了一课。

公司的新产品陈列在大厅，用于客户来访时的直观展示。古德曼则听说技术部的老吴是导弹专业毕业，是个收藏迷，公司退市的产品他都会想办法收藏一两件放在仓库西边，久而久之成立了一个老产品陈列室。这一日古德曼利用中午时间去了仓库，希望参观一下传说中不对外开放的老产品陈列室。老吴得知来意后热情接待了古德曼，并领着他参观。

公司成立不到20年，但发布过的产品确实不少，老吴依照产品的上市时间将其呈蛇形陈列，产品脉络一目了然。古德曼惊奇地发现，不少产品上有一张纸片，上面写着一串年份打头的数据。古德曼心里一惊：这不是专利号吗？老吴证实，他在收集这些样品的时候如果发现产品申请过专利，就会顺便标明。这对老吴来说可能是无心之举，但年长日久积累，成了一份不可多得的专利地图。古德曼如获至宝，他曾花大把时间制作专利地图，了解公司的专利脉络，但多是做各种图表、分析趋势，价值有限，图表失真时还得想办法自圆其说；而该陈列室以实物方式并清楚标明每款产品对应的时间和专利布局，一目了然。

古德曼深深感受到老吴这种积累产生的巨大力量，暗合大数据的概念。所谓大数据并不是包山包海的数据堆砌，而是年长日久精准积累有价值数据而产生的额外价值。辽西会战中，东北野战军的一位主要领导能从胡家窝棚缴获武器的细节上马上捕捉住战机，判断这是廖耀湘的指挥部，从而捕获廖耀湘，得益于其从长征开始就收集各种武器的数据，已在脑子里形成一个精准的数据库。

时常有产品经理因为项目的需要，要求古德曼提供产品的专利清单，古德曼从公司专利数据库中用“发明人”“产品名称”“业务部门”等各种关键词查询，但由于人员离职、业务部门划分变化等各种原因，常有遗漏或不准确；而老吴这一实物方式的专利地图立刻解决了这个问题。另外，古德曼回想自己平时经常分析行业和对手专利，但并没有先从了解行业和对手产品发展脉络入手，而是单纯地分析专利，得出的结论有时在专家面前没有底气。老吴的做法给他以巨大的启发。别过老吴后，在回来的路上，古德曼决定以产品发展时间轴为主线，以实物或图文的方式逐步完成对几个竞争公司产品的专利地图，以备快速精准地定位对手。这可能就是导弹专业的特有思维方式带来的启发吧。

（四）与市场部的商标管理合作

随着公司的发展，“小司机”商标的知名度也逐步提高。在参加市场部的例会时，古德曼了解到已有厂商在关联产品上注册了相同的商标，于是他组织材料果断地向商标局提出异议。异议需要提供公司使用商标的各种证据，期间古德曼和平时接触较少的市场部总监有了一段时间的频繁接触。

有了这次被竞争对手在相似产品类别上抢注商标的经历，古德曼决定和市场部一起主动出击，完善商标布局。首先，在核心产品上将主商标文字（中英文）、文字加图案等几个主要的变化组合做了注册，以便区隔高端、中端、低端市场。其次，主动扩展跨类保护，和市场部一起商量选择一些以后可能涉及的领域，或是和现有产品相关联的领域及销售渠道相同的产品注册。最后，完成海外主要市场的商标注册，并在海关做了商标登记备案（免费），同时关注网上电商平台的动向。“春江水暖鸭先知”，通过电商平台和海关监管情况可以了解产品的市场流向，以便决定是否在该国投入资源或在当地寻找合作伙伴。

由于国内商标注册后三年不使用就有可能面临被撤销的困境，古德曼和市场部预先讨论出一套保存商标使用证明的流程。首先，销售合同上要求注明商标，合同和发票的保存期限也要加长。其次，和广告商签订的宣传广告服务合同要求附加上商标的实际使用场景的照片，因为户外广告通常先和广告商签订合同后再在户外打广告，合同文件上不会有实际使用状态的证据，仅仅保存合同不能说明有实际使用状态。因此，事后保存实际使用状态的照片可以避免争议。再次，对于公司参加展会的宣传资料，公司制作的产品宣传册，公司微信、微博发布的文章，公司内部期刊等文件，古德曼都要求市场部想办法保留下来。最后，古德曼和市场部商定，公司在其他产品类别上注册的商标若暂时自己不会使用，在不影响自身产品形象的前提下应寻求许可机会；如果实在没有使用的商标，也要求每三年做一次广告，作为证据保存下来。

经过这一系列的接触，市场部认识到，古德曼参与市场部例会一起管理商标对于品牌工作非常有必要。与市场部的接触也使古德曼体会到，商标使用的主体首先是公司的市场部门，产品市场定位、市场区隔等决策是商标和公司品牌管理的基础。

（五）IPO之路上的IP狙击

一纸诉状在总经理办公室里炸开了锅，无良竞争对手下了黑手，在公司申请上市的关键时刻提出专利侵权诉讼，负责公司知识产权工作的古德曼感到压力巨大。

回顾起来，公司为了上市，古德曼和财务部一起在外部律师所李律师的指引下做了大量准备工作，包括对知识产权权属做了周密安排。首先，将分散在各关联实体的知识产权权属做了调整。有的专利权在公司领导个人名下，也需转到待上市公司，凡此种种，不一而足。古德曼将涉及待上市公司产品的专利转到公司名下，突出主业。其次，公司原来有一个核心产品涉及的技术是从外部许可取得，为了公司长足发展及上市的要求，这两年下大力气，在该产品系列上推陈出新，发展出后续产品和专利，同时公司加大自主核心技术的开发力度，提高自主创新产品在营业额中的比重，降低对外部的依赖。最后，公司就各产品进一步评估确认专利侵权的风险，希望避免纠纷。

此次突如其来的专利诉讼，显然是有预谋的偷袭，意在拖延公司上市。古德曼参与和券商及李律师的讨论，评估此次诉讼对公司上市的影响。古德曼从券商团队负责人处了解到，在公司申请上市过程中，被竞争对手以各种理由袭扰是非常正常的事，而专利诉讼是常用手法。如果竞争对手和待上市公司之间没有合同上的来往，很难向待上市公司直接找碴儿，而由于专利权利要求是通过文字去界定，需要专业人士仔细解读才能明确其具体含义，同时我国存在大量不进行实质审查的实用新型专利，这就给上市前专利诉讼狙击提供了空间。上市审查部门一般会等诉讼结果出来再审查，即使待上市公司胜诉，也给审查部门留下了不好的印象，可能会影响公司上市。

大家仔细分析此案，认为涉案的产品占公司的营业收入不算大，不是核心主打产品，即使败诉，也不会对上市产生很大的影响。古德曼对涉案专利做了详细的专利性分析和侵权与否的分析，通过老产品陈列室的产品地图很快发现对方主张侵权的权利要求范围已被公司产品在先揭示，且公司该产品还对应申请了专利，公司产品上市时间远早于对手涉案专利的申请日期。古德曼准备以此为突破口，主张专利无效，如果无效结果不利，退一步还可以主张现有技术抗辩。

此案将旷日持久地进行下去，但古德曼对前景充满信心。

积极参加公司各部门业务会议，以及主动参与公司实际经营的过程，给了古德曼深度了解公司运作的机会，由此他深深体会到，企业知识产权管理应该围绕公司商业运作展开，不能闭门造车。这段成长的过程也使古德曼和各部门之间相互建立了信任。伴随公司的成长，无论上市之路是否顺利，古德曼都对未来充满信心。毕竟随着公司业绩的稳步上升，知识产权布局、管理和运营需要健康发展，才能为公司做大做强提供法律保障和创新动能。在古德曼的经营下，公司已经储备了一些有杀伤力的知识产权，接下来，古德曼准备在公司国际化、多元化发展的过程中一展身手。作为一个从事企业知识产权工作的in-houseIPR，这也许就是他的人生小目标吧。

3

PART

第三部分

知识产权分析

30家国内一线创新公司的知识产权是如何运营的

IP之道

一、不按套路出牌的专利分析报告是如何铸成的

作者简介：罗伟欢，副研究员，深圳市光峰科技股份有限公司（688007）知识产权高级经理，第一期全国专利信息实务人才，2022年深圳市知识产权专家库专家，曾先后任职于富士康科技集团和深圳中科院知识产权投资有限公司。

专利分析，按照目前国内官方的称谓，应该为知识产权分析评议，是指运用情报分析手段，对经济科技活动所涉及的知识产权竞争态势进行综合分析，对技术创新的可行性、活动中的知识产权风险、知识产权资产的品质价值及处置方式的合理性等进行评估、评价、核查与论证，提出对策建议，为政府和企事业单位开展经济科技活动提供咨询参考。

对于企业来讲，专利分析应该更接地气，最好根据企业的实际运营环节，以专利作为切入口，结合具体的企业活动（如研发、市场等），从多角度分析面对的竞争态势、知识产权风险、发展机会、知识产权行动计划，及时提供有参考价值、可操作的对策和指导。

对很多IPR来说，专利分析报告可能是既熟悉又陌生的一项实务工作。熟悉在于，目前包含各种专利地图的专利分析报告，业内早已汗牛充栋，其做法已然成为行业的老套路；陌生在于，要做出一份真正切合企业需求、

作为管理者决策参考的专利分析报告，又有点难以入手，甚至心有戚戚。（万一领导不满意怎么办？）

据我了解，很多时候，IPR所面对的专利分析需求大多是以“某种工作任务”的形式提出，按照老套路做完递交后，就没有了下文。报告观点有没有被采纳，有没有在企业落地体现其真正的价值，似乎都不再有人关心。能够从企业运营角度进行系统思考并由此产生的专利分析报告，更是凤毛麟角。

那么，到底如何围绕企业运营环节中的研发、市场及决策机制，做出一份能在企业落地的专利分析报告呢？我们的话题，就首先从专利分析的源头，也就是研发环节说起。

（一）研发环节

对于绝大多数的IPR来说，企业研发环节是专利分析对口的需求来源。如何切中研发核心的需求，将是整个报告成败的第一步。

可惜在这一步上，目前大部分IPR都难以做到花费精力去深挖，而一旦缺乏这关键的需求挖掘步骤，那就难免做出一个笼统、概括，到最后没有实际用处的报告（老套路也将随之产生）了。

实际上，对于研发部门来说，他们对专利分析的真实需求，通常都是详细而具体的（虽然可能口头或书面提出需求的时候没有表达出来）。他们需要的是当前即可操作执行的、战术层面的具体结论，而不是基于战略层面的、短期内难以操作执行的前瞻性分析。整体而言，研发部门对专利分析的需求通常无外乎是想找到以下两个问题的答案：第一，研发开展的技术或产品存在哪些专利障碍？如何尽快解决以确保自己的技术或产品研发可以顺利进行？第二，研发进展缓慢、技术开发没有突破时，有没有现有的其他公司，尤其是竞争对手的相关专利技术可以直接拿来参考、借鉴，从中获得启发，以推动自己的项目可以按计划完成？

为了深挖这两个问题的答案，报告的早期如果可以先检索、筛选，并将部分结果呈现给研发人员，然后与他们一起评审、讨论、发散，再确认进一步的输出要求，效果往往会更好。因为，一方面，这些具体的专利可以直接从技术角度切入研发的需求，为研发提供直接的技术参考，让研发人员知道原来有这样的技术方案，其他公司原来是采用这样的手段去实现某种功能的；另一方面，IPR在与研发人员一起评审讨论的过程中，又可以主动引导研发人员进行专利挖掘，因为IPR经过前期的专利分析，无疑是更清楚相关技术及竞争对手的专利布局状况的人，也是更有利于启发研发人员进行发散思维的人。

以我在公司中实际处理过的一个报告为例。公司研发部门提出，希望对国外的一家创新型公司（以下简称X公司）的H技术展开调查分析，期望可以由此开发出区别于H技术的解决方案，并在公司的产品中使用，同时进行专利布局，形成自有的知识产权。

我们针对此报告的做法包括四个方面的内容：第一，从X公司的所有专利中筛选出与H技术高度相关的10多件专利，并对每件专利都进行了详细的解读（解读细化到专利技术方案的实现原理、实施例的不同实现方式、与本公司技术或产品的比对），并从IPR的角度提出自己设想的技术方案及问题。第二，根据上述步骤形成第一轮的报告（直接以PPT呈现），发给研发部。第三，组织研发人员集中评审讨论。评审讨论过程中，一般由负责专利解读的IPR先行讲解介绍，介绍过程中研发人员可以随时打断并针对问题进行讨论；而IPR也可以从专利的角度，引导研发进行发散思维。由评审讨论产生的结果包括两类：一是规避方案或新方案，二是新的检索条件（比如研发要求扩展到X公司以外的其他公司）。第四，再次检索与评审。

由此可见，进行多轮这样的评审讨论后，解决的问题越来越多，逐步触入研发的真正需求，也让研发看到了IPR工作的价值，双方后续的工作协作将变得越来越顺畅。

到目前，针对H技术，我们的研发已经扩展产生了40多个技术方案（其中30多个已完成了专利申请）。其中，由IPR主动提出的技术方案就有近10个。

从上述这个案例中，个人深有体会的是：第一，在思维碰撞或头脑风暴中，将可能产生双方意想不到的成果；第二，IPR要做到对技术及专利均有深入了解，如果研发认为IPR很不专业，那对后续工作的开展十分不利。

那么，工作到了这个阶段，是不是可以完美收官了呢？事实上，我们并没有就这样结束工作，而是继续以情报收集、整理的方式，不定期地调查、收集X公司的情报。需要提醒的是，这里的情报不限于专利与技术，还包括公司、市场等方面的情报。

意想不到的事情再次发生了，我们通过线索跟踪到X公司被行业内的Y公司收购的情报，并第一时间将信息情报发送给决策层作为参考，再次有效证明了IP团队工作的价值所在。

工作做到这个程度，你还会觉得专利分析仅仅是简单的分析和报告呈现吗？

总结下来，我们觉得分析报告要得到研发部门的认可，需要做到三点：一是主动，二是深入，三是动态。针对前两点比较好理解，第三点如何理解呢？可以结合一个图来说明，那就是：从原先的一个点（X公司）和一条线（H技术）逐渐向另一个点（Y公司）和一个面（X公司、Y公司及H技术关联并扩展的行业）延伸。换句话说，就是从原本主要是研发部门和IP之间相对单一的一维关联向研发部门、IP、决策层及其他部门之间更系统的多维关联面发展。传统专利调查分析的延伸示意图，如图3-1所示。

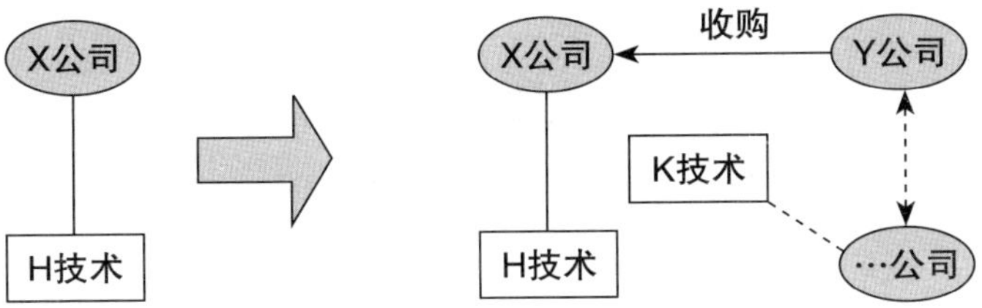

图3-1 传统专利调查分析的延伸示意图

对于企业内部的IPR来说，这种主动深入的态度，将使得专利调查分析工作从“被动地按照研发需求来开展”向“主动地引导研发来开展”的方向转变。相应地，IPR的工作也变成了以专利为切入点，延伸至其他情报工作的范畴之中，这对于个人的能力提升，既是挑战也是机会。

（二）市场

也许有人会问，专利分析与公司市场环节也有关系吗?

如果仅仅是传统套路式的专利分析报告（专利申请趋势、IPC分类、主要申请人、技术功效矩阵），那对于企业的实际市场运营环节来说，确实起不到什么实质性的作用。假设通过专利分析能了解到市场动态信息呢？要知道在技术演变越来越快的领域，比如更新周期越来越短的消费性电子产品领域（如手机），新产品早一个月或晚一个月发布，往往会带来市场占有率的极大差异。如果能提前知晓竞争对手或行业领头羊的市场动态，那对于提前做好市场布局，进而占领市场将是非常有利的。

那么问题来了，怎样才能了解到行业的市场动态信息呢?

我们以专利来看，作为直接反映新技术、新产品的风向标，其实是很多企业窥视竞争对手的一个较为有效的手段。这也许就是Apple的专利一经公布，很快就会有文章进行分析，且这些文章能得到专业人士广泛关注的一个重要原因。

由于专利申请的周期较长，加上新技术从诞生到运用通常都需要较长的时间，这就客观上制约了专利信息的有效利用，也就是说，直接跟踪竞争对手的专利可能并不能快速、准确地把握竞争对手的技术、产品的真正动向。

那么，应该如何突破这些瓶颈呢？

1. 专利预警

跟踪主要竞争对手最近时间段（如一个月）公开或公告的专利信息，目前很多公司的IPR都是这样做的。实际工作中，我会建议你做得更深入一点，比如，可以按照公司研发的技术模块对专利进行分类，并通过较长时期的跟踪来了解并预测竞争对手可能的技术方向和动态，即熟悉竞争对手的套路，预测它下一步的动向。

2. 有价值的情报收集

通过行业网站、专业信息平台、竞争对手官网及展会等途径跟踪行业内的竞品发布信息、最新行业报道、技术发展动态等。这么做的好处是，能够从市场的角度去印证上述的预测动向。

也许，有人会觉得这些情报收集工作和专利并不直接相关，就更偏离本篇的主题“专利分析”了；但是，我并不这样认为，原因在于：其一，我们不应该过多地设定自己工作的边界。事实上，很多公司在正式推出一款新产品之前，都会提前通过新产品发布会、展会、众筹、交流会等方式进行预热和造势，这些素材恰恰能为你提供进一步跟踪、判断竞争对手的新产品动态的机会，那么何乐而不为呢？其二，事物之间都是相关联的。在当今全球资本横行的时代，很多公司的商业运作，如收购、合作等，或多或少都会涉及专利、产品、市场等情报，那么从更广的视角来看待专利，反而会让你能够突破专利工作本身的视角瓶颈。

总而言之，企业市场环节并不像传统思维认识的那样，游离于专利分析之外，关键在于我们IPR能否真正跳出传统专利分析工作的套路，站在市场的角度，向更广、更深的层面去拓展。

（三）决策层

如果说企业是大海中远航的船，那么企业最高决策者就是船上的船长。为确保航程的安全和顺利，他需要及时地获得所有关系船、天气、航程等准确的、有价值的信息；而IPR就好像提供这些信息的船员，是决策者获取信息的重要来源。

如果一个报告能够切中决策者的真正需求，有可能通过决策机制影响整个公司的运转，可以说这就是报告的最高境界了。如何才能找到决策者的真正需求呢？这里重要的一点就是，要从决策者的角度去思考问题，而不是为了报告而报告。那么如何做到从决策者的角度去思考呢？这需要从决策者在报告中的角色定位谈起。

毫无疑问，决策者看一份报告，最重要的是为了做决策，从这个角度看，报告应以方便决策者做决策为原则，尽量做到简洁有用。从公司的决策产生机制看，可以说任何一个决策的产生都离不开一个前提，那就是必须从产业链上看价值链，然后站在价值链上看核心竞争力。

比如，我目前工作的公司，作为激光显示的开创者，所专注的正是在激光显示这个竞争白热化的领域中，针对大屏显示这个相对的小领域，切准现有客户追求大尺寸视觉享受的同时，希望获得低成本、广色域、高亮度的需求去做差异化，并进一步在大屏显示领域针对具体的细分市场，如影院、工程、商教、家庭等进行创新开发，从而形成自身的核心竞争力。

因此，在现今各项技术、产品快速更新、迭代的创新时代，公司关注更多的早已不是传统宽泛的领域，而是大领域里面切合客户痛点、具备不易复制的差异性、能给客户带来附加值的细分领域；而如果我们在做专利分析时，还是以不变应万变的方式制作专利地图，做申请趋势、地区分布、专利权人、IPC分类、技术功效矩阵分析，那显然不能形成真正有助于让决策者做决策的信息。

再以我在前任公司（以下简称F公司）工作期间曾经负责完成的E技术（电子墨水）专利分析为例，这项专利分析的主要输出包括以下几个方面。

1. 企业在产业中的定位

这项分析中，F公司作为ODM（Original design manufacture，原始设计商）企业，针对E技术，我认为其决策层领导提出该专利分析所期望看到的信息可能包括梳理切入E技术领域的风险、产业中的竞合态势及其中的可发展机会等。

基于此，我以E技术的相关专利为切入口，分析、对比E技术的主流类型及对应的主要厂商。这些信息有利于决策层为以下问题做决策：我方是否有足够的技术优势？我方要进入这个领域，选择哪种类型的技术具有较强的竞争力，且可快速、容易地实现产业化？

2. E技术产品的未来市场布局方向

E技术实现产业化的话，什么产品具有更好的市场前景？是否可以从分析中发现可能给我方带来发展的市场机会？

3. 产业参与者的竞合关系

在报告中，我结合E技术产业的各主要厂商及市场信息（如合作、供应）分析E技术产业链，并进一步针对各主要厂商进行剖析。由此，梳理出E技术的产业态势和秩序，分析得出我方的竞争压力和合作机会主要来自哪些方面。

为直观、快速地获取信息，我从整个E技术产业的竞合角度，以图表的方式展现了E技术的产业链（见图3-2）。其中涵盖了E技术产业上、中、下游各主要厂商及其相互之间存在的供应、合作、竞争等关系。

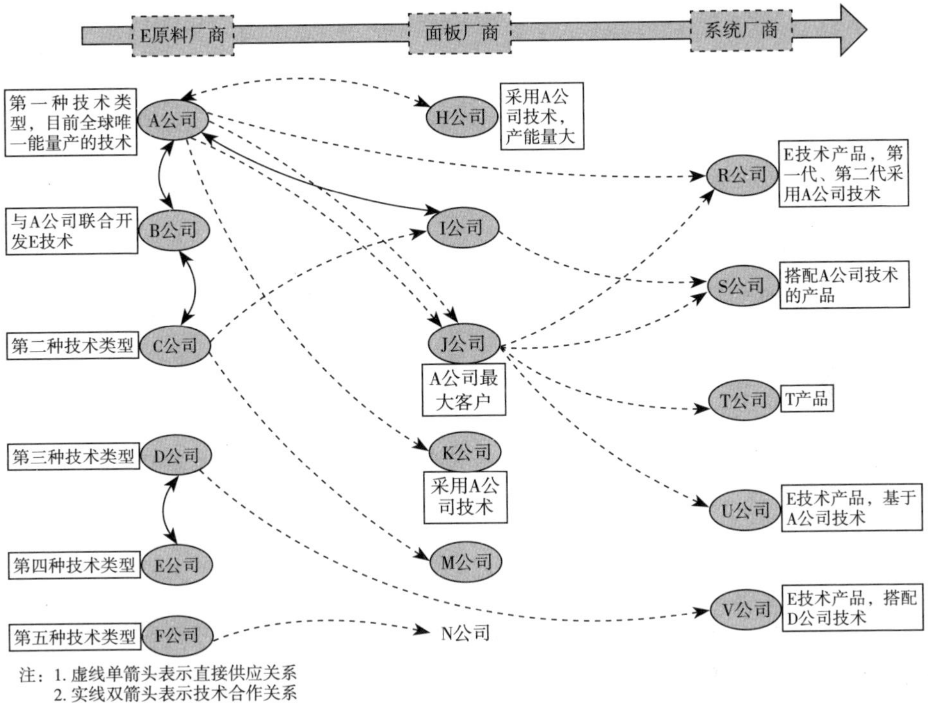

图3-2　E技术产业链简化示意图

4. 在产业背景下，专利存在的风险及机会

在E技术产业的现有格局中，我再结合专利，分析可能存在的专利风险及应对措施，同时分析我方已拥有的专利或要进一步开展的专利布局在未来可能发挥的作用（如能否增加谈判筹码，或者作为反诉武器）。

总之，因为专利本身同时具备技术、法律及市场三个基本属性，而一个企业的运营环节又是与这三个属性密切相关的，所以我认为，IPR在做专利分析时，应跳出传统套路的局限，从代表技术的专利、涉及产品的市场、体现企业经营状况的财务、涵盖诉讼的法律等方面深入地去挖掘、分析，才能做出一份在企业落地、能够真正发挥作用的专利分析报告。

二、专利分析中的“天时、地利、人和”

作者简介：杨金，博西家用电器投资（中国）有限公司知识产权部总监，曾获“2012年度中国杰出知识产权经理人”称号，曾任职于富士康科技集团知识产权部。

《孟子·公孙丑下》中说：“天时不如地利，地利不如人和。”又有《孙膑兵法·月战》中说：“天时、地利、人和，三者不得，虽胜有殃。”古人智慧的总结，一直值得后辈借鉴学习并在不同的领域发扬光大，先贤的“天时地利人和”六字真言，在专利分析上也可以一一得到印证。“天时”通常指自然气候条件，在专利分析上指选择专利分析的时机的重要性；“地利”通常指地理环境，在专利分析上指确定专利分析的内容的重要性；“人和”通常指人心的向背，在专利分析上指展示专利分析的结果的重要性。

本文并不涉及如何从技术层面做一份准确的专业的专利分析报告。由于互联网技术的发展和大数据的兴起，在国内外IP业界出现了一大批提供专利数据和专利分析服务的专业服务公司，其中的翘楚提供的专利分析报告数据权威、角度全面、图表精美，所以我也从他们那儿购买服务。我下面的内容更多的是从一个资深IPR的角度，讨论什么样的专利分析可以因“天时、地利、人和”，让专利分析的结果对公司的经营成功有所帮助。

（一）天时：选择专利分析的时机

2000年前后我刚入行IP时，受当时的互联网普及和数据库来源的限制，进行专利分析是件非常费时费力的事情。当时的F公司已经有能力组织大规模的专利分析（也称“专利调查”），并且依照专利分析目标对象的不同将专利分析划分为三个大类：一是公司专利调查，侧重于对某家公司的公司架构、产品、专利的全面调查；二是产品专利调查，侧重于对某个具体产品上的主要创新点的特定调查；三是技术专利调查，侧重于对某个具体的创新特征的详细分析。

即使到了今天来看，这种分类也是清晰的、科学的，而且F公司也投入巨大的人力完成了对所属行业的主要竞争对手和主要竞争产品的专利分析，并将专利分析结果发给公司管理层和对应的研发创新部门；但是得到的反馈并不总是掌声响起来！

这个现象让我在以后的工作中一直很谨慎地开展专利分析，我们不希望投入大量资源做出的专利分析报告成为装点门面的花饰，或者干脆成为垃圾桶中的废纸。所以，选择专利分析的时机很重要，这决定了分析报告有没有价值，有没有人看。那么时机在哪儿呢？以下几个阶段是进行专利分析的好时机。

1. 进入新行业

举个例子，你所在的公司深耕智能手机领域多年，但是智能手机领域已经是一片“红海”，竞争残酷、利润微薄。公司管理层突然发现虚拟现实技术（Virtual Reality，VR）是一个新兴领域，大有可为，公司打算进入，但是公司此前对VR领域并不了解，对谁是该领域的主要玩家并不清楚，对谁掌握技术也不清楚，管理层很苦恼。这时，你出场了，展示了下面的两张图（见图3-3和图3-4）（图片来自Questel微信公众号）。这是两块敲门砖，门开了，能不能坐下来深聊，就看你的平日修行了。

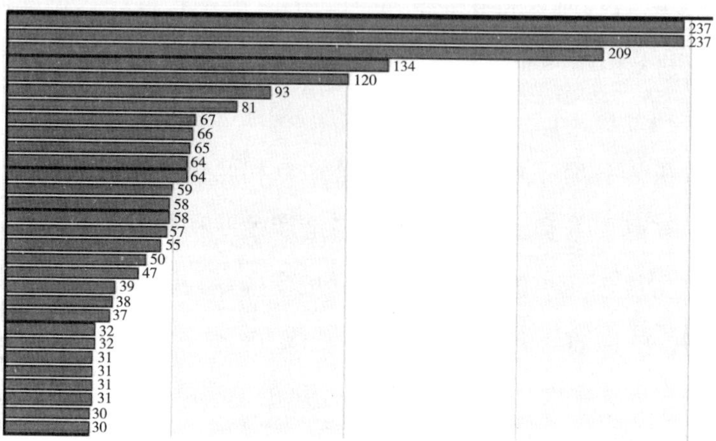

图3-3　VR领域前20位专利申请人构成

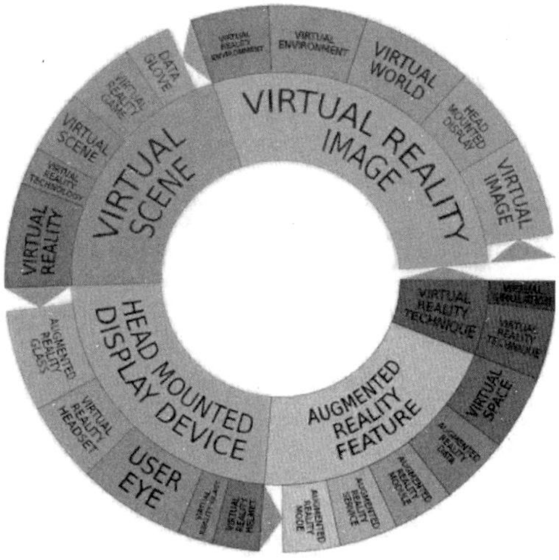

图3-4　VR领域技术分布

2. 竞争对手的异动

再举个例子，你所在的公司深耕家电领域多年，该领域一直四平八稳，几个大玩家各自占据山头，多少年来大家的日子都很好过，市场份额的分割很稳定，并没有像智能手机领域那样斗得你死我活，IP领域也是风平浪静，少有纠纷。忽然，在IP部门的你，有一天将几个大玩家的专利申请量刷出来看，就有了下面的图形，如图3-5所示。

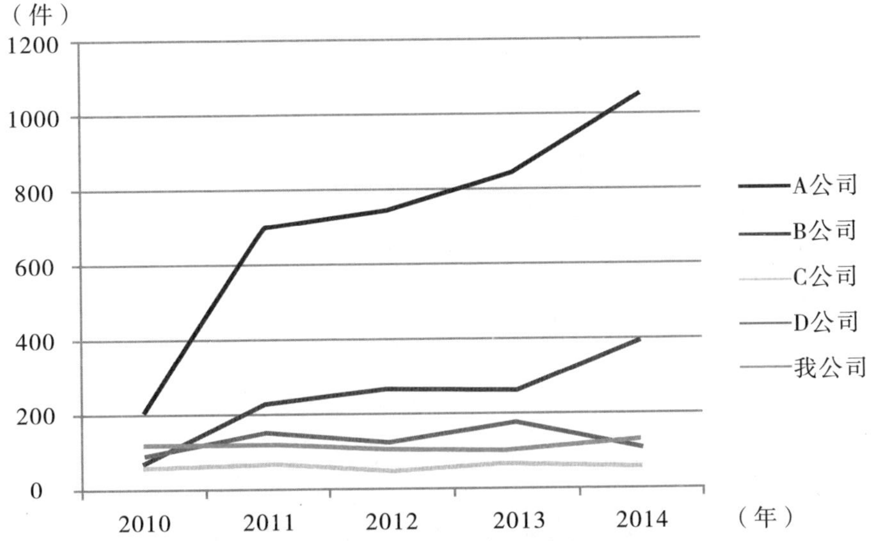

图3-5　家电领域主要公司2010—2015年专利申请数量

上图中A公司和B公司2010—2015年的专利申请数量急速拉升，背后一定是有什么大消息，或者大战略，再联想到平时媒体对A公司和B公司的创新速度和质量的报道，感觉专利分析可以印证这一点。这时就有必要对上面的数据进行进一步的分析，对公司的管理层做出提示。

3. 开发新产品

再举个例子，在中国家庭里，吃完饭后谁来洗碗是个很复杂的问题，据说有些家庭因为洗碗的纠纷上升到了要分家的高度。幸运的是，有洗碗机这种可以解放双手的神器。

传统的洗碗机是这个样子（见图3-6）。这种洗碗机容量大，洗得又干净又健康，又节水又节能，是市场的主流产品。可惜的是，这种洗碗机是嵌入式安装到橱柜里面的，而很多中国家庭的厨房在最初的装修时并没有考虑到后续安装洗碗机的需求，厨房里没有安装空间，也没有上下水路，空有神器，徒呼奈何。于是，市场上有家聪明的公司，推出了一种水槽洗碗机（见图3-7）。这种洗碗机可以利用厨房中现有水槽的位置和上下水路来安装，兼顾了水槽和洗碗机的功能，实在是高明！

图3-6　嵌入式洗碗机

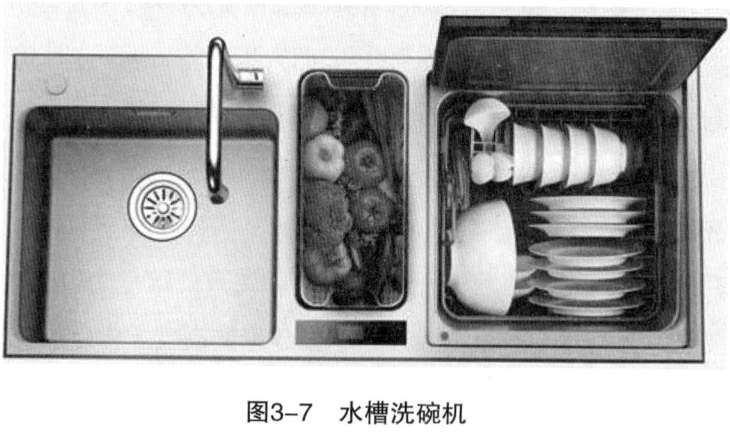

图3-7　水槽洗碗机

你公司的管理层看了这个水槽洗碗机后深受启发，觉得这是中国家庭洗碗机的未来，决定进入这个领域。然而，你发现那家聪明的公司在水槽洗碗机上有这样的专利布局（见图3-8、图3-9）。貌似已经提供了全方位无死角的专利保护，你打算怎么办？是告诉管理层不要做了，还是打算告诉管理层不管三七二十一做了再说？管理层的门又向你打开了，你的专利分析报告是会成为公司新产品开发的绊脚石，还是成为“清道夫”，就看你的平日修行了。

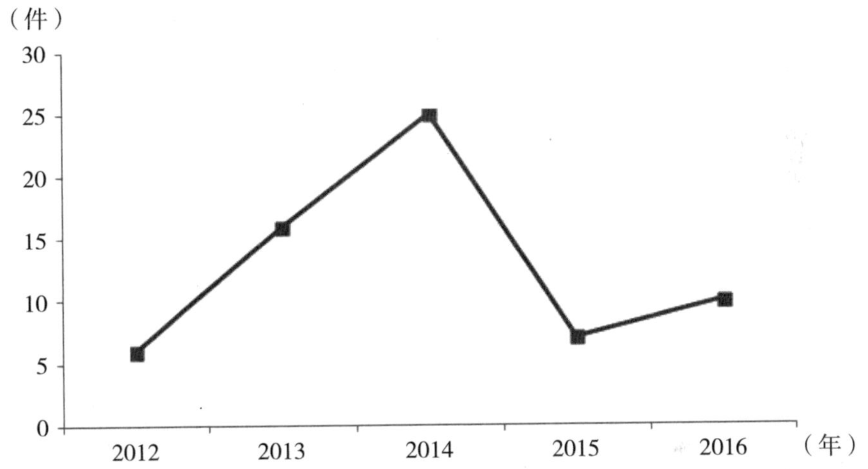

图3-8　水槽洗碗机专利申请趋势

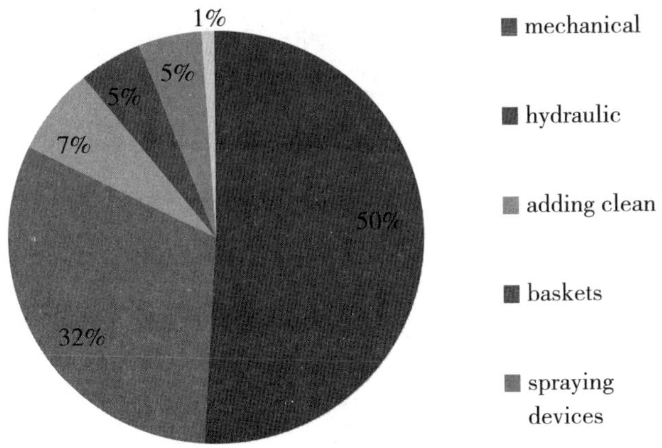

图3-9　水槽洗碗机技术分布

当然，除了以上列出的三种时机，还有很多其他的需要专利分析的时机。例如，公司准备开拓海外市场了，要不要分析一下要进入国家的专利状况？又比如，公司准备收购另外一家公司了，要不要分析一下收购标的专利状况？一言以蔽之，选择公司需要专利分析的时机采取动作方有价值。

（二）地利：确定专利分析的内容

“天时”有了，你成功地获得了一个证明专利分析对公司的生意与发展大有帮助的机会。那你到底打算展示出什么内容，这很重要。

现在专利分析行业已经很发达了，专利分析的角度也很全面，都不用付费，随意用搜索引擎在网上检索一下就可以发现大批的科普文章，告诉你专利分析可以包括如下的内容：专利申请人构成分析、申请人区域排名分析、专利IPC技术构成分析、专利矩阵技术构成分析、专利矩阵发明人分析、专利同族引证分析、失效专利利用分析等。还能列出几十个分析角度。

如果你按照上面的角度去准备一份数十页的专利分析报告，可以肯定地说，这是一份不合格的报告，原因很简单：其一，没有从支持公司业务的思维角度去选择要报告的领域；其二，内容太多；其三，都是专利语言，没有人愿意看。

那什么样的内容是人们喜闻乐见的？还是接着图3-5的故事说。关于家电领域主要公司2010—2015年专利申请数量，你统计了不同人群（包括公司高级管理层、中层经理、技术专家、普通工程师）的反馈，大家都怀疑A公司和B公司的数据有水分，尤其是深度怀疑A公司的数据。澄清到底有没有水分，这就是个很好的切入点。

分析的重点在A公司，因为A公司这几年是行业的当红“小生”，各种投资并购动作不断，新产品层出不穷，市场占有率一直持续上升，管理层对A公司的各种动向都很关注。经过深入观察，你总结出新的数据，发现A公司的数据确实存在一定的水分，即从2011年起，A公司通过大规模的DFUM，迅速提高了专利申请的总数量，如图3-10所示。

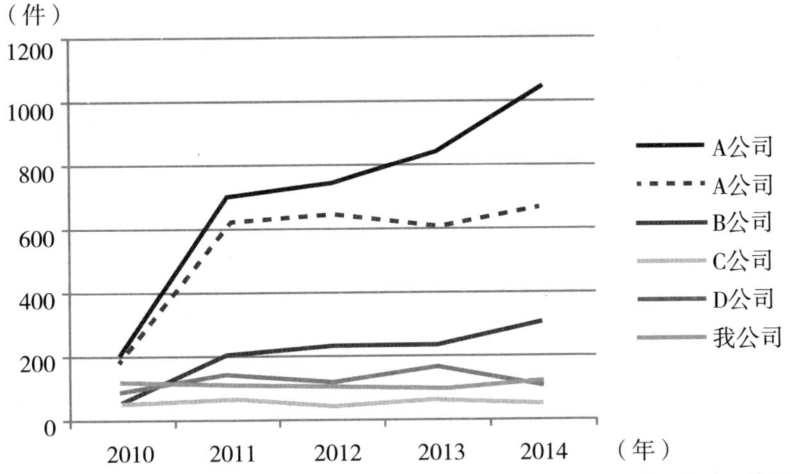

注：DFUM=Dual Filing Utility Model，即同时申请中国发明专利和实用新型专利

图3-10　家电领域主要公司2010—2015年专利申请数量

如果到这里就结束了，那就会功亏一篑，要进一步分析：其一，A公司为什么要做大规模的DFUM？其二，即使去掉DFUM的水分，它的专利申请总量依然遥遥领先于其他公司。这里面还藏着什么？

我们可以进一步分析A公司的发明专利获得授权的平均时间（见图3-11），发现它的发明专利在2010—2015年的平均授权时间只有两年半左右，而其他公司的平均授权时间为4年以上。通常发明专利申请的公开时间是18个月，3年内提出实质审查的请求，所以4年多的授权时间是正常的速度。A公司的做法显然是在刻意加快获得专利授权的速度。为了印证这个结论，我们统计了2010—2015年A公司的发明专利申请的公开时间，发现A公司超过95%的发明专利申请要求提前公开，这个举动可以缩短审查等待的时间，如图3-12所示。

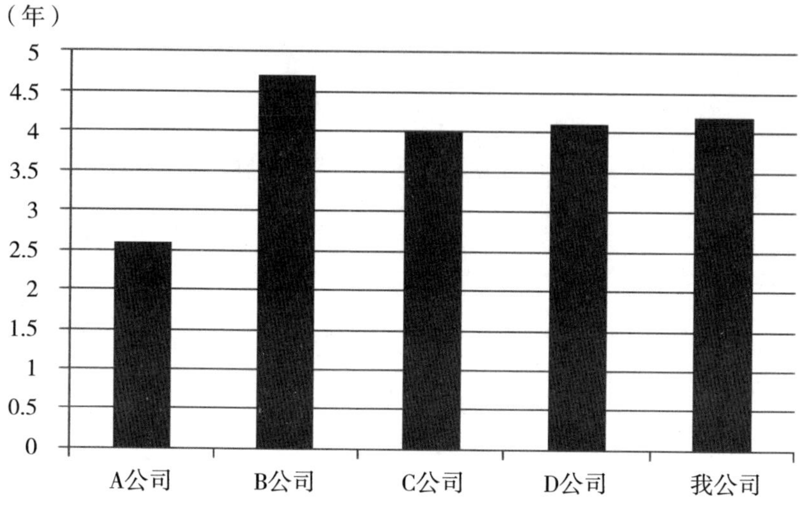

图3-11　家电领域主要公司2010—2015年发明专利平均授权时间

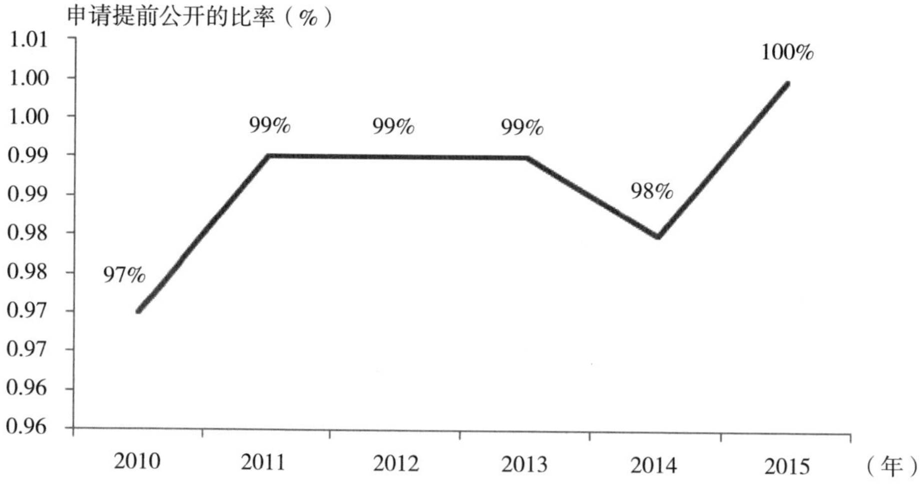

图3-12　A公司2010—2015年发明专利申请提前公开比率

综上所述，我们基于图3-5的表面数据，经过深入分析，推测出如下结论。

结论一：A公司的创新活动非常活跃，所以产生了大量超出业界平均水平的专利申请。

结论二：A公司的创新周期很短，新产品出现在市场上的速度也很快，所以需要结合“DFUM+发明专利申请快速授权”从而给公开的创新以及时的保护。

结论简单明确，而且是从公司创新竞争的角度得出结论，对本公司的管理层在制定本公司的创新竞争策略时很有参考价值，这样的专利分析结论大家会喜欢的。

（三）人和：展示专利分析的结果

这一部分其实最容易出现“悲剧”，悲在何处？辛辛苦苦做出的报告却找不到机会展示，或者好不容易找到机会展示给管理层，却发现：听众或微笑不语，或若有所思，就是没有反馈给你；甚至会当场发问“这是在弄啥？”这时就要想想，是不是在下面这三个方向出了问题。

问题一：内容的选择，没有抓住重点。这一点在上面的“地利”篇已经讲过，不再赘述。

问题二：语言的表达，没人听得懂你的IP语言。到什么山上唱什么歌。道理简单，实践起来却很难。我在公司从事IP工作十几年，深深体会到IP语言无论在国内或是国外，无论在小微企业或是跨国集团都是冷门小众语种；而很多IPR会想当然地以为自己做出来的IP专业表达的专利分析报告，本领域以外的人也应该能够无障碍阅读并感同身受，融会贯通。事实却是，IP领域之外的人基本上分不清“申请专利”和“注册专利”哪个是准确的说法，也不了解“专利”和“专利申请”有何区别。怎么办？我的理解就是两个字：“练”和“悟”。多站在听报告的人的角度，用通俗的语言表达出专业的结论。

问题三：展示的机会，没时间听你的报告。也许大家很不愿承认，但残酷的事实是，在大多数企业里，IP部门都不是公司的核心部门，也不处在公司运营的核心流程之中。所以，管理层的目光很少会落在IP部门，在日常工作中留给IP部门汇报的时间很少。因此，呕心沥血完成的专利分析报告，要想办法找到展示机会。不同的企业运营方式各不相同，如何找到展示机会并没有一定之规；但是，一些不聪明的做法可以避免。例如：不要通过邮件，尤其是长邮件发送专利分析报告给管理层；不要使用冗长的文字描述，一张直白的图表胜过万语千言。

专利分析信息来源的局限性、滞后性，信息公开的不充分性，分析人员的水平参差不齐，等等，各种因素都会影响专利分析结论的准确性和参考价值。所以，我们要清楚，专利分析的结论可以提供一些信息给管理层作为决策参考，但不一定适合作为商业决策的主要依据。孙子曰“知己知彼，百战不殆”，但有时彼此都分析清楚了，还是可能吃败仗。专利分析报告就如同一个好的助攻传球，如何接好这个球并射门入网，则是专利分析之外的故事。

4

PART

第四部分

知识产权布局

30家国内一线创新公司的知识产权是如何运营的

IP之道

一、在美的，我们如何做专利布局

作者简介：付饶，原富士康科技集团IP经理，现任美的集团有限公司IP高级经理。拥有10年以上企业知识产权管理经验，荣获“2016中国杰出知识产权经理人”称号。

目前谈及专利布局的时候，很多企业存在的误区是，错把专利数量当作布局成果，因此一味强调专利的数量（那种“某某产品布局了上百件专利”的宣传甚至都变成了老套路）而不是真正重视布局的思路。我认为，这些都没有触碰到专利布局的实质。实际上，专利布局并不是自己一上来就胡乱申请一堆专利，而是根据竞争对手或行业的现状，通过谋篇布局来确立自己的优势。因此，不要急着申报专利，而是先对竞争对手的专利、市场进行充分分析才是专利布局的第一步。孙子兵法云“知己知彼，百战不殆”，讲的就是这个道理。

（一）如何洞悉竞争对手的专利情况

在这方面，个人认为结构/功能矩阵图是非常好的专利分析工具。具体操作时可以将竞争对手的产品结构分解开，作为矩阵的纵坐标，然后将产品要实现的功能逐一地列出作为横坐标，以直观的方式来呈现竞争对手的专利申请概况。

以国外××公司的微波炉产品（本人所在公司的竞品）为例，其结构可以拆分为自动开关门系统、腔体系统等。这些结构对应实现的功能包括增强烹饪效果、延长使用寿命、减少安装空间等。在我们检索到该公司的微波炉相关专利，并详细解读了其技术内容后，将其数目一一列入结构/功能矩阵图相应的矩阵节点中，这样就获得了一张竞争对手竞品的结构/功能矩阵图，如图4-1所示。

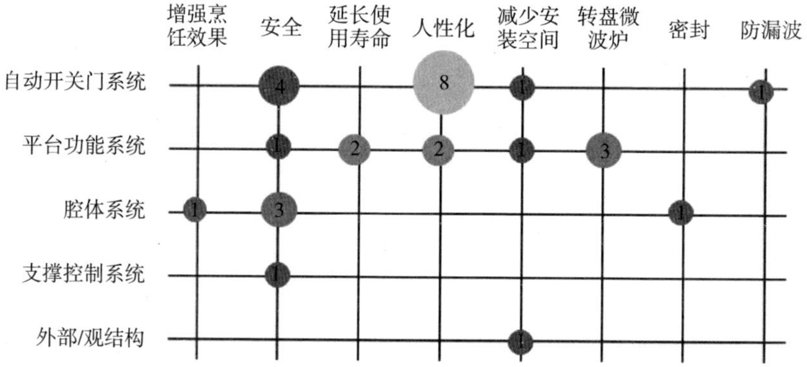

图4-1　××公司微波炉结构/功能矩阵图

在图中可以清晰地看出竞争对手的技术优势点和薄弱点。在技术优势点（如图中基于人性化设计的自动开关门系统），竞争对手通过部署大量专利重兵把守；而在技术薄弱点（如图中基于防漏波的腔体系统设计），竞争对手的专利申请少甚至处于完全没有申请状态。

这样，我们后续的技术开发和专利布局就有了方向，比如可以考虑主要集中布局两个方面：第一，竞争对手重兵部署的专利区域，这些区域一般是行业的热点研发区域，我们也需要重点研发、专利布局，从而占有一席之地；第二，竞争对手忽视的薄弱区域，我们也要重点布局，以在未来形成我们产品的差异化优势，至少可以获得与竞争对手在未来进行交叉许可的谈判筹码。

除了结构/功能矩阵图，专利地图也是一个获取行业或者竞争对手专利、技术布局概况的较好方式。在这方面个人比较喜欢TI（Thomson Innovation）的专利地图（见图4-2），其以地图的方式清晰地显示出行业或公司专利技术的聚集状态，从而有助于判断专利的整体分布，例如，地图中的密集区域，通常即为技术研发的热点区域。

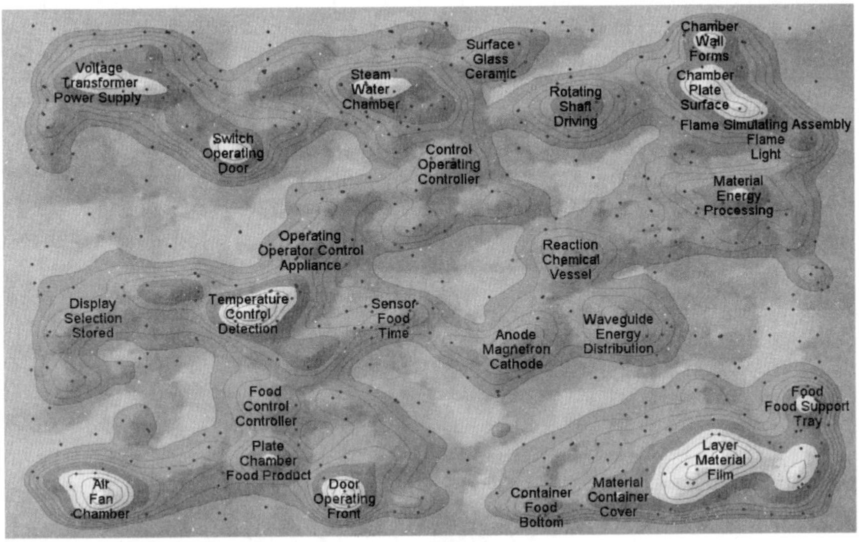

图4-2　专利地图样式

需要注意的是，在了解竞争对手的专利情况时，除了专利分布分析外，还需要结合产品的市场情况、技术布局等要素进行分析。比如，OTR（Over the Range）微波炉、立式吸尘器等产品主要是在北美销售的，那么后续海外专利布局的时候，需要结合市场的情况，在产品销售的地区有针对性地进行专利布局，这样可以实现专利资源的优化配置。

（二）专利布局的几种常见模式

做完以上这些专利布局的战前部署后，就要进入正式的实战阶段。对于初次修炼专利布局这门高深学问的新手们，需要先了解一下专利布局的几种常见模式。

1. 围墙式专利布局

在解决某个技术问题时，可能会有多种技术方案，其实施效果也各不相同。研发人员如果只用那个最优化的解决方案进行专利布局，就为竞争对手做回避设计留出了空间。比如，我所在的公司发明的抽屉式洗碗机的传动机构，如果只申请最优化的齿轮齿条传动方案，而放弃皮带轮传动、螺纹螺杆传动等传动效果差一些的技术方案，那就很容易被竞争对手回避。竞争对手采用技术效果稍差一些的螺纹螺杆传动方案来做同类型的产品（这样的效果差异消费者不易直观感受到），并获得不错的销售业绩，导致我方市场订单流失。

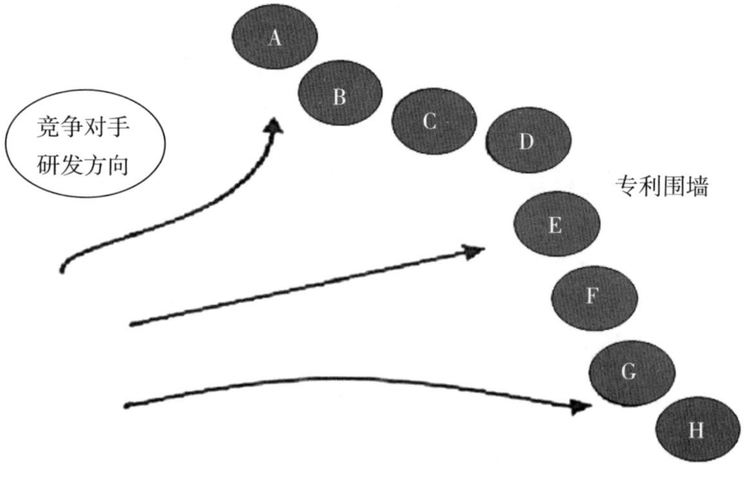

图4-3　围墙式专利布局

因此，对于重要的产品和技术，建议采用专利围墙式的布局方式（见

图4-3），无论最优方案（A）还是技术较差的一些备用技术方案（B、C、D……），全部申请专利，做到创新技术的全面保护，让对手回避乏术。

2.“主+卫星”式专利布局

在研发某项核心技术时，一般会就整套系统的架构申请一项基础专利。这时有些发明人会觉得这样就基本上把我的创新技术保护到位了，但实际上这套基础系统可能包含了众多延伸零组件及组装关系，而这些延伸零组件或许都有配套性的改进，甚至当前就有基于未来产品迭代考虑的改进想法。这时，有必要围绕这项基础专利技术很多小的技术改进点，全部进行专利申请保护。

如果把基础专利比作恒星，那么这些小改进的专利就可看作是围绕这件基础专利的卫星专利（见图4-4）。如果我们不申请这些卫星专利，竞争对手很可能会抢先申请，而竞争对手申请下来的专利在将来会对我方产品造成限制。

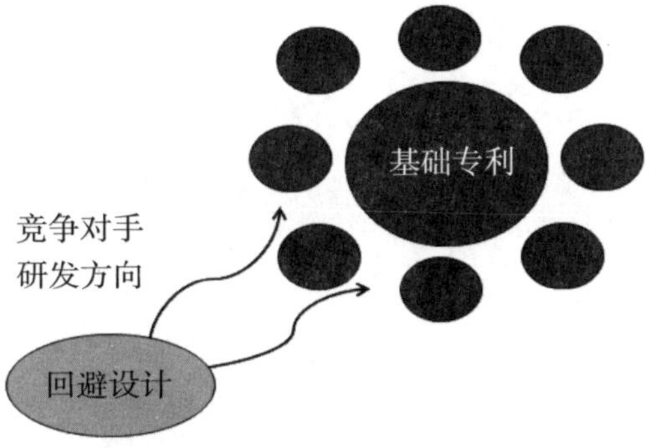

图4-4 “主+卫星”式专利布局

3. 地毯式专利布局

这种布局方式主要应用于对新兴技术的布局上。由于新兴技术的发展趋势不是很明朗，所以需要在各个研发方向尽量多地布局专利。比如，现在很热的智能家电领域，其走向究竟是以整体节能的方向为主，还是以单机智能方向为主，或者以家电的互联互通方向为主，在目前还不是很清晰。所以现在就有必要在各个方向多布局专利，尽量占住坑位，以免在智能家电时代真正到来时成为产业的配角。地毯式专利布局，如图4-5所示。

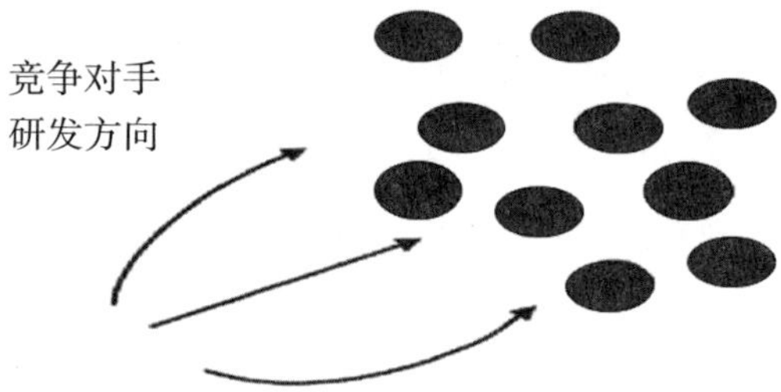

图4-5　地毯式专利布局

4. 包绕式专利布局

这种布局方式在竞争对手开发了创新型技术，但专利保护力度较弱的情况下应用最为有效。据我多年观察，日本企业对这种专利布局的运用最为娴熟。实际上，很多原创性的技术都是美国企业先开发出来，并申请基础专利，但日本企业善于围绕这个原创性基础专利技术进行技术改良，再申请专利保护，通过这种方式把这些原创性专利包围起来，形成自己的知识产权，如图4-6所示。

图4-6　包绕式专利布局

由于原创性发明的技术往往需要经历几年、十几年才能真正实现产业化，所以原创性专利的实际垄断周期可能在产业化后仅仅存在短短几年；而在实践中，这些改良型专利往往申请较晚。这就导致一个有趣的现状，就是具有原创性基础发明的厂商反而容易受制于这些具有改良型专利的厂商。一方面，当两者的专利都处在存续期时，原创发明专利厂商可能会与改良专利厂商进行交叉授权许可。另一方面，在原创性专利到期后，改良型专利（申请日期在后）反而还有很长的保护周期，这样技术的主导权在不知不觉中反而转移到后者的手里。以微波炉为例，日本企业就在美国原创微波炉专利的基础上，申请了大量与蒸汽、烧烤功能相对应的改良型专利（实践技术效果甚至还优于前者），从而逐步把控了行业的技术主导权。

5. 策略式专利布局

有时候，研发的方向无论如何调整，技术如何做规避设计，总有一些绕不开的技术峡谷，如果我们能在这些峡谷里适当放些策略型的专利，就可能收到一夫当关、万夫莫开的效果（见图4-7）。例如，美的家喻户晓的蒸汽洗抽油烟机，要实现烟机内部的蒸汽洗功能，肯定要有特定的结构，如水杯，将水引入蒸汽发生器，那么盛水的水杯除了单独作为配件放置于烟机外部外，还有一种方式就是嵌入烟机体内。虽然我们第一代的产品是将水杯作为单独配件设置的，但一开始我们就有意不止申请水杯外置型的专利，还将水杯嵌入烟机体内的方案也作为策略式专利进行申请。后来我们无意间发现，竞争对手果然窥探到我们的产品技术，并有意进行规避设计，而且规避的思路与我们早已申请的方案（水杯内置）毫无二致。虽然煞费苦心，但终究还是落入我们的策略式专利布局的保护范围之内。

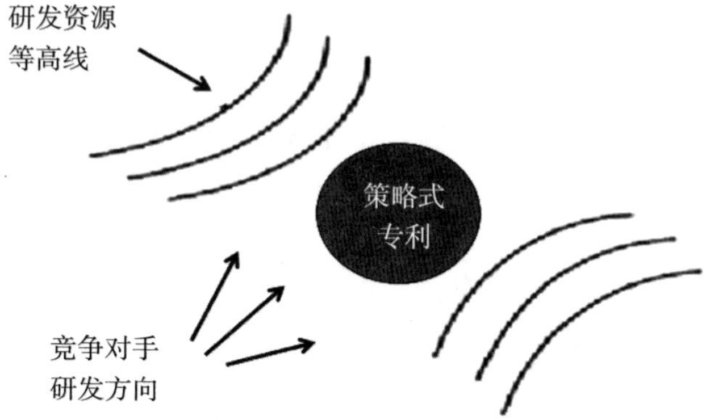

图4-7　策略式专利布局

6. 组合式专利布局

这种布局方式可以看作是“主+卫星”式专利布局方式的升级版。当厂商开发一个新产品的时候，通常可能针对多个基础技术点申请多项基础专利；而围绕这些基础专利还会申请多个卫星专利。这样就形成了一个强大的专利网，让竞争对手无法从这个专利网中破网而出，如图4-8所示。

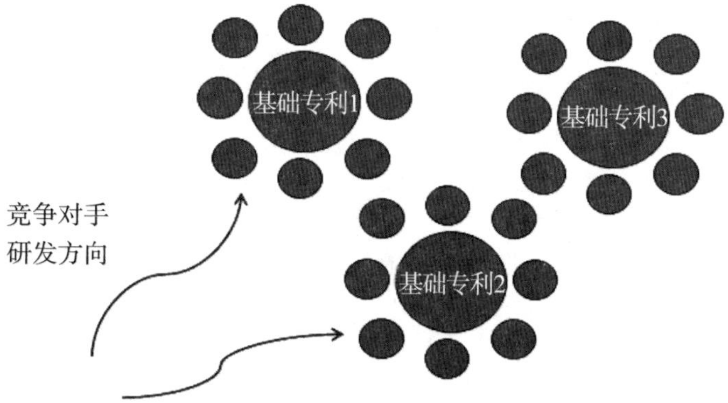

图4-8　组合式专利布局

相信通过以上的介绍，读者对于各类专利布局的招式都有了一定的了解。除了“知已知彼”外，孙子兵法又云：“兵无常势，水无常形，能因敌变化而取胜者，谓之神。”

可以说，专利布局的至高境界应该是能结合产品、技术创新的具体情况，融合各种专利布局方式和技巧，并且站在如何防止竞争对手破局的角度来思考布局的策略，如此才能达到专利布局的“大乘”之境。

（三）海外专利布局

在专利布局的修成之路上，还有一处需要重点突破的经脉——海外专利布局。

目前随着中国日益融入全球化市场，很多中国企业都面临国际化的问题，以向欧、美等发达地区实现品牌和业务的扩张。在这个过程中，第一个要面对的问题，就是海外竞争对手严密的专利封锁。那么如何通过有效的海外专利布局运作，逐步获得与跨国企业平起平坐的话语权呢？我经过多年实施，认为海外专利布局可以从以下几个维度进行考量。

1. 专利战略类型

专利战略类型主要分为防御型、竞争型、经营型三种。其中，防御型战略一般是技术还处于弱势地位的企业，进行一定量的海外申请，以便未来在欧美地区遭到竞争对手专利打击时获得交叉许可机会，从而降低专利风险的一种专利战略。当实施防御型战略时，企业的海外专利风险排查是重中之重。

竞争型战略一般是具备较强技术实力的企业，通过大量的海外专利申请，逐步积累专利筹码，达到可与欧美地区的竞争对手进行对抗的水平，从而维护海外市场地位的一种专利战略。经营型战略一般是拥有行业领先技术的企业所采用的专利战略。当实施经营型战略时，申请海外专利不仅仅是为了简单的对抗，而是通过专利许可、买卖等经营手段，将专利变成直接创造价值的资产。

2. 专利申请策略

在产品的海外主要销售市场进行专利申请，一个容易碰到的问题是，国外申请是采用PCT途径还是直接进入国家（《巴黎公约》）？这个问题的答案是，视产品的销售市场而定。比如，OTR微波炉是美国地区特有的产品，那么我们的专利其实只需要在美国地区布局即可，并不需要通过PCT进行全球布局。可以说，海外专利布局是为公司的市场经营服务的，脱离了市场经营的专利布局，也就失去了意义。

另一个常见的问题是，如何优化海外布局。在这方面，我们发现很多国家都有特殊的加速通道及审查制度（如美国的IDS、RCE等），实际上IP人要做到娴熟地运用各种申请策略，就需要花大力气深入了解各个国家的专利法及审查体系。

3. 主要竞争对手的海外专利布局

了解各竞争对手的海外专利布局很重要，如果能做到这一点，那么我们的海外布局也能做到事半功倍。例如，主要竞争对手可能在某个国家疏于专利布局，那我们就可以有针对性地在该国家做高强度的专利布局。这样在后续发生专利战时，就可在该国家形成比较优势，达到制衡竞争对手的目的。

4. 专利风险等级

通过专利分析及风险排查确定不同地区的专利风险等级，从而采取不同的专利申请策略。

通过以上维度的分析，我们可以得到一个海外布局战略图，这个图可以帮我们快速确定海外专利布局的开展方式，如图4-9所示。

产品/维度	产品1	产品2	产品3	产品4	产品5
战略类型	竞争型	经营型	防御型	竞争型	防御型
申请策略	US直接申请	PCT	PCT/US申请	PCT	JP直接申请
主要市场	美国	欧洲/美国	美国/加拿大/欧洲	美国/欧洲/中国/澳洲	日本
主要对手	XX/XX	XX	XX/XX/XX	XX	
风险等级	★★	★	★★★	★★★	★★★★

图4-9　海外专利布局战略图

最后需要说明的是，专利布局是个系统性的工程。在布局的过程中需要研发、市场、制造等各方面的人一起积极参与。毕竟研发出一项新技术只是第一步，该项技术的产品化、大批量制造都要协调进行；而专利的产出也要配合上述工作来开展。另一方面，当市场反馈回消费者的需求，研发就需要针对消费者的痛点再做技术改良，这时也会相应地产出新的专利并进行布局。由此，专利布局是一项持续性的工作，随着产品的迭代升级需要不停地完善。

总之，专利布局不仅需要你具备服务企业经营的战略眼光，还需要你脚踏实地地做好每一件专利申请、答复、授权的琐碎工作。希望本文的分享能够让你在专利布局上有所收获。

二、以终为始的专利布局

作者简介：李丽，上海知锦知识产权代理事务所合伙人，北京市集佳律师事务所上海分所及北京集慧智佳知识产权咨询团队前创始人，清华大学外聘讲师，国家百千万知识产权人才工程百名高层次人才，曾任职于富士康科技集团知识产权部。

在中国企业连年巨量申请专利的背景下，行业内也出现了专利无用论拷问，如图4-10所示。

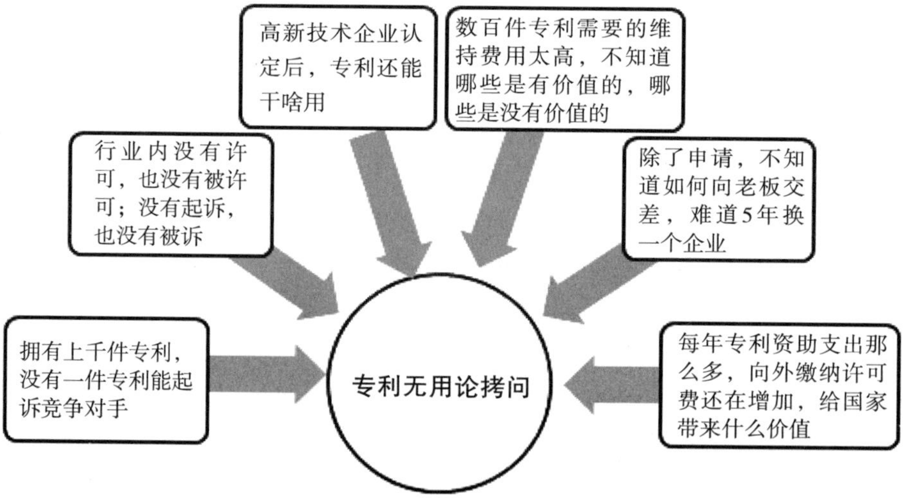

图4-10　专利无用拷问示意图

作为IP从业者，我们要思考专利怎样才能有用。首先我们需要取得可用的专利，再加上灵活运用手段，才能使得专利产生价值（见图4-11）；而如何取得有用的专利，在我看来，需要运用“以终为始”的专利布局策略。

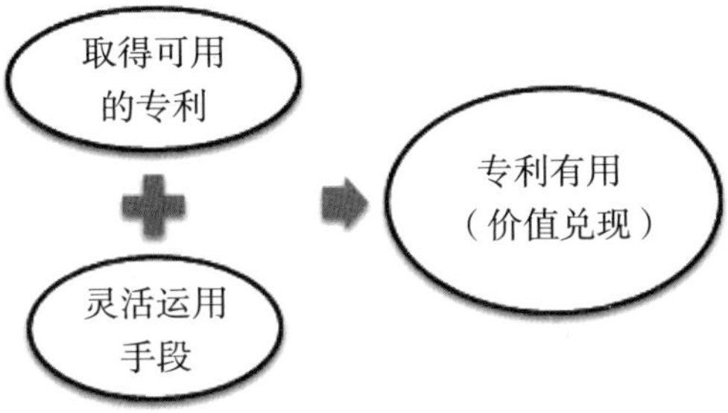

图4-11　专利价值兑现示意图

（一）特安纶专利布局案例

我们先看一个专利布局经典案例：Nomex与特安纶的竞争。

Nomex是一种耐热阻燃材料，是某知名跨国公司的核心产品。后来，中国某研究院所经过多年悉心研究，量产一款耐高温材料——特安纶。两种材料性能相近，应用范围一致，可以相互替代，而特安纶在耐高温性能等方面更优，如图4-12、表4-1所示。

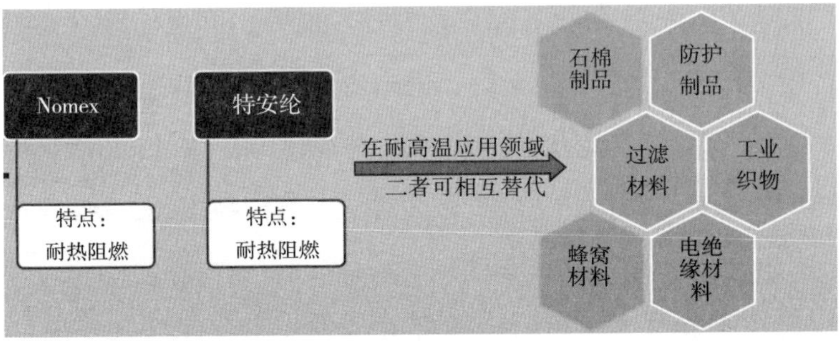

图4-12　特安纶是Nomex竞品

表4-1　特安纶与Nomex性能指标比较

项目	特安纶	Nomex
密度	1.42g/cm^3	1.38g/cm^3
断裂伸长率	20%～25%	15%～17%
软化温度	367℃	370℃
起始分解温度	422℃	415℃
长期使用温度	250℃	200℃
瞬时使用温度	300℃	250℃
LoI值	33%	28%
燃烧现象	碳化、难燃、自熄	碳化、难燃、自熄
电压击穿强度	15kv/mm～22kv/mm	20kv/mm

特安纶与Nomex的主要竞争如下。

第一回合：特安纶技术虽有机会，但产业化以及专利布局已经拖后腿。

1967年，Nomex先行发明上市，随后畅销全球。

1973年，紧随其后在中国发明特安纶，但在2007年才声明可量产1000吨；2002年仅申请一件关于特安伦“纤维制造方法”专利。很明显，新材料技术仅布局一件专利远远不能有效保护技术成果，而且方法专利侵权举证难度偏大，无法覆盖通过其他方法获得的同样的产品。因此，中国特安纶的这种专利布局，对核心技术成果谈不上有效保护。

第二回合：Nomex企业听闻竞品特安纶量产，闻风而动，立即开展专利布局，中国特安纶企业应对乏力，进一步导致市场溃败。

2007年年初，特安纶企业声明可量产1000吨。Nomex企业听闻竞品量产，立即采取行动：同年7月派首席科学家拜访特安纶，洽谈收购事宜，但未果。

这次拜访引起双方关注，后续都对特安纶进行了专利布局：特安纶企业仅仅补充申请了3件中国专利，仍然是关于特安纶纤维制备方法；而Nomex企业在2007年8月（在拜访特安纶企业后一个月左右）就针对特安纶布局13个专利族，2007年12月又补充布局3个专利族，2008年4月又继续补充布局1个专利族，不到一年时间布局17个专利族。Nomex企业随即利用这17个特安纶专利族，在各个区域市场狙击特安纶企业；而特安纶企业在感受到市场受阻时才发现，特安纶产业上下游、各个市场区域都被Nomex企业申请了专利。Nomex与特安纶的专利竞争，如图4-13所示。

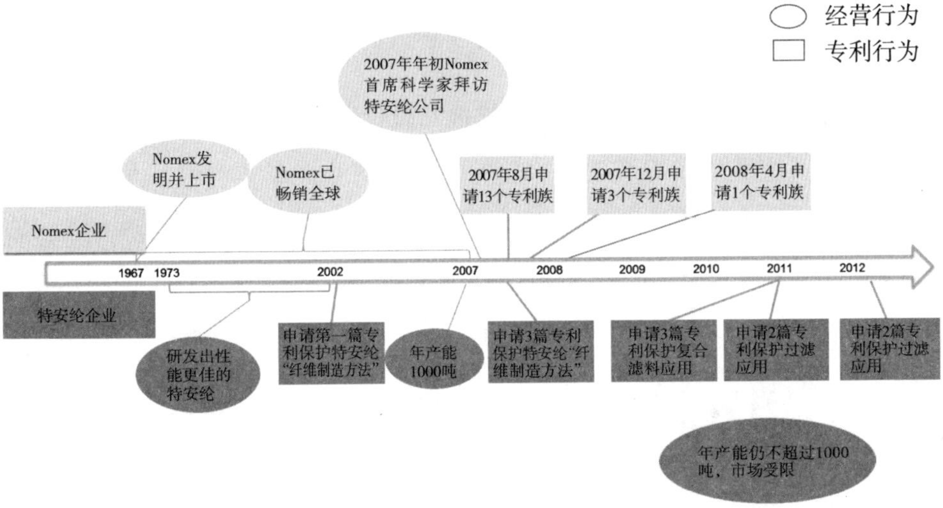

图4-13　Nomex与特安纶的专利竞争

令人惊叹的是，Nomex企业在特安纶相关专利布局上后发而先至，利用几十件特安纶专利布局有效阻止竞品的市场，为Nomex赢下全球市场做了巨大贡献。专利布局最终决定了市场格局——一面是火焰，一面是海水。2011年，Nomex年产能2.5万吨，全球销售额高达84亿美元；而特安纶企业面对对手布下的无处不在的特安纶专利网，市场受到挤压，特安纶年产能仍停留在1000吨，在中国境外的年销售额仅有0.2亿美元，如表4-2所示。

表4-2　2011年特安纶与Nomex的销量对比

项目	销售额（亿美元）		倍率
	特安纶	Nomex	
大陆	1	10	10
海外	0.2	74	370
总额	1.2	84	75

那么问题来了，Nomex企业在不生产也不销售特安纶产品的情况下，如何在短短时间内针对竞品特安纶有效开展专利布局呢？以下是对其专利布局策略的分析。

1. 根据企业核心业务和专利“排他”属性进行布局

Nomex企业的布局策略是构建特安纶全产业链专利网络，尤其是在特安纶核心业务产业链布局针对性专利，从而通过专利排他性将特安纶产品挤出市场，进而套牢Nomex客户。

首先，Nomex企业和特安纶企业同属上游厂商，中下游厂商就是他们的客户。Nomex企业所布局特安纶专利覆盖4个产业链：防护器具产业链、过滤器产业链、耐火纸材产业链、耐火管材产业链的上下游。其次，其中产品专利覆盖纤维，纱线、短纱线，织物、纸材、复合材料，防护服、过滤器、各种用纸及管材。再次，方法专利覆盖纤维制造方法、纱线制造方法、纸材制造方法、复合材料制造方法等。最后，Nomex企业核心业务领域是防护器具领域和过滤器领域，在这两个产业链上布局特安纶专利也是最多。

特安纶企业陷入非常被动的局面：首先，试想一下，无论特安纶企业的产品是纤维还是织物，能销售给谁呢？客户看到特安纶领域上下游都被Nomex企业专利所占据，如果一旦购买特安纶产品，上下游都有专利侵权风险点，无法保证经营安全。因此，客户不会冒险购买和使用特安纶产品。其次，由于Nomex企业不生产、销售特安纶产品，特安纶企业的专利无法打击Nomex企业，也没有其他筹码有效抗衡Nomex企业。最后，除非特安纶企业能够证明特安纶的产品不存在侵权可能或者把Nomex企业申请的几十件国内外特安纶专利都无效掉，而这是一项浩大的工程，耗时、耗力、耗财，最终结果还是不可控制的。Nomex企业在特安纶产业链的专利布局，如表4-3所示。

表4-3　Nomex企业在特安纶产业链的专利布局

产业链	上游	中游		下游	产业链工艺
防护器具产业链	纤维	纱线	织物	防护服	纤维制造方法
过滤器产业链			织物	过滤毡、袋式过滤器	短纱线制造方法
耐火纸材产业链		短纱线	纸材及其各种结构，层压结构体、蜂窝结构	标牌、标签、证券纸、纸材包裹的线材或导体、电气器件	纸材制造方法
耐火管材产业链			复合材料	通风管、柔性软管	复合材料制造方法

2. 根据Nomex市场进行布局

Nomex企业进行特安纶专利申请的市场区域就是Nomex产品所在市场区域。哪里有Nomex产品的市场，Nomex企业就在哪里布下特安纶专利网。市场营业收入比重越大的区域，所布局专利数量就越多，如图4-14所示。

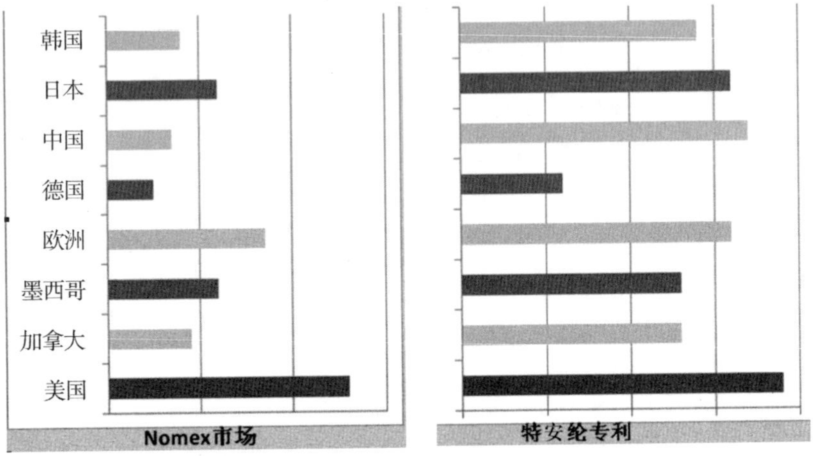

图4-14　Nomex市场与特安纶专利布局区域对比

3. 在最有产业链控制价值的领域布局专利

产品专利价值往往大于方法专利价值，无论用什么方法做出该产品都可能落入产品专利的保护范围，且产品专利相较于方法专利，更容易举证；而上游产品专利更具产业链控制价值，因为中下游产品生产制造一定会购买及使用上游产品，所以上游产品专利会覆盖并控制产业链中下游。

Nomex企业深谙此道，布局3件属于上游产品领域的特安纶纤维专利；特安纶企业申请纤维制造方法专利在先，却忘了布局纤维产品专利。从技术内容来看，Nomex企业这3件纤维产品专利申请在后，与特安纶企业申请在先的特安纶纤维制造方法专利所公开的成分相比，仅仅做了简单组合替换。即使不做具体研发，Nomex企业的专家也可以推导并写出纤维产品专利一、二、三的技术方案，如表4-4所示。

表4-4 Nomex企业与特安纶企业的特安纶专利权利要求要素对比

申请人	专利客体	首次申请时间	权利要求要素			
特安纶企业	第一件纤维制造方法专利	2002年	4，4'-二氨基二苯砜（4，4'-DDS）	3，3'-二氨基二苯砜（3，3'-DDS）	溶解于二甲基乙酰胺（DMAc）	加入等摩尔的对苯二甲酰氯（TPC）
Nomex企业	纤维专利一	2007年	胺单体，即4，4'-二氨基二苯砜（4，4'-DDS）	多种酸单体	酸单体包含具有芳基的单体	含胺单体80%（摩尔）
	纤维专利二	2007年	多种胺单体，包含4，4'-二氨基二苯砜（4，4'-DDS）和至少一种单体	多种酸单体	酸单体包含芳基	胺单体至多50%（摩尔）

续表

申请人	专利客体	首次申请时间	权利要求要素			
Nomex企业	纤维专利三	2007年	多种胺单体，包含3，3'-二氨基二苯砜（3，3'-DDS）和至少一种单体	多种酸单体	酸单体包含具有芳基的单体	含胺单体25%（摩尔）

（二）专利布局策略考虑要点

从特安纶专利布局案例，可以总结出以下策略。

1. 用产品设计思维来设计专利布局

产品设计是一个将人的某种目的或需要转换为一个具体的物理形式或工具的过程。在专利布局领域可以借用产品设计思维，即在专利申请之初，就设计这件专利或者这组专利的预设需求，如果缺乏对专利布局的产品设计，而随意申请专利，则必然会导致专利无用的结果。

2. 专利布局须匹配且支撑经营目标

如果将专利布局当作产品进行设计，那专利布局这个产品的目的和需求是什么呢？依据什么来确定专利布局的功能呢？

某技术转移资深专家曾说："在给大学做技术转移时，知识产权非常重要，是对竞争优势的持续保护；但是在布局知识产权时，要首先做市场评估，调查终端客户在哪里，终端客户有什么需求，再对技术进行IP申请或包装，这样才更有价值！"

专利战略服务于经营战略目标，专利布局必须要与布局者的商业目标匹配。为了保证专利与商业紧密结合应采取以下措施。

从运营架构上，专利战略要与市场战略、研发战略等相互融合渗透；相应的专利管理活动也要融合渗透在市场、销售、采购、研发等商业活动中，协同支撑经营目标，如图4-15所示。

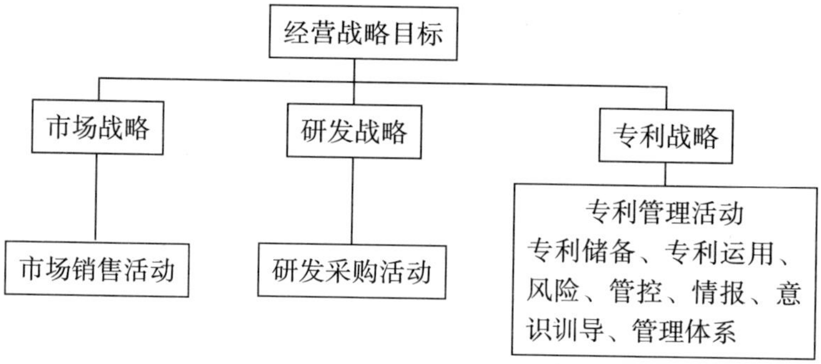

图4-15　经营战略与专利战略

关于专利布局设计落实：在专利布局设计中针对哪些对象，应当依据经营活动来确定，例如市场活动、特定竞争对手、研发活动、采购管控等；如何确定申请的区域，应当依据对象相关区域来确定；如何确定专利布局数量，应当依据商业目标、预算、成本等综合要素来确定；如何确定申请时机，应当依据商业时间要素和法定时限要素来确定。这些问题既是专利问题，本质上更是商业问题，是专利与商业的关键结合点，如图4-16所示。

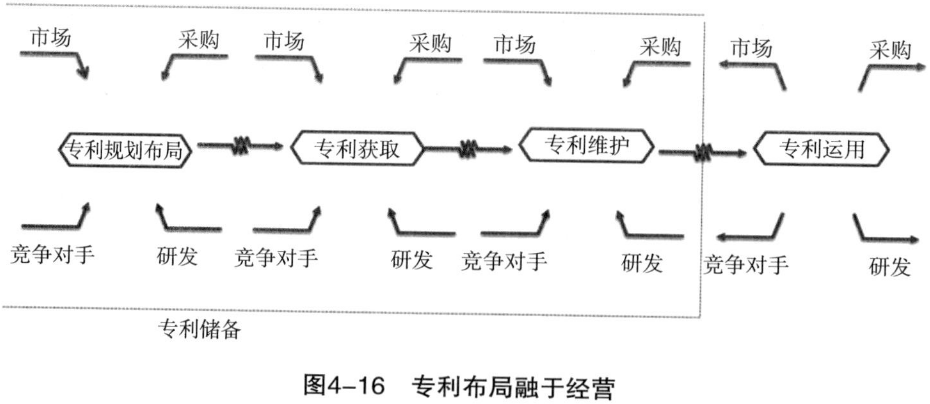

图4-16　专利布局融于经营

因此，专利布局依据商业目标，结合经营活动，融于经营环节。

3. 针对“排他”目标开展专利布局

专利布局中，针对哪些对象进行设计呢?《专利法》规定：“发明和实用新型专利权被授予后，除本法另有规定的以外，任何单位或者个人未经专利权人许可，都不得实施其专利，即不得为生产经营目的制造、使用、许诺销售、销售、进口其专利产品，或者使用其专利方法以及使用、许诺销售、销售、进口依照该专利方法直接获得的产品。”

专利排他属性的“他”更多是指经营活动中的合作伙伴、竞争对手、客户、供应商、终端客户、上下游等。专利要想起作用，首先要根据排他性设计，看是否关联到经营活动中的“他”（见图4-17）。正如国内某著名科技公司的观点：“我们的政策从来都是申请对别人有用的专利，而自己要用的则藏起来。”

图4-17　专利排他性示意图

专利对抗是排他力量的对抗。排他力量与风险管控能力成正比；排他力量不平衡时，对于力量弱的一方即风险，对于力量强的一方即优势。

若专利布局目的是提高对供应商的控制力，则需针对靶向供应商/靶向零部件布局有效专利。

例如，A企业委托供应商B生产某种零部件，该供应商B将零部件做了全面专利布局，A企业没有布局该零部件专利。利的方面：如果A企业持续从供应商B处购买该零部件，可以更放心地使用该零部件。弊的方面：A企业失去对供应商B的控制力，不敢轻易更换供应商，因为更换后若要继续使用该零部件，会涉嫌侵犯供应商B的专利；A企业也难以控制供应商B向其以外的客户供应该零部件。反之，如果A企业布局了该零部件的专利，哪怕与供应商B共同拥有该零部件专利权，也会大大提高对供应商B的控制力。因此专利布局设计，首先要根据经营目标来对准"排他"目标。

4. 从地域性考量设计专利布局

专利地域性意味着哪里的"他"。"他"在哪里，就应该在哪里申请专利，而不是我在哪里就在哪里申请专利。

5. 从市场周期考虑设计专利布局

市场周期可能比专利保护期长，也可能比专利保护期短。如果市场周期短，有可能不申请专利或者只是申请外观设计或实用新型；如果市场周期长，可能要想办法延长专利保护期限。例如，一种材料的应用周期或者一种药物市场的周期可能远远超过专利的保护期。如果该材料或者药物基础专利失效，那么对于企业营业收入会是"断崖式"的影响。因此为了延长专利对产品的保护周期，持续其垄断的竞争地位，企业会从微观角度，开发相关晶型专利。在基础专利届满日前申请晶型专利，以不断延长专利保护期。

6. 考虑技术秘密与专利布局的协调

由于专利是公开换取保护，未公开之前是商业秘密，所以在专利布局时，需要考虑尽可能地保护商业秘密到最后一刻。

例如，苹果公司外观设计专利布局分析（见图4-18）。从中我们可以发现除少数产品外，苹果公司外观设计专利申请时间临近产品上市时间，最短只是提前1天申请。这种专利布局策略有以下好处：一是保证产品发布不破坏专利申请并尽可能延长专利对产品的保护时间。二是最大限度地对新产品保密。专利申请递交的过程要经过很多环节，存在太多保密不可控因素，诸如内部技术部门、内部知识产权人员、知识产权事务所（管理人员、流程人员、代理人）、专利局（受理窗口、分类审查员、审查员）等。因此在条件允许的情况下，尽可能晚地申请专利，可以最大限度地实现对新产品保密。这对于企业专利申请的时间管理能力提出了很高的要求。

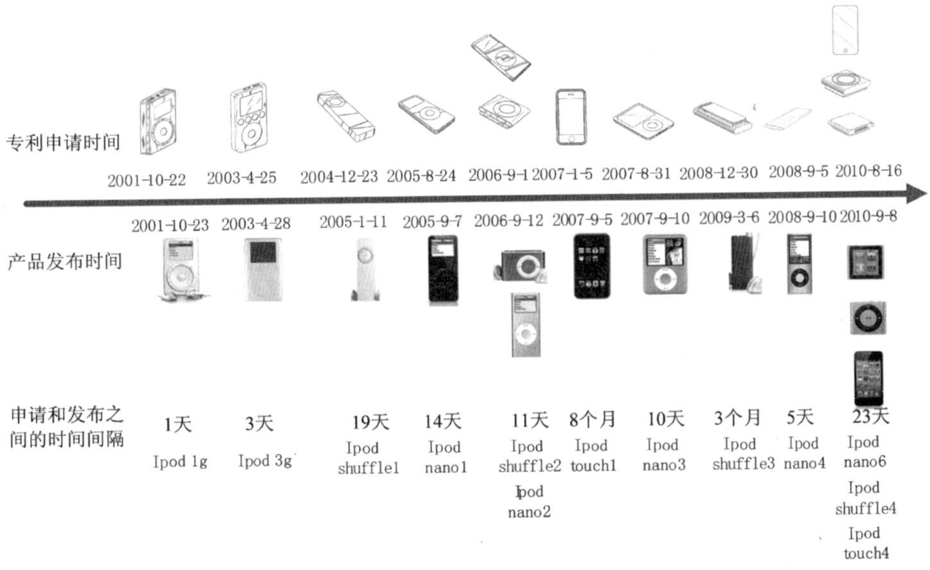

图片来源：《“世纪大战”的美丽刺客——苹果外观设计专利分析》

图4-18　苹果公司外观设计专利申请与产品发布时间分析

综合上述专利布局要点，可以设计出很多种不同目的及需求的专利布局专项，包括但不限于下列各项，如表4-5所示。

表4-5　结合经营要素的专利布局列表

序号	专利布局名称	经营要素	经营部门	价值目标
1	应对替代品威胁专利布局	竞品	市场、IP、研发	保护市场，维持竞争优势
2	延长保护期限专利布局	产品（周期）	IP、研发	长时间维持竞争优势
3	核心技术成果保护专利布局	创新成果	研发、IP、市场	保护市场，提升竞争优势
4	标准中专利布局	技术标准	标准、IP	市场切入，竞争对抗
5	竞争对手对抗性专利布局	竞争对手	市场、IP、研发	针对重点对象控制风险
6	管控供应商专利布局	供应商	采购、研发、市场、IP	提高议价能力，控制风险
7	保护客户专利布局	客户	研发、市场、IP	保护客户，进而提升市场竞争优势
8	干扰性专利布局	市场	研发、IP	反情报，市场泛泛防御
9	区域市场专利布局	区域市场	高层、市场战略、研发、IP	对抗风险或者提升竞争优势
10	未来战略专利布局	经营战略、战略性产品、战略性技术	高层、IP	为企业未来做准备，可跨界

总的来说，从系统动力学角度讲，专利价值链具有系统性，构成正向反馈系统（见图4-19），专利价值链系统包括技术、专利申请、专利、经营等要素，这些要素构成整体；内在连接是，专利运用时对经营的作用，以及专利布局设计时关联经营要素；目标是，专利对经营产生正向加强作用。

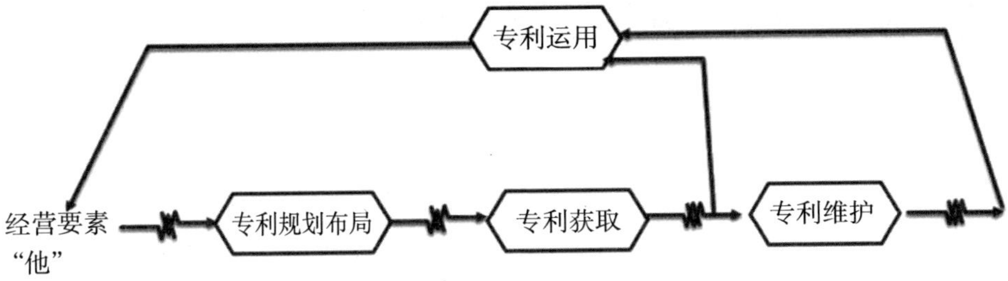

图4-19 专利价值链正向反馈系统

专利价值链最终目标指向商业目标，那么专利布局的目标也应是指向经营目标，在该经营目标下确定专利需要对哪些经营要素（市场、采购、研发、竞争对手等）产生影响以及影响力度，进而确认需要什么样的专利及其组合，最终通过挖掘、收购等手段获取相应专利及组合，即以终为始进行专利布局，商业目标为终，专利布局为始。

三、从富士康、腾讯、美的到创业的专利布局感悟

作者简介：柯晓鹏，阿里巴巴集团专利法务总监，曾任职于富士康科技集团、中兴通讯股份有限公司、恩智浦半导体有限公司、维信诺集团，曾任东方知识产权俱乐部理事长、中国企业知识产权发展沙龙理事长。

在2011年进入腾讯知识产权部之前，我在富士康的主要工作是以专利撰写和专利分析为主，对于专利布局的具体做法和套路并没有清晰的认识和理解。

在腾讯，由于需要单独对具体产品线的专利做统一的规划，“专利布局”的概念和想法才慢慢浮现出来。所幸的是，我在腾讯遇到了非常好的导师和同事，大家群策群力做好知识产权工作的同时，也乐于分享和讨论。

（一）从项目全局出发的专利组合方法

慢慢地我了解到：专利申请的价值是通过专利组合（patentportfolio）的方式来体现的，零散的专利申请往往会给后来者的绕道设计（designaround）留下空间，这也是那些想通过独家技术来构建专利壁垒、排除后来者的抄

袭行为的企业所不愿意看到的。

我的同事刘光华（现为YY知识产权总监）把这个想法进一步总结为：专利申请的组合应该不是简单的“1+1=2”，而是让专利与专利之间相互连接、互相作用，产生“1+1>2”的效果。体现在两个方面：一是规模性。利用组合中专利的相互关联，形成一个完整的、保护范围更大更全面的“超级专利”。二是多性化。利用专利之间的差异所带来的多样化有效地降低创新不确定性带来的风险，即“不确定性保险能力”。

具体而言，形成专利组合的一种方法是从项目全局出发。项目全局式专利布局，如图4-20所示。

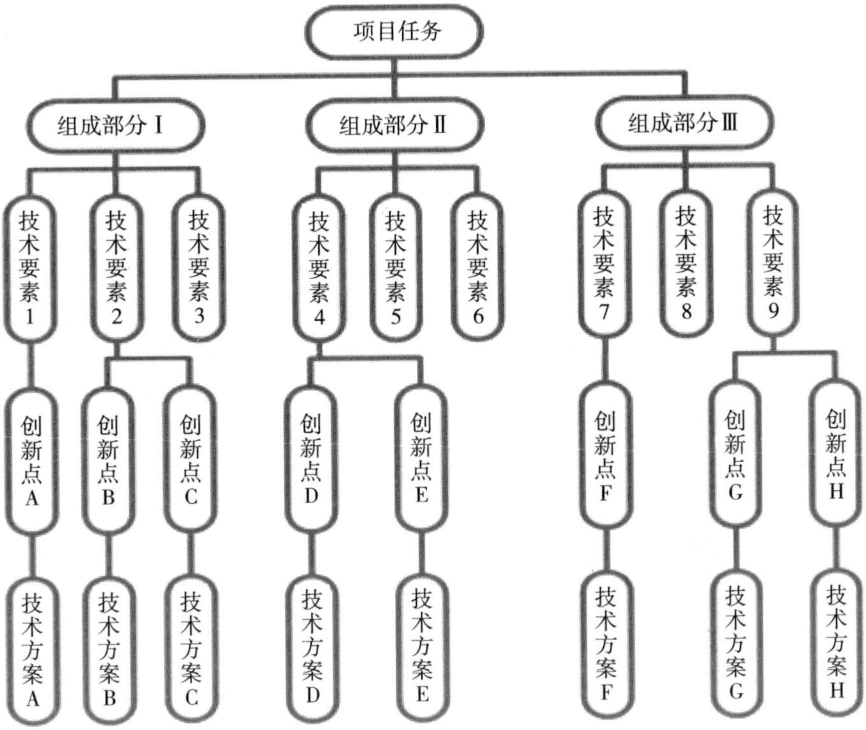

图4-20 项目全局式专利布局示例

这种布局的方式关注的是专利布局的全面性，从垂直方向上和布局广度上进行专利申请。我们举个例子来说明一下：2014年，《时代》评出全球十大科技创新产品，排在第一位的是Nest智能家居（NestLabs是由TonyFadell创办的智能家居公司，以下简称Nest）。Nest推出的第一款产品是温控器，第二款产品是烟雾探测器，如图4-21所示。

图4-21　Nest温控器和烟雾报警器外观

从Nest的专利布局可以看出，它们所采取的申请策略就是比较典型的项目全局式策略，具体布局如下。

最上层的人机交互类专利，包括智能温控器、探测器的外形设计和图形界面设计。温控器本身具备多种传感功能，这其中包括对住所入住率（occupancy）的监测、对温度和湿度的监测，还包括对红外能量的监测（利用PIR传感器判断是否有人占据空间）和光线的监测（太阳光照射），等等。在软件上，设备提供了用户友好的安装引导界面和图形化的用户操作界面；在硬件上，智能温控器包括环形控制盘（旋转操作）、触摸式显示屏（按压操作），以及菲涅尔盖板（通过其扩大感测范围）等。

中间层的数据处理类专利，包括无线操作、分布式计算、云端管理等。温控器可实现分布式安装并连接至服务器进行注册，每一个温控器都具备一定的计算处理能力，并可分配计算任务。对于探测器而言，云端可进行安全判断并发送危险提醒，探测器与探测器之间可以进行沟通。如房间里的探测器会通知客厅的探测器去提醒主人：房间内感测到危险信号。

最底层的后台智能算法类专利，通过各种先进且完善的算法，Nest能在和用户不断的交互中进行自我学习、训练和改进，从而主动地为用户提供最优化的温度调节环境。一方面，系统会对住所的环境进行热力学模拟（这些数据可能来自入住房间的网络接入、用电量情况、邮政编码位置的天气预报等），从而提供全天24小时的预测。另一方面，系统会主动学习并适应用户的环境需求。例如，用户在星期一、星期二连续两天在早上10点钟出门上班，那么在星期三系统会自动调节早上10点钟为节能温控模式。

由于从最底层到最上层，Nest都做了完备的专利布局，所以对于后来者而言，要避开Nest所构建的专利壁垒就比较困难了。

Nest这个例子非常具有普遍性，我们身边的其他系统如现在大热的可穿戴设备，都可以以类似的思路进行专利布局。

（二）从关联因素出发的专利组合方法

形成专利组合的另一种方法是从关联因素出发。关联因素式专利布局，如图4-22所示。

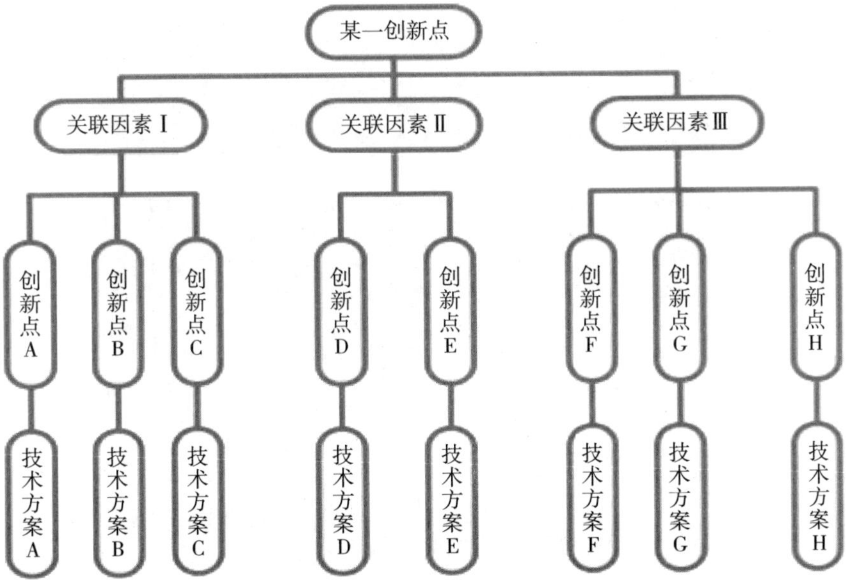

图4-22　关联因素式专利布局示例

这种专利布局的方式关注的是专利布局的深度，从横向进行专利申请。例如，微信的“摇一摇”找好友功能推出后，如果想在“摇一摇”找好友这个创新点上进行深化，就可以考虑与“摇一摇”这个创新点相关联的因素。有以下两个关联因素：一是功能。除了找好友外，还能实现什么功能？二是后台的算法或推荐逻辑。与功能对应的匹配算法或逻辑有什么不同？在功能上，截图、清理内存、阅读推荐、搜歌等，都是可以通过“摇一摇”就能实现的其他功能。在后台算法上，对应于这些功能，也可能有不同的做法，例如，阅读类产品的换一批推荐逻辑，等等。

事实上，对应于以上两个关联因素，市场也确实出现了类似的不同类产品。“摇一摇”功能及类似技术方案，如图4-23所示。

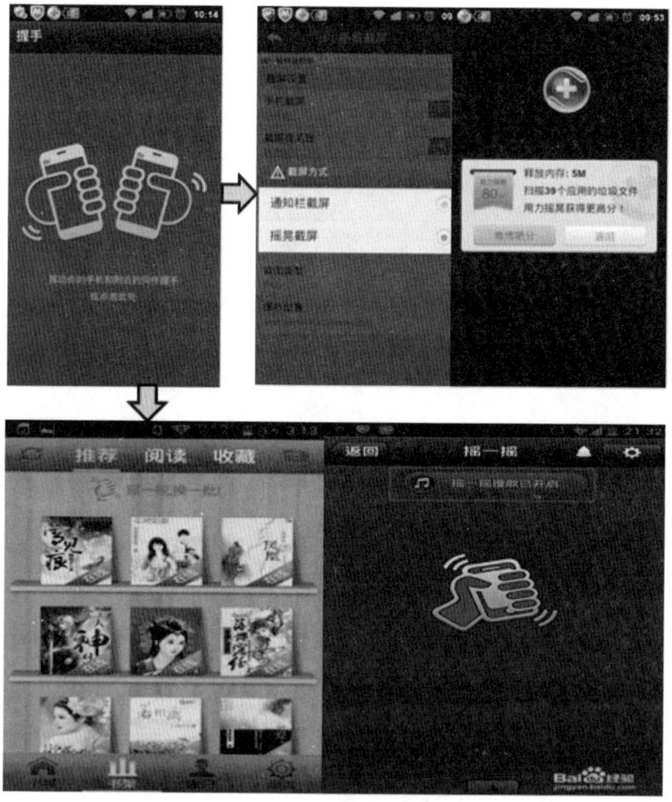

图4-23　“摇一摇”功能及类似技术方案

（三）项目全局和项目关联因素两种方法的交叉使用

实际应用中，从项目全局出发和从关联因素出发这两种专利组合方法非常普遍并且常常交叉使用。那么该如何结合这两种方式来开展专利布局工作呢?

2015年我开始自己创业，在创业不到一年的时间里，经常被邀请参与冠以“专利布局”的会议。在参与这些布局项目的过程中，我深切地体会到，专利布局从理论到实际运用，还有不少的路要走。

实际上，这些会议讨论的主题大部分都算不上是真正的专利布局，而是研发人员做了一些初级的设计、概念、规划等，觉得应该多申报几个专利项目，于是要求IPR（在这里统称为专利从业人员，无论是来自公司还是事务所）参加。通常在这种会议里会见到以下两类IPR：一是茫然型。研发人员不知道自己的创新是什么（其实他们只是完成，而不是对项目进行创新设计），IPR也是一脸茫然，唯一能做的就是反复问：“咦，我们可不可以在这里申请点什么东西？”于是研发人员也是一脸茫然地反望着IPR，双方用渴望的眼神互望着，似乎在说：“你赶紧给我答案啊！”二是附和型。研发人员觉得自己的设计实在是好，因为这个芯片整合了好几种功能，以前同行都不懂，他们竟然不知道这个芯片这么好，IPR随声附和：“这个功能太好了！我们把它申请下来吧。”

如果按照这样的节奏去申请专利，那顶多算是炒一盘大杂烩，离真正好的专利布局还隔着十万八千里呢!

就像前面讲的，专利布局的出发点是“有目的地申请一系列专利”，而不仅是将“大盘鸡”“红烧肉”和“小龙虾”一股脑儿搅在一起。既然是“有目的”，那就意味着专利布局的起点不是一味地强调发散（加个功能，加个特性，等等），相反地，是先聚焦。

可以想象两个典型的专利布局会议场景：其一，研发人员和IPR坐到了一起，研发人员针对产品提出很多新的解决方案，幸运的是，研发人员对专利非常了解，他们觉得有很多点子可以细化去申请专利。其二，研发人员和IPR又坐到了一起，研发人员按照与客户的合作意向进行初步的产品设计，例如，某家厨房智能解决方案公司A，与房地产开发公司B合作，为B公司提供厨房智能解决方案，并约定专利归A公司所有，如图4-24所示。

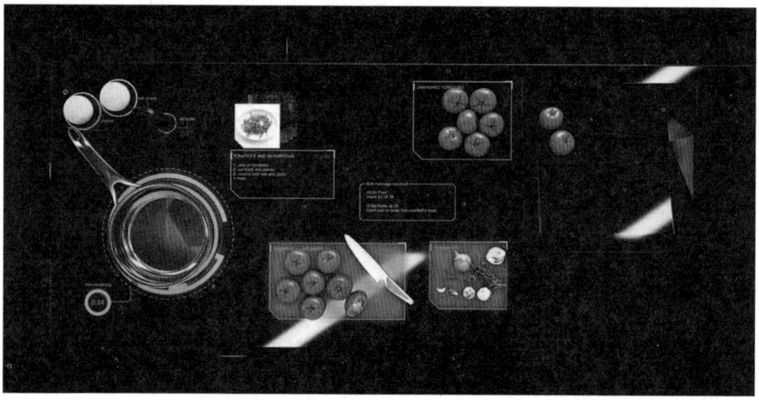

图4-24　厨房智能解决方案示意图一

研发人员开始介绍伟大的构思：一是为每个家庭安装一个烟雾报警器；二是开发App，通过App控制家里的智能设备，如智能电饭煲、豆浆机提前开启；三是共享家庭账号，家庭成员通过App通知其他成员，如“该吃饭了”；四是通过统计菜谱，获取用户健康信息；五是家庭成员可以把菜谱分享给其他成员。研发的每一项工作单独看来并没有太多亮点，IPR也很头痛，觉得里面没有什么特别的技术，不知从何下手。

针对第一种类型的会议，IPR一定很兴奋，因为可以挖掘的点子很多，可以大干一场了。通过对点子进行筛选、组合、扩展，采用项目全局式或关联因素式来构造一个较完整的专利布局项目，虽然有挑战，但依然有路可寻。

然而实际情形是第二种更为普遍（比例不会小于50%），这真是一件头痛的事情。毕竟“巧妇难为无米之炊”。反过来这也恰恰是考验IPR功底的时候，IPR的角色定位，也是为研发搜集技术资料情报，提供参考，甚至有时候还能提供一些产品思路的启发。

就算你觉得以下这些都是套路，我还是建议你这么做。

首先，聚焦产品亮点，再放大亮点效应。

什么是产品亮点？产品亮点就是产品突出的优点，或是引人注目的特点，诸如，超出你预期的、觉得特别的、难以想到的，甚至可以是研发人员介绍的时候自己觉得很有信心的。

比如，图4-24展示的厨房智能解决方案，产品的亮点可能是引入菜谱的分享机制，即菜谱中附加各个流程的烹饪程序，可以让设备（如微波炉、烤箱）按照这些程序自动烹饪食物。厨房智能解决方案示意图，如图4-25所示。

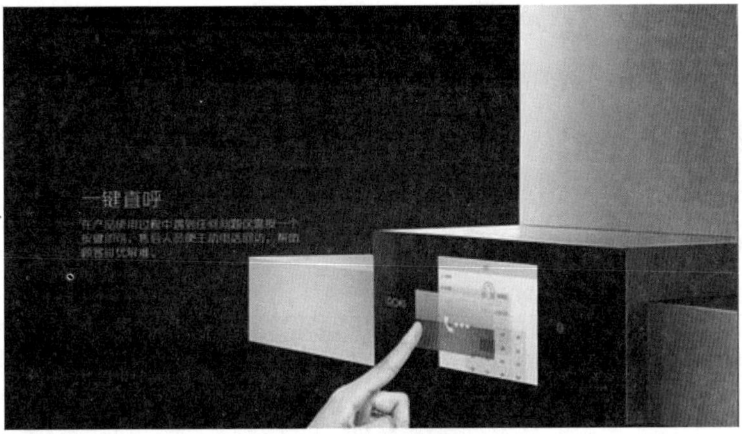

图4-25　厨房智能解决方案示意图二

现在IPR可以提出一系列问题：菜谱是怎么产生的？怎么分享？分享给谁？如何下载？可不可以更新？能不能够自适应调整？

IPR的角色就是提出好的问题，做有意义、建议性的引导。如果你心中有些蓝本，比如做过类似的方案，你会发现万变不离其宗，就不怕问不出好问题来了。

一旦有了好问题，那有可能好的答案也在酝酿了。专利布局思路引导示意图，如图4-26所示。

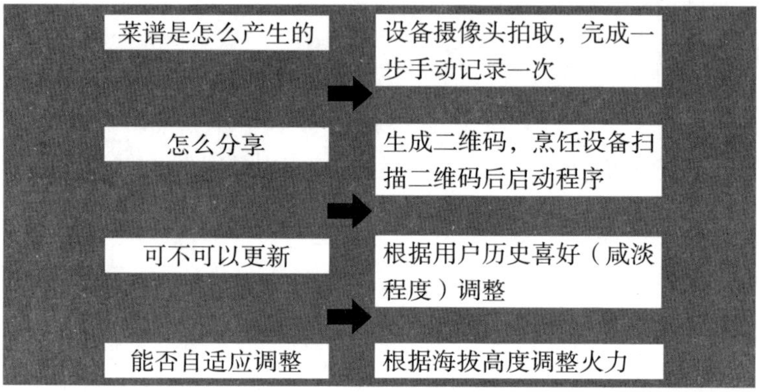

图4-26　专利布局思路引导示意图

其次，调查产品需求，确定产品要解决的核心问题再发散思维。

比如，一套高档公寓的物联解决方案，既开发了App，也对后台服务器架构进行了改进，灯光、电视可智能开启，林林总总，不一而足（见图4-27）。多数情况下，从专利布局角度讲，笼统地做一套高档公寓解决方案申请，还不如解决一个核心问题更具体，更具有可操作性（也意味着更大的专利授权可能）。

图4-27　高档公寓物联解决方案示意图

这时，作为IPR可以建议高档公寓物联解决方案：第一，如果解决私密性的问题，那么申请专利布局的重点应该是数据安全加解密技术，此时应该将注意力集中在门锁、安全箱上，而不是地上的拖鞋。第二，如果想要解决舒适问题，那么就应该把枕头做得更舒服（比如高度可调节）、床垫软硬刚好，而不是一味地声控各个设备。第三，如果想要解决智能控制，那么应该是从传感技术和互联互通角度入手，相反，高档公寓入住流程方便与否就变得无关紧要了。

讲到这里，有的朋友会不满地说一句："产品怎么做关我什么事情，我要做的只是申请个专利，再说了，产品的核心需求是我能决定得了的事吗？"如果这么想，我想部分的原因是IPR把专利工作看作一项边缘化的工作了，如果IPR的工作只是简单地做来料加工，并不能主动地为研发部门提供建设性的建议（虽然不一定能做到主导），那这样的IPR工作想必不会得到研发部门的认可和支持，甚至会做得越来越被动，沦为专利传声筒（事务所对接）和政府项目资助小助手。

事实上，除了项目和产品经理，研发人员大多是针对自己的工作内容做深入具体的解决方案，比如软件研发专注于App的功能怎么实现，测试专注于功能模块的调试，等等。就算是产品经理也未必从一开始就能把项目考虑得全面、清楚。

从另一个侧面看，在进行专利布局时，IPR对整个项目的技术和需求核心进行梳理并提出建议，优势在于自己的技术面和理解力，如果事先对项目所涉及的技术（尤其是竞争对手）进行深入检索、分析，并对公司的产品有足够的了解，那么提出有用的技术布局建议是很自然的事。原因在于，基于你的专业背景（看到过大量的专利方案），你比别人看得更多。

5

PART

第五部分

知识产权策略

30家国内一线创新公司的知识产权是如何运营的

IP之道

一、公司进行新产品开发，IP 能做些什么

作者简介：张天翔，2005年大学毕业进入富士康智权营运总处，从事专利挖掘、布局、撰写、OA答复、复审、无效等与专利相关的工作；2012年6月加入美的集团，担任中央空调事业部IP负责人，负责中央空调事业部专利布局与管理等相关工作；2014年7月至今就职于腾讯知识产权部。

新产品开发对研发创新型企业开拓市场的重要性不言而喻。然而现实中，很多企业开发新产品时，由于对IP调查、挖掘与布局保护等工作没有足够重视，导致整个新产品开发过程中各个节点可能存在的IP风险未被充分预估，产生的知识产权也没能及时、全方位地挖掘、梳理和保护，从而给企业产品后续的生产、销售、换代升级等埋下了巨大的隐患，甚至可能直接导致整个新产品开发项目夭折。可以想象，如果新产品还未入市或刚刚入市就遭受友商赤裸裸的抄袭并难以进行维权，这将给企业带来无法挽回的损失。

通常，新产品开发包括市场调研、产品预研与开发、采购、中试、生产等环节。那么，在涉及新产品开发的这些环节中，IP能做些什么呢？应该包括下面几方面内容。

（一）市场调研阶段的知识产权管理

通常，企业在决定进入一个新领域或推出一款新产品时，都会先对用户需求、产品目标市场、消费者群体、产品基础与特色功能等情况进行充分的调研和预判，并根据前期的调研分析结果规划接下来要进行的产品预研与开发事项。

在市场调研阶段，作为企业的IP团队或管理人员，应在第一时间参与进来，从技术、专利等视角切入，及时地向业务部门提供检索到的与产品相关的最新技术情报及知识产权分析情报（相关技术、产品专利分布情况等），供业务部门参考和决策，以帮助业务部门确定研发方向。对能够确定或可预见的知识产权风险，在及时提醒、告知业务部门的同时，应与研发团队一同商讨降低或消除风险的方案对策，做到对风险进行有效的控制。比如，通过提供技术与知识产权（专利）情报以及输出风险评估与应对建议，一方面帮助业务部门从多维度评估新产品，对推出新产品可能会遇到的知识产权风险提前做好防备；另一方面，通过提供的知识产权情报让业务部门及研发团队更详细、更清晰地了解业内相关技术、产品的发展现状，相关产品主要厂商及其技术研发实力，竞争对手的技术优弱势，相关技术人才状况以及专利布局情况，等等，从而助力业务及研发部门评估确定后续的预研方向和重点，避免重复研发投入，少走弯路，同时也为后续的专利布局方向与重点指明方向。

（二）产品预研与开发阶段的知识产权管理

在经过前述的市场调研与知识产权风险评估后，如果企业决定推出新产品，这时将进入产品预研与开发阶段。

在产品预研与开发阶段，研发团队会基于前期市场调研阶段的调研分析结果规划接下来的产品预研方向与开发任务。在这一阶段，企业IP团队应及时地与研发团队沟通，了解确定的研发方向和研发需求。一方面，IP团队可以分解研发需求及技术难题，通过专利检索及解读向研发人员提供更深入的技术与专利情报，从而助力研发团队。另一方面，IP团队应及时地挖掘、梳理研发过程中产生的创新成果并进行专利布局保护。

随着研发进程的推进，IP团队在不断完善自身知识产权布局的同时，也应定期收集并监控竞争对手的技术及专利情报，推动研发团队针对竞品进行竞争性专利布局。比如，对于有威胁的风险专利，IP团队可组织研发团队成员进行头脑风暴，寻求技术回避设计方案以降低和消除可能的产品风险，并及时对这些回避设计方案成果进行专利保护。

实际上，在产品开发中，还可能涉及软件开发、开源代码使用、集成电路布图设计、产品新外观、新产品的名称、商标等成果。这时，企业的IP团队也应对这些成果及时地收集、梳理、申请、注册保护和管控。通常，在产品研发完成后，企业的IP团队还需要对研发完成后的产品整体方案从结构、性能、电控、外观等方面进行全方位的知识产权风险排查分析，尽可能地降低可能面临的风险。另外，在研发过程中，企业的IP团队还应关注商业秘密的保护工作，对研发阶段的技术文档、图纸等进行商业秘密识别、文档记录保存、获取权限管控等。

总之，在产品预研与开发阶段，知识产权管理的重点在于持续进行知识产权跟踪与调查，风险预警与专利规避，并与研发部门一道确定研发方向或选择研发方案，提出知识产权布局规划与目标。在此过程中需要做好研发过程记录，适时报告并评估研发成果，并综合专利、商业秘密、商标与版权等多种知识产权，对其进行保护。

（三）中试环节的知识产权管理

产品研发出来后，通常会先进入大规模生产前的中试（或试制）环节。在中试环节，企业会对研发成功的产品进行小批量的试制，以确定后面生产环节中的制造工艺、组装流程、测试方法等。对于试制过程中发现的产品、制造工艺、组装、测试方法等问题，可进行改善和调整。在中试环节，企业IP团队应重点关注该环节中对产品改进、制造工艺、组装、测试方法等方面的挖掘梳理和保护工作；同时，IP团队也应协助业务部门对这期间产生的制造工艺、组装、测试方法等文档资料进行保密管控。在这方面的反面案例是，早些年闹得沸沸扬扬的富士康诉比亚迪商业秘密案，其涉及员工跳槽将公司的技术、工艺等机密文档私自外泄，给原公司造成了严重损失。为了防止类似情况发生，企业IP团队应从商业秘密、专利等多角度对这些成果进行保护和管控，降低和防范可能的风险，守护企业知识产权。

（四）采购环节的知识产权管理

在中试环节前或大批量的生产环节前，采购部门需要对原材料、零部（组）件、机器设备等进行采购。作为企业的IP团队，应协助或主动介入完成对供应商/客户的知识产权态势调查（摸底、核查供应商资质），把控采购环节中的知识产权风险（例如，要求供应商出具采购产品不侵权报告、签订知识产权担保条款、知识产权风险分摊与责任应对等）。

另外，还可针对竞争对手的上下游供应商进行知识产权摸底调查，找出其风险点，配合企业的竞争需要实现对竞争对手产业链的打击，实现曲线打击竞争对手的目的。

（五）生产环节的知识产权管理

产品经过中试完善后，将进入大规模的生产（量产）环节。在生产环节中，IP团队需要区别对待自行生产和代工生产，有针对性地采用不同的IP保护策略。对于自行生产的企业，IP团队的工作与前面讲到的中试环节类似，主要涉及对生产过程中产生的制造工艺、组装方法、测试方法等改善进行成果梳理和保护。在保护过程中，需要对前述的制造工艺、组装方法、测试方法等改善所涉及的技术文档资料进行商业秘密识别与管控，对于一些适合申请专利的项目及时地进行专利布局保护。需要指明的是，在生产环节的IP工作还涉及对产品相关标识的风险排查与规范使用管理，例如，对产品及包装上的商标标注、检验标识使用是否符合规范，是否存在标注风险等进行确认，以降低产品在后续出货和运输环节中的知识产权风险，避免商标标注、检验标识标记不符合规范导致产品在海关被扣或下架。

对于委外代工生产，企业IP团队应对代工厂商的IP状况、抗风险实力进行摸底调查，完成生产外包知识产权风险条款的审核和管控，例如审核知识产权担保条款、知识产权风险分摊方式等。另外，对于委外代工生产中产生的知识产权归属也是IP团队需要重点关注的问题，事实上企业应积极争取占有这些知识产权，以降低因代工厂一家独大后对企业的反向制约作用。举一个典型的案例，富士康能够牢牢争取到各大科技产品公司的大量稳定而持续的订单，很大一部分原因是其申请布局大量涉及产品生产的专利，这些专利的存在使得各大厂商不敢贸然撤掉订单委托给其他代工厂商，从而维持了其全球第一大代工厂商的地位。

（六）产品推广与销售阶段的知识产权管理

产品经过批量生产后即进入对外推广与销售阶段。在此阶段，一方面，企业IP团队应协同销售团队完成产品上市前的知识产权风险评估，尤其需要对宣传所涉及的产品专利、商标、域名或包装等知识产权内容进行审核，保障产品顺利推向市场。另一方面，也应对产品上市后竞争对手的知识产权与推广销售情况进行实时监控，对目标市场或销售地的知识产权保护环境进行定期评估，及时跟踪调查市场上可能存在的侵权行为。当市场存在侵权行为时，应及时进行维权。

以上就是研发创新型企业产品开发各主要环节知识产权管理的基本要点。事实上，随着知识产权竞争日趋激烈，知识产权风险来源也变得越来越多元化。作为企业IP团队或管理者，应及时地识别和梳理企业经营过程中潜在的风险源，提出切实有效的风险应对方案，让知识产权管理工作嵌入企业的各个环节中，有效提升知识产权的价值。

二、站在巨人的肩膀上创新——如何在技术“引消吸”基础上再创新并进行知识产权管理

作者简介：章捷，中国广核工程有限公司知识产权办公室主任，牵头中广核“华龙一号”核电堆型研发以及英国等国际核电市场开发全过程的知识产权工作，荣获“2015年度中国杰出知识产权经理人”称号，曾任职于富士康科技集团知识产权部。

在中国工业起步之初，国内的技术基础薄弱，为了加快发展，国内许多重要产业，如高铁、核电等，都选择了从国外引进技术，并以此为基础进行发展。经过对引进技术不断地消化和吸收，加之中国技术水平和工业能力的提升，中国已经有能力在引进技术的基础上开展大规模的系统创新和集成创新，在某些领域逐渐形成了较为明显的优势。技术“引进——消化——吸收——再创新”的路径，对我国相关工业体系的建立和发展以及技术能力的提升起到了重要作用，迅速缩小了我国与世界先进技术水平的差距，并使我国在较短的时间内取得了一系列国际领先的技术成果。

对于引进技术的再创新，往往不可避免地会使用引进的外方技术。在国外技术引进的过程中，一般都会与技术出口方签订技术转让协议，这些

协议通常会对技术的使用范围、使用地域、使用方式、后续改进等方面做出严格的限制，同时，技术输出方也会在国内外主要市场布局大量的专利，以保持自身的竞争优势。因此，对于在技术“引消吸”基础上进行的再创新，必须进行有效的知识产权管理，避免侵犯他人知识产权或违反相关协议约定，同时保护自身研发成果。

（一）再创新过程中知识产权工作整体策划

为了保证再创新过程中知识产权工作的系统性开展，应当制定完整的知识产权专项工作规划，涵盖从项目预研到研发初期、中期、后期以及市场开发全过程，明确不同阶段知识产权工作的重点。再创新过程的知识产权工作整体规划，如图5-1所示。

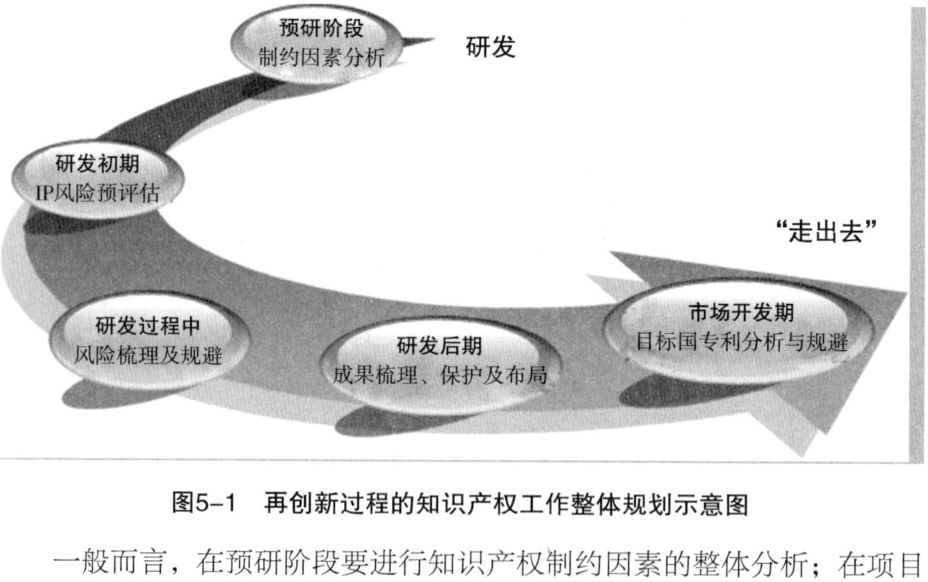

图5-1　再创新过程的知识产权工作整体规划示意图

一般而言，在预研阶段要进行知识产权制约因素的整体分析；在项目研发初期，要对知识产权风险因素进行预评估并对知识产权瓶颈进行识别；在研发过程中，要对研发项目的知识产权风险进行全面的梳理和分析，找出具体的风险点，并在此基础上加以规避；在研发中后期，随着研发成果的不断产生，要注重对研发成果的知识产权梳理、保护和布局，形成完整的知识产权保护网络；在市场开发期，要特别注意对目标国的知识产权分析和规避，了解目标国的知识产权制度以及当地与研发技术相关的知识产权布局情况，并加以规避或利用。

（二）再创新知识产权工作主要内容

根据上述整体规划，再创新技术研发中的知识产权工作可以归纳为“三条主线，五大任务”。具体而言，“三条主线”包括侵权风险防控线、研发成果保护线、目标国知识产权分析线；“五大任务”包括知识产权风险因素预评估及瓶颈研究、知识产权侵权风险全面梳理、知识产权侵权风险规避、研发成果知识产权保护与布局、目标国知识产权研究与规避，如图5-2所示。

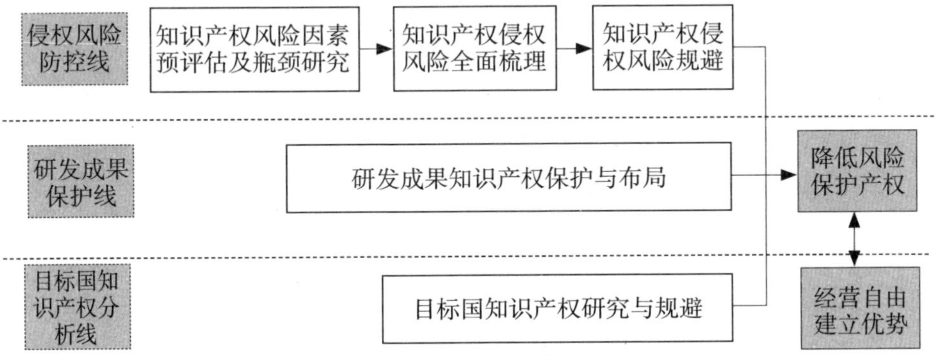

图5-2 “三条主线、五大任务”的工作逻辑关系

下面分别对五大任务的工作进行具体说明。

1. 知识产权风险因素分析及预评估

在对研发项目进行知识产权风险详细分析和规避之前，首先应当对研发项目的知识产权风险有一个整体的、宏观的分析，判断研发项目主要的知识产权制约因素，并在此基础上分析知识产权的瓶颈问题。

由于再创新的技术源头是从国外引进的技术，技术转让合同中对于转让技术的使用范围做了明确的限制，而新的研发是在引进技术的基础上开展的集成创新和再创新，不可避免地会使用大量的转让技术，所以，这些转让技术中的专有技术将会是再创新过程中重要的知识产权制约因素，这也是在“引消吸”基础上再创新与其他创新路径的重要区别之一。此外，由于相关竞争对手也会在此类技术上部署大量专利，这些专利，尤其是那些仍然有效的基础专利可能会成为研发工作的障碍，这将会是再创新技术研发的另外一个知识产权制约因素。总体而言，再创新技术研发的知识产权风险因素通常有两个：专有技术和全球专利，如图5-3所示。

图5-3　再创新技术研发的两个知识产权风险因素

在对专有技术进行预评估时，首先应当从研发项目的技术发展脉络出发，对技术引进合同进行充分的研究，分析其中的知识产权条款，明确引进技术的使用范围、使用地域、使用时间、后续改进技术归属、合同有效期等方面的限制；其次，要从宏观上将研发产品的主要系统及设备技术与对应的引进技术进行比对，了解研发项目采用的技术与引进技术之间的异同，进而找出专有技术对研发项目的主要制约瓶颈。

在对专利进行预评估时，首先要对全球主要国家的相关技术专利进行初步检索，在此基础上剔除已经失效的、被驳回的以及同家族的重复专利，然后对这些筛选后的专利按照技术类别进行分类，并对其申请国家、申请人等信息进行分析，了解专利在技术类别、分布国家、所属公司等方面的分布情况，最后将研发项目的重要技术与相应的技术专利进行初步的对照，找出专利对研发项目的制约瓶颈。

2. 知识产权侵权风险全面梳理

在知识产权瓶颈研究的基础上，针对专利和专有技术两大制约因素，进行全面的知识产权侵权风险梳理及分析，具体工作如下。

（1）专利侵权风险梳理。对全球专利申请主要目标地区进行全面的专利检索，针对检索到的所有相关专利，按照专业进行技术分类，并组织各专业技术人员逐项与研发方案进行比对；最后根据技术比对结果进行侵权分析，形成具有侵权风险的专利清单。

在专利侵权比对的过程中，要充分结合专项工作组织中技术人员的技术优势和知识产权工程师的专业优势，在将专利的权利要求内容与项目采用的技术进行准确的比对之后，再综合运用专利侵权判定的原则（还需考虑不同国家判定原则的差异），进行详细的专利侵权风险分析。此外，因为专利信息具有不断更新的特点，还需要不定期地对专利数据进行更新，并及时地对更新后的数据进行分析，从而保证重大专利风险无遗漏。

（2）专有技术侵权、违约风险梳理。在进行专有技术侵权风险分析时，最重要也是最困难的是从数以万计的技术转让文件中筛选出真正的“秘点”，这些所谓的“秘点”将会构成一个个的专有技术，这就是后续进行分析的基础。筛选“秘点”可以按照组成产品的系统和设备的维度来开展，并在此基础上按照相同的颗粒度进行技术筛选。具体操作时，可以先编制产品的技术树，技术树体现各技术点之间的层级关系。在开展“秘点”梳理的过程中，选取统一层级的技术分析其是否构成所谓的“专有技术”。以核电八大主设备的专有技术梳理工作为例，技术树将技术分解为五个层级，分析时选取第四层级的“部件级”技术作为统一的颗粒度，然后逐项分析该层级每项技术的公开情况以及与研发技术的关联性、相似性，最后进行综合的侵权、违约风险判断。

在分析过程中，需要特别注意专有技术侵权风险判定原则的运用，这也是专有技术侵权风险判定过程中的难点。当前，国际上大部分国家的法院在审理专有技术侵权案件时采用“接触+相似-合法使用”原则。所谓“接触+相似-合法使用”，指法院在审理专有技术侵权案件中，如果原告可以证明被告的技术与自己的专有技术相同或实质相同，被告接触过自己的专有技术，同时被告对其技术或经营信息不能证明有合法来源或者可以合法使用，在这样的情况下，一般就可认定侵犯了出让人的专有技术。

3. 知识产权侵权风险规避

在完成知识产权侵权风险全面梳理之后，需要针对存在侵权风险的专利和专有技术采取规避措施，以降低项目实施时的侵权风险。

通常情况下，知识产权侵权风险的规避方式主要包括知识产权破解、技术规避、知识产权许可或交易、单项设备或系统采购。

（1）知识产权破解。知识产权破解是指对具体的知识产权进行研究，寻找该知识产权本身存在的瑕疵，从根本上颠覆其作为有效知识产权的合法性或者限缩其保护范围。

对于专利破解，其实质就是质疑专利的有效性，寻找可以使专利无效或者保护范围缩小的理由。虽然授权的专利都经过审查，发明专利还经过实质审查，但是专利审查员毕竟不是本领域的专业人员，对技术的理解有限，在审查过程中存在漏检的可能性，因此，专利破解的重点是利用技术人员对本专业技术发展熟悉的优势，寻找专利有效性的破绽，进而挑战专利的有效性。专利破解的具体理由包括：专利所保护的技术在申请日之前已经被公开，不具备新颖性；专利所保护的技术对本领域普通技术人员是显而易见的，不具备创造性；专利的说明书公开的内容不足以支撑权利要求所保护的范围；专利权利要求缺少必要的技术特征；等等。

对于专有技术破解，其实质就是寻找是否存在破坏专有技术成立条件的因素，比如，技术是否已经被公开等。专有技术破解的重点在于，检索该专有技术是否已经被技术转让方或第三方公开，从而从根本上动摇该技术作为专有技术的合法性。在检索到相关公开技术的情况下，由于所有人都可以通过公开途径合法取得该技术，因此使用该技术也不存在侵犯专有技术或违反技术转让协议的情况。

（2）技术规避。技术规避是指通过修改技术方案以规避专利的保护范围，或者使修改后的技术方案与专有技术的方案不相同且不实质性相似。

对于专利的技术规避，首先通过专利权利要求书（结合说明书全文）了解专利保护的范围以及该保护范围中包含的技术特征，然后在满足相关技术要求的前提下针对该保护范围整体或者某些技术特征进行修改，最后对修改后的技术方案与专利的保护范围进行比对分析，确认修改后的技术方案是否已经成功规避该专利。

对于专有技术的技术规避，首先充分了解专有技术的整体及组成该专有技术的核心技术特征，然后在满足相关技术要求的前提下针对专有技术整体或者某些核心技术特征进行修改，最后对修改后的技术方案与专有技术进行比对分析，确认修改后的技术方案是否已经成功规避该专有技术。

（3）知识产权许可或交易。知识产权许可或交易是指通过与知识产权权利人协商谈判及利益置换，来获取在约定时间和地域内（同时要符合知识产权法规关于时间和地域的规定）对该知识产权的使用权，或者取得该知识产权的所有权，从而自由使用该知识产权技术。

知识产权许可只取得该知识产权在特定地区和时间内的使用权，并不取得该知识产权的所有权，普通的知识产权许可也不具有排他的权利（独占许可或排他许可除外），不能限制知识产权权利人同时将该知识产权许可给第三人，在取得许可后还可能面临其他被许可人的竞争。

知识产权交易是通过支付对价取得知识产权的所有权，进而获得其使用权。该知识产权的所有权发生转移，转移后的该知识产权属于购买方所有，购买方可以自由使用该知识产权，也可以将该知识产权许可给他人实施，同时也有权对侵犯该知识产权的行为提起诉讼。

（4）单项设备采购。单项设备采购的方式是指直接向知识产权的权利人或者知识产权权利人授权的厂家采购单项设备，由于专利权人及被授权的厂商生产及销售知识产权产品是合法的，工程公司向这些厂家采购设备也不会对这些专利权造成侵犯，从而避免对知识产权侵权的风险。

单项设备采购时要充分了解该设备的主要生产厂家，以及这些生产厂家与知识产权权利人之间的关系，在综合考虑技术性能、经济性、知识产权风险等因素的基础上进行设备采购，必要时可以要求设备厂商出具不侵权保证函或者知识产权侵权责任担保书等文件，进一步降低风险。

4. 研发成果知识产权保护与布局

在降低项目侵犯他人知识产权风险的同时，技术研发团队还应注重对项目自身技术成果的知识产权保护。根据成果的不同情况，采用合理的方式及时进行保护，并考虑在不同的目标国家，按照不同的保护方式和层次，构筑系统、完整、多层次互补的知识产权保护体系。

在保护之前，首先应当对内外部环境进行分析，在此基础上形成针对该技术的布局策略，其中外部分析可以通过本行业相关技术的专利地图来分析布局的机会和障碍，内部分析包括自身技术优劣势分析、市场及竞争需求分析等。在此分析的基础上，形成自身的布局策略，如图5-4所示。

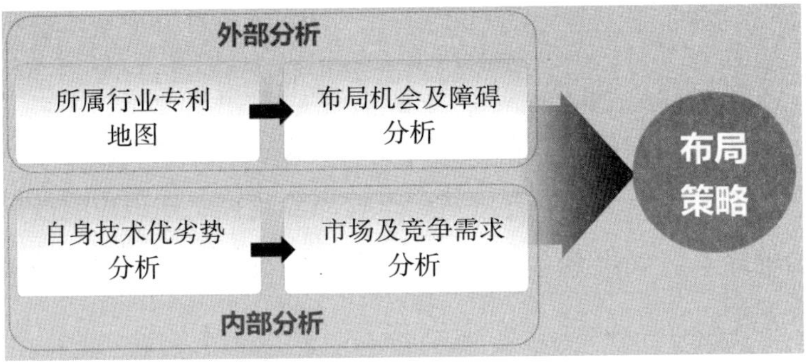

图5-4　在内部分析和外部分析基础上形成的自身布局策略

在保护时，还应该对创新研发成果进行系统性的梳理，形成包含主要设备和系统的成果树，然后由知识产权专业人员对成果树上的成果逐项进行分析，最后根据不同的成果类型，分别选用专利、著作权、技术秘密等不同形式进行保护；同时，还要综合考虑主要竞争对手所在地、潜在目标市场所在地等因素，选定适当的地区进行布局。

5. 潜在目标国知识产权分析及利用

对于再创新研发的产品，除了满足国内市场需求之外，“走出去”开拓国际市场也是重要的目的之一，因此在项目研发过程中，尤其是在进入目标国之前，应该特别注重对潜在目标市场国知识产权法律环境的分析以及当地知识产权信息的分析和利用。

在对潜在目标国进行知识产权研究时，应当对该国的知识产权法律环境进行全面、透彻的分析，了解该国在知识产权方面的申请流程、审查要求、司法程序、侵权判定原则、侵权责任等重要信息，并在此基础上开展该国的相关专利检索和分析工作（如果已分析，只需更新），进一步明确和降低项目进入该目标国的知识产权侵权风险。此外，还应该针对该国产业的实际情况以及潜在竞争对手的情况，提前布局核心技术的知识产权，以提升产品在该国的市场竞争力。

随着我国企业研发能力的不断提升，中国在通过引进技术起步发展的众多技术领域已经具备再创新形成自主产品的能力，但是技术引进的发展路径也决定了其在开展再创新的过程中必然会遇到更多的知识产权障碍，因此在研发过程中应当全面开展知识产权风险管控、知识产权成果保护以及目标国的知识产权研究工作，只有这样才能真正产生好的创新成果，实现站在巨人的肩膀上创新！

三、不对称竞争下的知识产权战略

作者简介：姜银鑫，首批国家海外知识产权纠纷应对指导专家、国家知识产权库专家、百千万知识产权人才工程百名高层次人才、中华人民共和国工业和信息化部知识产权专家库专家、2013年度中国杰出知识产权经理人。

众多本土企业的知识产权管理和运营能力不强，研发创新水平不高，没有高质量和具备战斗力的知识产权武器储备，对国外的知识产权游戏规则和法院审判体系不熟悉，因而在全球市场竞争中，知识产权实力明显处于弱势地位；而一些国际巨头的综合实力相当强大，不仅是行业领先者，而且多年积累了众多精良的知识产权武器，在知识产权管理和运营上有丰富的经验，且手上大都握有一流的资源（如优质律所、律师），知识产权实力明显处于优势地位。因此，在全球视野下的知识产权竞争中，二者在知识产权上的竞争是一种“不对称竞争”。

面对强势的竞争对手，本土企业如何在知识产权运营中找到生存的立足点，寻找以小博大和以弱制强的途径，推动弱强转换，乃至实现对领先者的赶超。本文从战略选择和战略实现两方面进行探讨。

（一）不对称竞争下的知识产权战略选择

本土企业在知识产权上力量和资源有限，在与实力强大的竞争对手进行不对称竞争时，必须找到合适的战略来指导全局，先确立制胜之道，然后求战，才有可能以小博大、以弱制强。迈克尔·波特认为，商业竞争领域中，战略的本质是创造一种"独特、有利的定位"。力量弱小、资源有限的企业更要"定制"适合自己的独特的知识产权竞争战略，通过统领全局的"定位"，指导自己与强大的对手进行知识产权博弈和差异化竞争，把握以弱制强的真正规律，采用合适的战略和战术与对手智慧、合法、有理、有节地斗争，先求生存，再求发展，逐渐由弱变强，实现弱强转换。在不对称竞争下可以考虑采用的基本的知识产权战略形式，如图5-5所示。

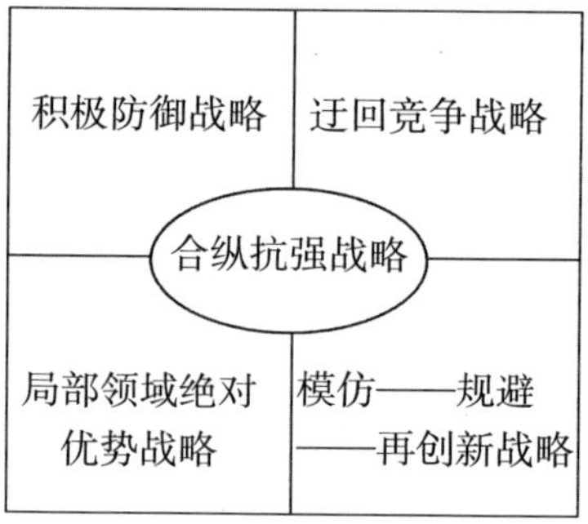

图5-5　不对称竞争下的知识产权战略的基本形式

上图中四方块里列出的四种基本的知识产权战略形式，即积极防御战略、迂回竞争战略、局部领域绝对优势战略、模仿——规避——再创新战略可以单用，也可合用，且合用效果更佳。图中椭圆形列出的合纵抗强战略是企业在面对共同的知识产权竞争时可采用的一种知识产权战略形式。

1. 积极防御战略

"积极防御"与"消极防御"相对。消极防御只是一味地被动防御，而积极防御强调既要防守，也要在防守中积极对抗对手，做到防中有攻、防攻结合，将防御和进攻巧妙结合和交替运用。

积极防御有两个重点：一是“防御”。面对强大的对手，首先要学会“防守和固守”，尽一切可能避免卷入与竞争对手的知识产权争端，以确保在关键市场上得以生存，而不至于因竞争对手发起的知识产权诉讼或挑战而被迫退出市场。因此，“防御”是极关键的。中国企业应转变观念，真正重视、尊重他人的知识产权，在日常商业运作的各个方面（包括产品研发、制造、销售等）从一开始就要避免知识产权侵权，主动避免和减少侵权风险。二是“积极（防御）”。企业在参与国际知识产权竞争时，也一定要增强对抗对手的知识产权实力（如专利实力），体现防中有攻。在“和平”时期，企业应当积极布局未来能制衡对手的兵力；在知识产权诉讼时期，一旦被诉，在企业商业战略允许的情况下要尽可能积极应诉，在诉讼战中寻找有利机会，比如，主动寻找可挑战对手专利权的证据，或主动证明产品不侵权，或及时采取回避设计。

2. 迂回竞争战略

这是一种间接路线战略，本质上是一种非正面竞争的韬光养晦战略。其战略重点是，尽可能地避开和强大对手正面、直接的知识产权竞争和交锋，要考虑从侧翼（即对手进攻性较弱处）寻找对手的弱点或可颠覆对手的机会，集中力量予以攻击或增强自己的实力。

该战略的核心是避实击虚。首先是“避实”。企业应尽量避免与对手在其进攻性强的领域做正面的知识产权或技术交锋。例如，当对手在某些技术领域内拥有强有力的专利组合、高专利壁垒时，企业要尽可能地避开与之正面交锋，更不要自投罗网，被诉侵权，而应当在知彼知己分析对手实力的基础上，主动避开这些专利壁垒区域，考虑用替代性技术、公知技术或可回避专利侵权的技术，或获取许可，或直接退出该技术领域的竞争。其次是“击虚”。企业应尽量寻找对手在知识产权运营和技术研发中的弱点，并倾注全力攻此一点。对手无论多么强大，它在知识产权（如专利）运营、技术发展过程中，一定存在弱点或盲点。例如，对手某些基础或关键专利在某国（如中国）无专利保护，某关键专利的同族专利的权利要求翻译出现致命缺陷，某个关键技术没有形成较好的专利保护网，出现权利主张上的漏洞或技术空白区。企业关键要有工匠精神和发现的眼光，挖掘出对手这些致命弱点，未来才可能在关键时刻、关键节点上，给对手致命一击。

3. 局部领域绝对优势战略

局部领域绝对优势战略简称“局部领先战略”，其战略重点是，知识产权力量弱小方一定要聚焦自己的力量和资源，在局部领域重点突破，并抢占制高点，构筑自己的技术优势、专利壁垒和知识产权优势。

想挑战强大的对手或与之抗衡，决定“如何竞争”和决定“在哪里竞争”是关键的战略性命题。企业应当将有限的力量和资源聚焦于自己专长（而对手相对不专长）的技术研发和专利能力的建设上，并且尽可能地在该细分领域实现特色差异化，超越对手而成为领导者。例如，可选择某个自己擅长的细分技术领域，通过聚焦，集中全部优势和资源，瞄准、专攻该技术领域的研发和技术创新，同时周密布局专利保护网，形成高的专利壁垒，最后在该技术领域形成绝对的技术优势和知识产权优势（包括专利布局、商业秘密管理等）。未来，至少在这一块关键技术领域，企业有绝对的知识产权优势和专利储备，可攻可守，具有话语权。实施此战略，一定要倾注全力确保专利品质，一发百分百命中的专利子弹，要远远胜过一百发打不中的专利子弹。

4. 模仿——规避——再创新战略

专利是知识产权中极其重要的一种，这一战略专门破解中国企业的创新和专利困境。模仿——规避——再创新战略，简称“模——规——创战略”，是指在合法模仿、聪明借鉴别人的基础上进行专利规避和自我再创新的战略。

首先要澄清，“模——规——创战略”中的模仿，不是非法抄袭和专利侵权，而是一种“创造性的模仿”，或称为“模仿创新”，它强调模仿是“高度智慧和创造性的理性行为”，模仿是为了超越原创和再创新，达到“青出于蓝而胜于蓝”的目标。“模仿创新”是模仿和创新的融合体，而非两者对立，其重点有两个：第一是合法模仿（不侵犯专利权、商业秘密等）、聪明借鉴；第二是在此基础上再创新，哪怕是基于现有产品的一些微小改进（微创新）。

例如，IBM就被彼得·德鲁克称之为“世间最优秀的创造性模仿者”。苹果公司，也是拿来主义者。乔布斯曾经说：“在窃取伟大的灵感方面，我们一直都是厚颜无耻的。”乔布斯重返苹果公司后，在核心技术上广泛采用了拿来主义，通过一系列的微创新，追求极致的完美，创造出超一流的用户体验，这本身就是一种创新。这很值得中国企业借鉴！

专利制度的初衷，就是将专利文献公开，鼓励别人借鉴、再创新，促进科技进步。据WIPO（世界知识产权组织）统计，有效地利用专利情报，不仅可缩短60%的研发时间，还可节省40%的研发经费。模仿者具有后发优势，可以避免率先性研发风险，可以向多个技术先驱学习，最大限度地吸取经验，发现模仿对象产品的缺陷，改进、超越，这是站在巨人肩膀上的再创新。

模仿切忌单纯地照抄，也不能不明就里地东施效颦，而是要彻底把握模仿对象的精髓，破译其成功黑匣子的密码后再创造，达到“青出于蓝而胜于蓝”的目标。

针对该战略提出了创新和专利困局破解模型（见图5-6）。实施该战略，要将模仿、专利规避、再创新、知识产权再造四部分有机、紧密地结合在一起，构成以“对手专利障碍规避和壁垒破解”为中心的三足体系：“聪明、合法、创造性地模仿——站在巨人肩膀上的再创新——知识产权再造和保护”。这样，既可保证在模仿时不会造成专利侵权，同时实现技术突破和再创新，还对再创新成果做周延的知识产权保护（专利、商业秘密等），为后来的模仿者树立壁垒，同时增强知识产权实力。

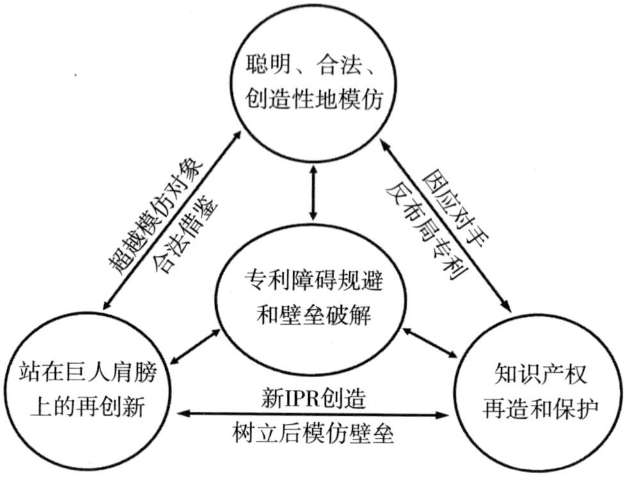

图5-6　创新和专利困局破解模型

充分利用该模型，企业在与对手竞争时不仅具有后发优势，避免研发风险，缩短创新时间，而且以模仿为阶段性的跳板能够综合发展多种能力，如技术破解能力、再创新能力、专利规避能力、专利壁垒破解能力、知识产权再造和周延保护能力等，一箭多雕，如图5-7所示。

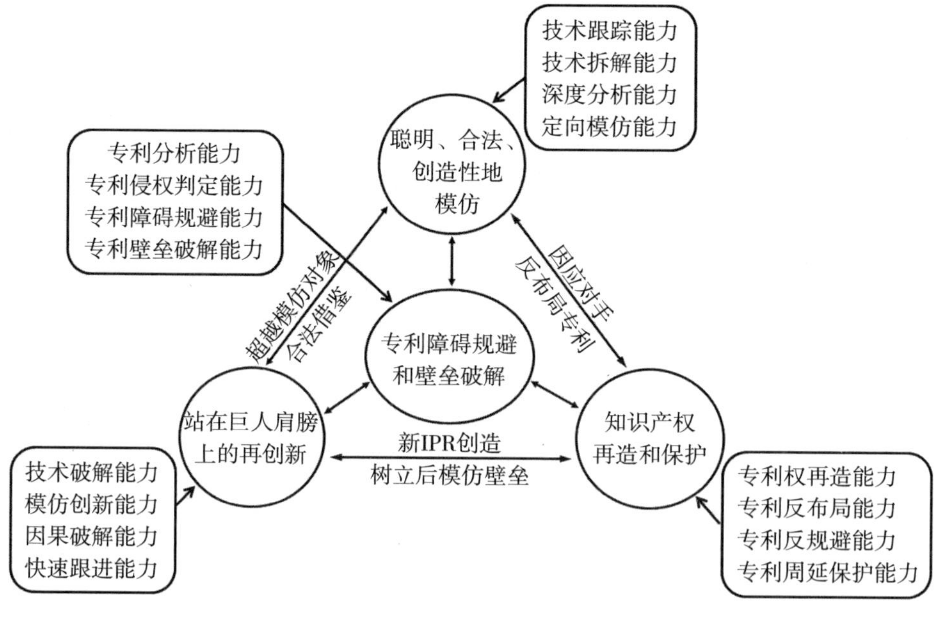

图5-7　实施“模——规——创战略”综合发展多种能力

要实施好本战略，需要企业有很强的模仿创新能力、专利全景分析能力、专利障碍识别能力、专利壁垒破解能力、专利回避设计能力、专利检索分析能力、专利去伪存真能力、现有技术获取和识别能力等。

企业应当智慧地将“聪明、合法、创造性地模仿”“站在巨人肩膀上的再创新”与“专利障碍规避和壁垒破解”完美融合在一起，掌握这个奥秘，就可以打开成功创新黑匣子的密码，在专利竞争中以小博大、以弱制强。企业应当善于杠杆借力，站在巨人的肩上合法地发展自己，从对手和他人的身上聪明、合法地打开创新之门，成功走向知识产权实力之路。

5. 合纵抗强战略

“合纵抗强”，即“合众弱以攻一强”。合纵抗强战略指产业内的多家企业在面对来自共同的知识产权所有者（如强势专利权人、NPE）的专利挑战或专利危机时，采取结盟战略，集各企业之智慧，集人力、物力、财力，共同对抗和化解危机。

例如，某些重点产业链的上、中、下游企业，在面对共同的专利挑战（如ITC诉讼）时，各企业的命运和利益实质上是一致的。虽然单个企业的力量弱小，但多家企业结盟后，大家可以统一思想、行动，凝聚对敌实力、共享诉讼资源，分摊费用、节约成本，在谈判时获取话语权，共同对抗强大的外敌，实现以小博大、以弱制强的战略目标。

“合纵抗强”可以有多种形式，例如：一家被诉，共同应诉；组建专利池；组建产业专利破解联盟，合理利用专利游戏规则挑战强敌的专利组合，让其专利组合去泡沫化；共同与对手进行专利授权许可谈判；集资、团购专利武器；因应对手的集体创新；等等。

上述五种战略，各有侧重点。积极防御战略强调主动避免知识产权侵权，确保生存，防中有攻；迂回竞争战略强调在力量弱小时不要和对手正面对抗，尽可能地从侧翼寻找颠覆对手的机会；局部领域绝对优势战略强调聚焦、专注于某一关键技术领域，发展绝对的技术和知识产权优势；“模——规——创战略”强调将模仿、专利规避、再创新、知识产权保护有机融合，充分利用模仿者的后发优势，巧妙地破解企业的创新和专利困局。合纵抗强战略强调集众弱之力共同对抗强敌及化解知识产权危机，可有效化解企业在重点产业或行业的整体专利危机。

（二）不对称竞争下的知识产权战略的实现

战略建立在独特的运营活动之上，下述企业在战术实施层面如何在不对称竞争下实现前述知识产权战略，如图5-8所示。

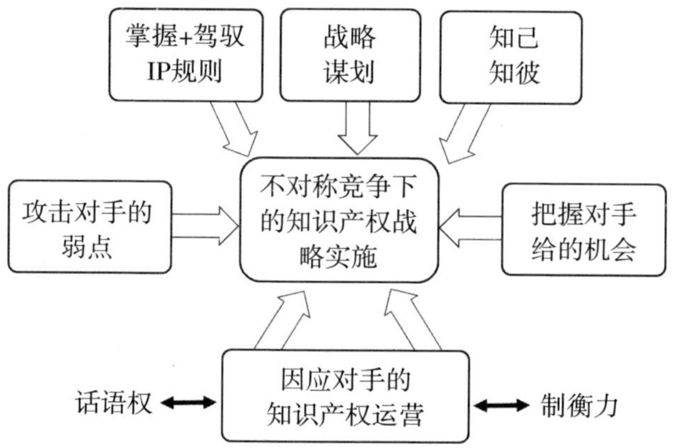

图5-8　不对称竞争下的知识产权战略实现

1. 熟练掌握并驾驭知识产权游戏规则

知识产权游戏规则，是国际通行的法律和商业竞争规则，任何企业都可以平等参与。

本土企业在海外知识产权竞争上四面受敌，经常吃亏，其关键原因首先是不懂或不熟悉这些复杂的专业游戏规则，其次是不会像国际大企业那样去驾驭这些游戏规则。

广义的知识产权游戏规则，包括各国宏观的民法体系、知识产权体系、专利制度、法院体系、审判制度、证据规则等；狭义的知识产权游戏规则，包括某一国具体的知识产权法律条文、法律程序（如337 ITC调查程序、专利诉讼程序、专利无效重审程序）、专利审查规则、证据规则、侵权判定规则等。

尽管这些游戏规则很复杂又极专业，但企业必须去面对并驾驭它们。只有这样，才有可能决胜对手于千里之外。

2. 知彼知己

知彼知己是一切知识产权从业者所应当掌握的首要核心战略思维，更是中国企业在知识产权对抗（尤其是专利对抗）中实现以小搏大、以弱制强的极关键的一环。

以专利对抗为例。在专利战争中，双方专利信息是完全公开的。专利战争中的“战场”信息（火力部署、火力大小等）都是公开、透明的，可以提前通过跟踪、分析而得知。企业可以通过详尽和专业的“知彼”分析而获知未来专利风险、未来专利战场位置、对方的兵力优势、敌我强弱所在、胜负形势预判等信息，所以理论上说，企业未来的专利战争是可预知的，未来的专利风险也是可控的；但前提是，企业必须锁定目标，主动进行细致和专业的信息情报分析。

广义的知彼，指掌握各种知识产权游戏规则及法院、法官背景，以及对方雇用的专利诉讼律师等信息；狭义的知彼，指洞察、掌握某个对手或某行业内的整个专利、技术以及其他相关商业活动，比如，某对手的全球专利布局态势、关键专利技术、专利壁垒、业内曾经发生的诉讼、NPE等。

通过狭义的知彼分析，可以将对手专利组合中的专利去伪存真，清除专利泡沫，还可以摸清业内可以免费使用的无法律问题的技术（见图5-9）。针对对手专利组合中可以被挑战或被回避的专利技术，可以提前做好应对准备，关键时对这些弱点以致命一击。

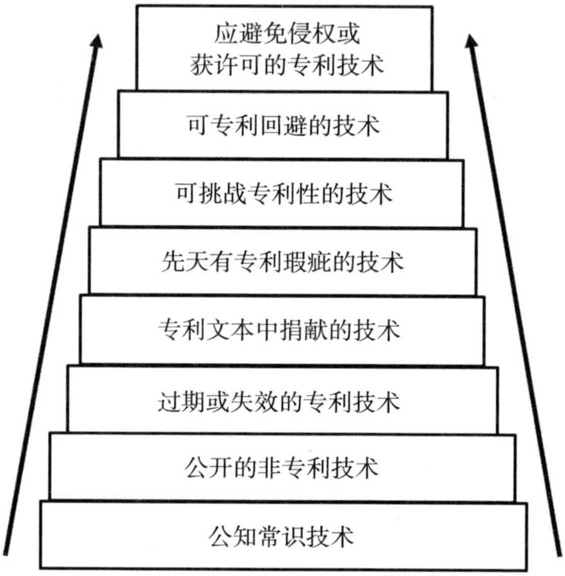

图5-9　通过知彼分析使专利去伪存真

第三方的专利权应当被尊重，但这种尊重应当是“客观地尊重”。只有那些真正具有可专利性、权利稳定、专利强度足够强，并且使用后会导致侵权的专利权才值得被尊重。除此之外，不具有可专利性、专利有瑕疵的“问题专利”不应当被尊重。这种底气和信心，只有通过知彼分析才能达到。

3. 把握对手给你的机会

对手在知识产权运营、技术研发过程中所造成的错误、失误或不愿意做的事（比如：市场利润原因，导致不愿意开发某些技术或申请某些专利）就是机会，要充分挖掘利用。

一个著名的案例就是苹果公司与唯冠公司的iPad商标之争。英国IP公司在全球商标转让过程中的一个“失误”导致苹果公司在中国市场受阻，卷入两年多的法院诉讼，并最终付出6000万美元的和解金。

对手给的机会其实很多，关键要有发现的眼光。例如，某个核心专利的权利范围狭窄，某个关键专利在专利审查答辩时记载了严重限制其专利范围的内容（可利用禁止反悔原则）或主动放弃了某些实施方式的权利保护，对手在专利说明书中公开了多种实施方式但专利保护范围仅保护了一部分（可利用捐献原则），某个重要专利的权利要素中多写了非必要技术特征使范围不当缩小，等等。

4. 攻击对手的弱点

无论对手多么强大，它在知识产权运营、技术开发过程中，一定存在弱点或盲点，企业要充分挖掘这些弱点反制对手。

例如，对手某个核心专利虽然被授权，但实际上有证据证明是无效专利；某个核心专利技术本身是由几个现有技术组合发明而成，其创造性具有被挑战的先天弱点；依美国专利法，某个专利因不公正行为导致专利不可实施；某个同族专利，在有些国家被授权，而在有些地方被拒绝授权或二者权利范围有重大差别；某个重要专利的文本可以被挑战（如专利修改超过范围，没有依美国专利法公开）；某个关键技术没有形成较好的专利保护网，出现权利主张上的漏洞或技术空白区；等等。

5. 因应对手的知识产权运营

因应对手，类似博弈论中参与竞争的各方为了达到各自的目标和利益，必须考虑其对手的各种可能的行动方案，然后选取对自己最有利或合理的方案。

这种知识产权运营的核心是要“因应对手”，前提是要知彼知己，关键是要在运营过程中取得“抗衡力”和“话语权”。

以专利运营为例。“因应对手的专利运营”的战略目标是，积累“有战斗力”的、能与对手在未来专利战中“相互抗衡、相互钳制”的专利组合，与对手处于“对抗性平衡”的专利生态系统之中，而不是轻易地让对手发动专利攻击，处于被动。

该专利运营的两大关键维度是专利制衡力和对手认知专利价值。由此整个专利运营的导向发生变化：从之前只重视专利数量、质量变成更加重视发展专利制衡力和对手认知专利价值。有了专利制衡力、对手认知专利价值，才能保证未来在对抗中有话语权。专利运营的两大关键维度，如图5-10所示。

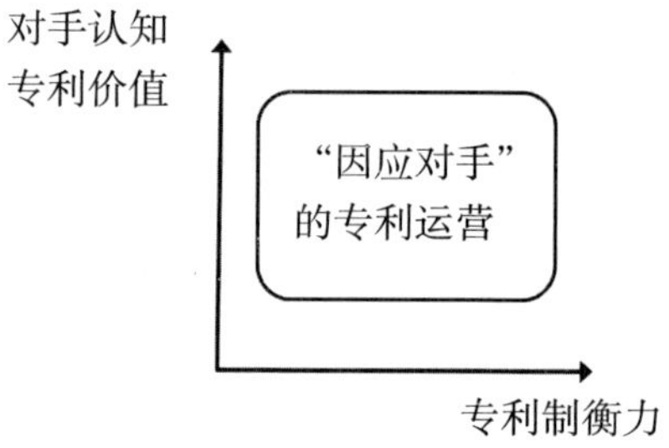

图5-10　专利运营的两大关键维度

专利制衡力，指整个专利运营要产生能制衡对手的专利力量。它具体体现在专利组合中的专利能对竞争对手的技术、产品或专利产生攻击、卡位、钳制、围剿和威慑作用，同时对自己的技术、产品或专利起到防御保护作用。专利制衡力的具体表现形式，如图5-11所示。

对手认知专利价值，指站在竞争对手的角度，来判断企业专利组合的价值，该价值应当是对竞争对手而言有吸引力或能被其认可的价值。换言之，该价值是站在对手角度反观企业专利组合中是否有对竞争对手有用的价值。例如：对竞争对手的产品和技术构成诉讼威胁，阻碍竞争对手现在或未来的研发方向，代表新兴的、未来具有巨大商业前景的专利技术，在产业竞争中能主导产业链、供应链和控制价值链的关键专利或标准专利，与对手专利权相互交织在一起、竞争对手要使用必须通过交互授权的专利，能够补强对手专利组合的竞争力或商业价值的专利，对手若握有该专利，可以马上用来起诉或制衡其他竞争对手的专利。

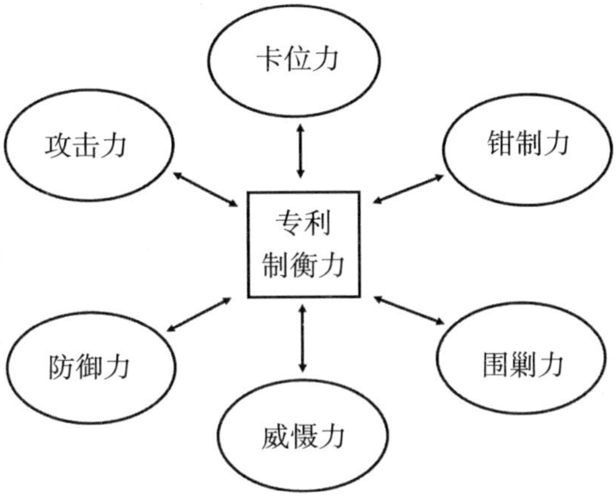

图5-11　专利制衡力的具体表现形式

为了产生“专利制衡力”和“对手认知专利价值”，可采用专利组合发展策略，如图5-12所示。

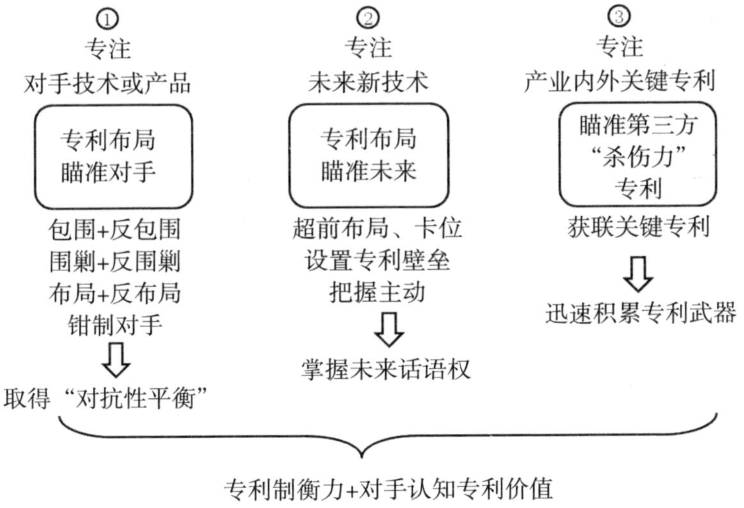

图5-12　基于专利制衡力和对手认知专利价值的专利组合发展策略

第①部分，专利布局瞄准对手，因应对手的技术、产品和专利活动，对其关键专利技术做出类似下围棋一样的包围、围剿、反布局等动作，使得对手专利组合中也同时嵌入所布局的专利，使二者专利范围相互交叉、钳制，实现“我中有你，你中有我”，取得一种“对抗性平衡”。这种策略实质就是前面所述“模—规—创战略”的实施。第②部分，专利布局瞄准未来，专注于未来的新技术和新市场需求，超前进行专利布局和卡位，给对手设置专利壁垒，以掌握未来话语权。第③部分，专利布局瞄准产业内、外第三方的具有“杀伤力”的专利武器，通过购买或许可获取这些关键专利权，以迅速积累专利武器，从而制衡对手。

要想实施好这一策略，企业必须具有很强的技术分析和理解能力、专利检索分析能力、专利去伪存真能力、专利障碍识别能力、专利壁垒破解能力、专利包围与反包围能力、专利机会（漏洞）识别能力、专利回避设计能力、现有技术获取和识别能力等，尤其是要能及时地识别出竞争对手的关键技术、基础专利、核心专利、新技术发展动向等，然后在此基础上采取一些反制行动。这些能力通过实施“模——规——创战略”得以发展。

企业在采用上述专利发展策略的过程中，也应当同时站在对手的角度，反观自己的技术产品策略、专利运营策略、专利组合、专利保护是否存在漏洞、薄弱之处，看是否存在给对手“反布局”的机会，从而提前做出预判和补救，使自己的技术和专利篱笆更可靠，不给对手机会。要知道，对手可能会采用同样的“因应对手的专利运营”的发展策略。

图5-13显示了企业基于专利制衡力和对手认知专利价值的专利组合，图中的比例仅是示意性的，可以根据企业自身的商业战略和专利战略进行调整。

① 瞄　准：竞争对手的产品、技术和专利 目　标：定制、构建对竞争对手有制衡作用的专利 专注于：专利保护对竞争对手有价值的创新设计和方法 比　例：30%	② 瞄　准：企业自身的产品、技术和专利 目　标：以专利保护，防止别人抄袭企业创新的专利技术 专注于：专利保护企业产品和技术中的创新设计和方法 比　例：40%
③ 瞄　准：未来新技术和下几代产品 目　标：为未来超前布局，给业内和对手制造进入壁垒 专注于：专利保护未来新技术发展趋势和动向 比　例：20%	④ 瞄　准：第三方的关键专利权 目　标：对抗竞争对手的专利风险，确保自由使用第三方的专利权 专注于：基于战略的专利许可或购买，以抗衡对手或他人的专利威胁 比　例：10%

图5-13　基于专利制衡力和对手认知专利价值的专利组合配置

（三）警惕战略执行陷阱

《财富》杂志做过统计，受访的500强企业中，70%的企业的商业战略最终以失败而告终；但失败的主因不是战略本身制定错误，而是因为战略执行不到位。所以，没有执行，再优秀的战略决策都将成为空谈和泡影。

知识产权投入要付出代价，现在不投入，未来要付出更大的代价。参与国际化竞争的企业领导者应当高瞻远瞩，真正视知识产权投入为一种“战略投资”，并且在明晰知识产权战略后，切实和准确地推进战略实施，如此必定会在知识产权运营上实现突破，使知识产权为企业带来商业竞争优势和商业价值，并发展为企业核心竞争力。

四、制造型企业专利申请策略

作者简介：许立举，智慧芽信息科技（苏州）有限公司管理系统产品总监，曾任职于富士康科技集团和宝时得科技（中国）有限公司知识产权部。

经过40多年的改革开放，中国逐渐成为全球制造大国，随着全球市场竞争的加剧以及政府转型升级政策的推动，国内涌现出大批创新型企业，其中既有从传统基础制造或代工转型为品牌经营的研发制造类企业，也包括在诸多新兴行业中崛起的创新型企业。这类企业普遍有一个共性，即非常重视知识产权，尤其是具有技术属性、与创新相辅相成的专利。

制造型企业的专利战略基本上都是商业驱动，即必须能够支撑企业的经营战略，而不同于那些完全靠前沿技术驱动的企业。在这类企业中，专利资产获取是基础的也是最重要的一个业务流程。获得高质量的专利组合，是专利资产获取的终极目标。至于专利质量，包括三个维度的因素，即商业价值、技术价值和法律价值，而这三个因素，也充分体现在企业日常专利申请流程中。在专利申请的各个阶段，从商业、技术、法律维度出发，灵活采用各种策略，有助于企业获得更多高价值的专利。

专利申请策略，个人理解主要体现在挖掘、申请、延伸和衍生四个步骤，如图5-14所示。

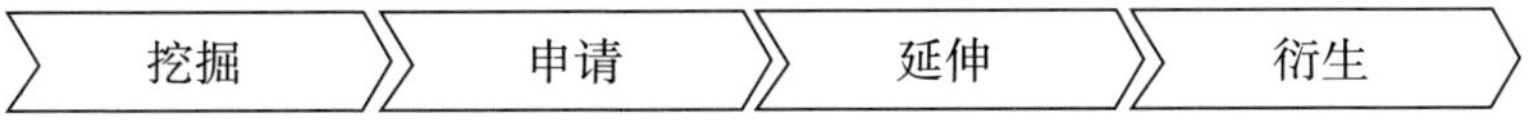

图5-14　专利申请策略的四个步骤

专利挖掘，是基于发明人原始的想法或创新，或者公司的技术规划，挖掘分析可专利的发明点；狭义的专利申请，即选择合适的时机，以合适的方式向官方递交申请文件，获取申请日；专利延伸，是指以中国专利申请为优先权基础，布局PCT或国外专利申请；专利衍生，即在专利审查阶段，通过分案、接续等方式，获取符合商业目的的高质量授权专利。

（一）专利挖掘

通常理解，专利申请之前是一个发明人提出专利申请需求，并和专利工程师（专利代理人）进行技术交底的专利提案过程。在创新管理较为成熟的组织，专利提案已经成为提升专利质量的重要一环，即在此过程中，尽早进行专利挖掘以及制定布局方案。

发明人是技术人员，在实际工作中往往只会想到特定技术问题的某种解决方案，并不会像专利人员那样全面思考所有可能的解决方案。要从技术人员那里挖掘出大量可申请的技术方案，其难度不亚于从他们口袋里掏钱。所以，在专利挖掘的过程中，需要借用一些挖掘的方法或者模型，找到技术与专利之间的契合点，就像是技术和专利之间的转换器。以下是我工作过的企业常用的挖掘方法和模型。

1. USP定义法

这种方法的核心是专利申请完全服务于企业的商业利益，一切从商业角度出发，追求对于产品卖点的保护。一切不以商业作为出发点的专利挖掘和布局都是一种“无赖”行为。该方法适合技术创新、产品创新及产品改进类的专利保护。

这种方法其实非常粗暴，即必须先定义产品的USP（卖点），从而定义你最终保护的产品具有该功能或效果的最大范围。然后基于前案，由专利工程师和发明人穷尽所有实现USP的方案（包括回避和改劣方案），并且考虑未来用户需求的变化以及发明可能带来的新的技术问题或弊端，从而产生有长远价值的专利组合。USP定义法，如图5-15所示。

图5-15　USP定义法示意图

在这种方法中，企业市场专家起着颇为重要的作用，企业专利人员需与市场专家充分沟通，确定产品区别于现有产品的独特卖点，而这决定了专利保护方向的精准度。市场专家往往不是发明人，而是对市场有着充分理解、参与产品定义的人，譬如产品经理或者更接近最终用户和市场的销售人员。

2. 专利网分解法

专利网分解法，即从技术角度最大限度地分解可专利的技术方案。该种方法更适合产品创新的保护。专利网分解法，如图5-16所示。

图5-16是用于实体产品创新专利挖掘的一个范例，不同于传统的结构化思维中的“MECE”（相互独立，完全穷尽）原则，技术方案的挖掘通常多有跨层级和交集，目的就在于通过网式密布的方式，取得尽量广的范围，为产品提供全方位的保护。

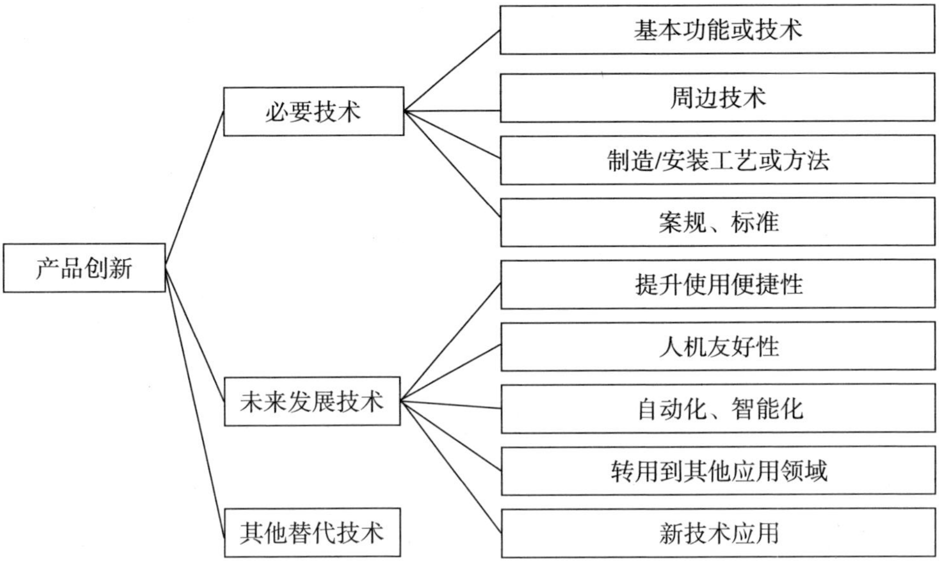

图5–16　专利网分解法示意图

（二）专利申请

在完成专利挖掘和交底后，将面临专利的撰写和递交，在此阶段，策略亦显得尤其重要。不同场景需要不同的策略应用，合理运用申请策略，有助于提升专利质量。

1. 专利快速申请

创新型企业，面对激烈的市场竞争，基于成熟的专利情报和趋势分析，与友商的创新和开发基本上同步，这时专利布局的时间点就显得非常重要。很多技术和产品概念，需要长时间的持续研发，在只是想法或者模糊概念的阶段，就要尽快申请专利，抢占更早的申请日。在申请专利之后，还要根据技术和产品的研发进度，及时对专利进行完善和丰富。快速申请策略在此背景下产生，利用国内优先权，在快速递交申请、抢占申请日的前提下，不断完善和丰富专利申请。专利快速申请示意图，如图5-17所示。

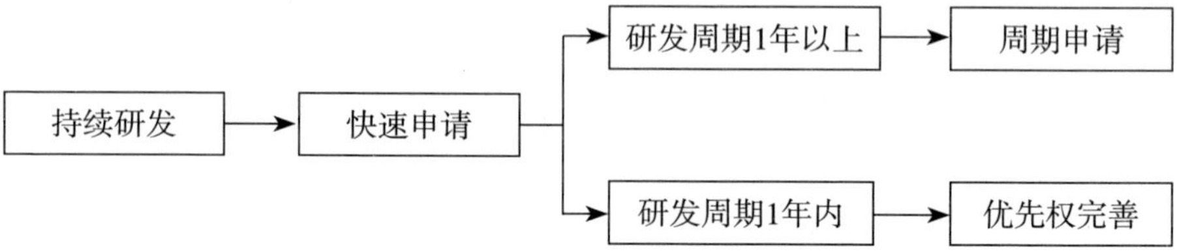

图5-17　专利快速申请示意图

一篇专利，作为法律文件，权利要求书非常重要，因为其初步界定了专利的保护范围；而在专利申请的过程中，说明书的作用是最大的，因为在后续的申请审查过程中，权利要求书可以多次修改，原始说明书揭示的范围却不能扩大。

大部分情况下，持续研发的周期在1～2年，考虑后段是测试、开模、中试流程，技术方案基本上在1年内能够最终确定，而这刚好是国内优先权的时间期限。快速申请，要求写完整的说明书，专利挖掘也主要针对技术方案的横向和纵向拓展。

2. 专利周期申请

周期申请主要针对研发周期1年以上的专利申请，特别适用于化学类技术。化学类技术往往需要足够数量的对比例，反复验证效果，因此周期较长。如果早期直接申请专利，往往数据不能支撑或不能支持比较大的保护范围；若等所有研发工作都已经结束，效果得到证明且数据完整，这时申请专利，基本概念往往被友商抢先申请。通过周期申请，并且实时监控友商的开发进度，才能尽可能早地布局比较完整的高质量专利申请。专利周期申请的操作实务示意图，如图5-18所示。

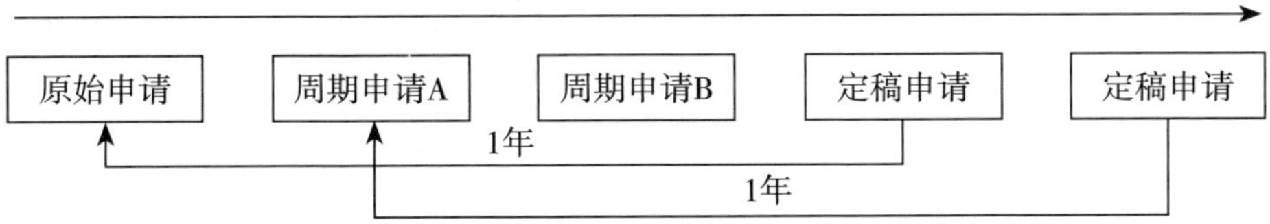

图5-18　专利周期申请的操作实务示意图

图5-18中的概念产生时，基于已有的尽可能详尽的技术方案递交原始申请，但不交申请费。而后，周期性地（根据实际情况可定为月、季度、半年）重复递交申请，每次加入新的技术内容。一旦技术方案定型，或者监控到友商的动作，立即递交定稿申请，并以倒推1年优先权期限内的周期申请作为优先权基础，要求国内优先权。这样，不管技术方案何时成熟完整，都可以尽可能取得最早的优先权日。

专利周期申请存在以下两个方面的风险。

（1）不正常申请。专利管理机构对于以骗取资助为目的的不正常重复申请，会有监控和惩罚，因此为避免不正常申请的情况发生，周期申请文件应做一定的变化，譬如写不同的权利要求等；同时，最好能和官方机构沟通，表达周期专利申请的动机，并非为了骗补。

（2）无法获得优先权。因为在周期申请的过程中，不断补充和完善申请文件，特别是定稿申请，其内容会大大超出作为优先权基础的周期申请的说明书范围，从而无法获得优先权。回避的方法之一是，定稿申请递交两份，一份和优先权基础的周期申请一致，一份为最后的完善申请，确保基本的概念能够成功要求优先权并继续审查。

3. 策略型专利申请

策略型专利申请，旨在挑战专利审查，获取不合情理的专利范围，以达到恐吓竞争对手的目的。常见的策略型专利申请如参数型申请。

在职业生涯早期，我很看重专利性，不屑于参数型申请，认为没有实质创新，仅靠几个几何或物理参数来声索保护范围，违背了专利制度的初衷；但在多年的工作中，遇到越来越多的欧美竞争对手，他们熟练使用此种申请攻城略地，逐渐改变了看法。最为极端的是，某美商获得了纯粹是物理参数型的庞大专利组合，并借此发动多起专利诉讼，历经数次无效，始终屹立不倒。

参数型申请的专利保护范围有时非常夸张，例如一种手机，包括一锂电池，其特征在于所属锂电池容量大于5000毫安，并且电池容量和手机重量的比值大于40毫安/克；而说明书会列举很多不同容量的电池以及手机重要的设计，看似实施例很多，其实都是没有实质性创新的数据，普通工程师即可编撰。曾经很长一段时间，此种风气弥漫，在我所在行业，无论美商、欧商，还是国内友商，竞相申请大量类似专利，互相恐吓。此类专利授权率很低，而且绝大部分都只能在美国获得授权，在中国或者欧洲几乎不可能获得授权；但是这类专利一旦获得授权，杀伤力很大，即使其不能获得授权，在公开后相当长一段时间内，对于同行企业而言，也是如芒在背。在其他行业可能并不多见，但在制造类行业，此类专利申请确有其价值。

（三）专利延伸

在《董事会里的爱迪生》一文中，企业知识产权管理的发展模型包括安全经营、成本控制、获得利润、战略整合、战略远见五个阶段。目前大多数中国中小企业还处于第一阶段，即一方面管控产品风险（FTO），另一方面积极布局专利保护核心产品和技术。已经有一部分中国企业进入第二甚至第三阶段，在企业对IP的投资越来越大的时候，作为一个成本中心，企业IP管理开始谋求对于成本的控制以及对IP资产货币化（Monetization）

的需求。

在专利成本中，除了专利年费是国内相对较高之外，其他费用，不管是官费还是代理费，皆是国外远高于国内，因此对于国内企业，控制专利成本最重要的工作就是控制国外专利布局数量，在有限的预算下，准确地将核心专利延伸至PCT乃至国外。

1. 专利价值评估

大多数中国企业都会对国内申请的专利进行评估，选择其中的核心专利延伸到其他国家申请。延伸的途径通常是PCT方式，而延伸评估的标准大同小异，目前已经渐渐形成共识，即从商业、技术、法律角度进行专利价值评估。不同点在于，不同的企业在进行专利价值评估时，给予这三个维度的考虑权重不一样，细分的考虑因素也不尽相同，本文分享的只是其中一种，讲究的是判断的准确性与效率。专利价值评估示意图，如图5-19所示。

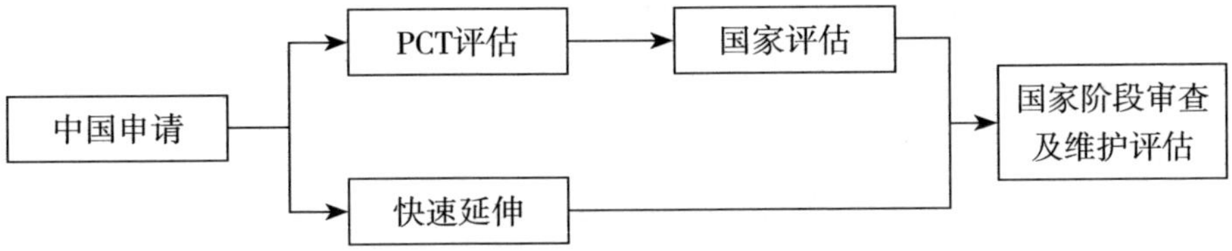

图5-19　专利价值评估示意图

上图中，该企业选择首先在中国提出申请，而后通过PCT的方式进入其他国家，并且在PCT申请阶段、PCT进入国家阶段、国家阶段审查以及授权专利维护阶段皆具有专利评估环节。PCT评估阶段主要是评估中国专利是否要延伸至国外，通常是在优先权的12个月内做出评估；国家评估是在优先权30（或31）个月内评估PCT是否进入国家阶段；国家阶段审查及维护通常是针对授权希望较小或专利价值低的专利或专利申请，评估后及时中止投资。评估的具体流程包括评估准备、专利评估会、评估结论记录确认与计划跟踪。

（1）评估准备。根据时限出具待评估列表，搜集相关信息，包括通过前案检索获得前案信息，通过与产品、销售的沟通获取市场信息，与发明人及技术经理沟通获得技术FAB（Feature、Advantage、Benefit）和友商、竞品信息。

（2）专利评估会。由专利评估委员会讨论并做出决策。专利评估委员会通常由公司高层组成，包括市场专家（销售或市场VP）、技术专家（总工程师）、专利专家（知识产权VP或总监），如果是中小企业往往总经理也会在其中担任市场或者技术的角色。市场方面的考虑因素通常包括是否公司的主要经营领域、细分市场容量、未来市场趋势，是否满足客户需求，是否卖点，等等；技术方面的考虑因素通常包括是否技术趋势、技术垄断或分享、技术领先度、必要性、成本等因素，而法律层面通常考虑是否构成壁垒、可形成壁垒的专利性或具备专利性的壁垒范围等。每个企业都可根据自身的情况列举评估因素，有的企业甚至有多达几十项的评估因素。

（3）评估结论执行。是指评估结论的记录、再次确认，以及计划的跟踪执行。通常，由于PCT申请的成本相对较低，或市场情况还不明朗，PCT评估的尺度会相对较宽；而30个月的观察期已足够长，产品和技术市场已经比较明朗，也已经有PCT检索报告作为参考，因此国家阶段的评估会更加严格，特别是对于市场以及专利角度。

2. 快速延伸

通常是产品或技术符合市场或技术趋势，创新性较高，短期内即会上市且面临在国外被侵权的可能，由此快速布局国外专利。这类专利，往往不会考虑优先权期限，而是中国专利申请递交后，立刻申请PCT并进入对应主要市场的国家阶段，尽量缩短授权的周期。

3. PCT组合申请

为尽量降低成本，在相关或者相近的专利申请已决策需要申请PCT后，通常会进行组合申请，即以主专利或容易授权的专利作为权利要求主项，其他专利都加入说明书，日后根据市场情况以及专利审查情况，再选择是否分案或者接续。

（四）专利衍生

在各国的专利制度下，专利申请递交后，对于专利仍旧有很多完善和优化的方法，其中灵活性比较强的就是分案（DA）和接续案（CA）。目前中国、欧洲有分案，而美国不仅有分案，还有接续案和部分接续案。这两种方法都是通过产生新的申请方式来优化专利保护，因此称之为"专利衍生"。

由于专利申请时的市场、技术、竞争情况往往不是很明晰，因此在初始的专利布局上并不完美，后续往往要通过分案和接续案进行优化。这时候，说明书的质量非常重要，因为不管DA还是CA，都是建立在原有说明书的完备程度上。我们过去常用的两种衍生策略，一是先小后大策略，二是先大后小策略。

1. 先小后大策略

原申请尽量控制在较小的保护范围（能覆盖发明核心即可），然后通过分案或接续案去争取更宽广的范围。这样做有两个优点：一是可以快速获取专利授权，同时通过审查过程了解审查员所能获取的前案和审查风格；二是迷惑竞争对手，能力相对较低的竞争对手很可能针对公开范围进行回避后就开发生产。若发现对手的类似产品，则通过分案或者接续案按照对手的产品去修改，同时因为你又掌握了审查员检索的前案，所以可以平衡“专利可授权”和“覆盖对方产品”。

2. 先大后小策略

母申请以较大的范围申请，并且通过各种方式保持其长时间存活（答复、复审、RCE等），然后分案或者接续一个可快速授权且保护核心发明的专利申请，并且在母申请的生命周期中，监控对手状态，再择机分案或者接续可以覆盖对手产品的专利申请。一方面可以根据对手动态来调整布局；另一方面，一个较大范围的专利申请的存在，本身对于对手也是一种威慑。

以上是我多年来在制造型企业中从事IP工作经常采用的一些专利申请策略，希望对在企业内主要从事专利管理工作的知识产权经理有一些借鉴作用。

五、如何有效开展专利回避设计

作者简介：李文红，北京市集佳律师事务所上海分所主任合伙人，华东政法大学知识产权学院兼职教师，曾任职于富士康科技集团知识产权部和北京集佳知识产权代理有限公司。

专利回避设计通常被视作一种风险规避手段，用于在商业运营中绕开他人布下的专利障碍，以保障商业运营的正常进行。业界对专利回避设计的讨论多从专利保护范围的确定、专利侵权判定原则等方面着手，从技术特征的减少和变更等角度予以原则性的说明，少有文献提到具有可操作性的专利回避设计的技法。

近年来，越来越多的市场主体意识到可以将专利回避设计作为一种技术创新手段而加以利用，这是一种值得鼓励和提倡的思考问题的方式。通过对现有专利文献所披露的技术内容的借鉴来提高创新能力，有利于专利法立法目的“促进科学技术进步”的实现。

鉴于此，本文对有效开展专利回避设计的若干技法展开探讨。

（一）专利回避设计的基本要求

根据专利侵权判定的全面覆盖原则和等同原则，从技术特征比对的思路出发，现有文献中经常提到的回避设计的规则是：至少减少独立权利要求中一个必要技术特征，或者替换独立权利要求中至少一个必要技术特征。需要指出的是，这两种规则是原则性的，没有给出如何减少或者如何替换的方法论，因此可操作性不强。

专利回避设计的前提是拟回避的目标专利产品具有市场前景，相对于市场上旧的产品来说，可能是具备新的功能，也可能是性能相对优良，或是成本相对低廉。通常，人们希望回避设计的成果也是具有商业价值的方案。如果成功避开专利保护范围的回避设计成果不具备目标专利产品相应的技术效果或商业价值，这个回避设计也是没有意义的。

总之，成功的专利回避设计既要能规避侵权风险，也要具备足够的市场竞争力。下面从技法层次对如何进行有效的回避设计展开论述。

（二）专利回避设计的有效技法

1. 针锋相对法

针锋相对法，主要是从技术问题的角度提出的技法。通过分析目标专利所解决的技术问题，尝试采用与目标专利权利要求保护的技术方案不同的手段来解决该技术问题，如能成功解决技术问题，则意味着有新的回避设计方案产生。

例如，触摸屏手机没有按键，无法按照键盘手机的组合键方式来解锁，面对这一技术问题，有专利提出滑动图标来解锁的技术方案。为进行回避，后来出现了通过在九宫格上画出手势来解锁的技术方案。也就是说，面对解锁手机的技术问题，提出与目标专利的技术方案针锋相对的另一种或多种技术方案。

此种技法，要求通过对目标专利的解读和分析，理清其发明思路，精确界定其所解决的技术问题，寻找解决技术问题的手段和措施，通过研发出与目标专利权利要求不同的技术方案，自然达到减少或者替换独立权利要求中至少一个必要技术特征的效果，从而达到回避专利保护范围的目的。

2. 另辟蹊径法

另辟蹊径法，主要是从技术矛盾的角度提出的技法。当面对目标专利所要解决的技术问题难以直接找到与其针锋相对的技术方案时，可以比对分析目标专利及其背景技术，确定目标专利的技术方案相对于背景技术所改变的技术参数，确定这些技术参数之间的技术矛盾，从而有针对性地采用发明原理来解决这个技术矛盾，以产生回避设计的成果。

例如，目标专利是一种射击训练用的靶标，为提高射击训练的效率，该靶标的体积设计得足够大，为避免靶标被击中后碎片四溅而难以清扫，清除安全隐患，靶标中间设置了一层粘连层，使得靶标主体破碎后依然可以固着在该粘连层上。采用另辟蹊径的技法，则可以发现背景技术中存在的技术矛盾主要是运动物体的体积（靶标占有的空间体积）和时间损失（清扫靶标碎片所需要花费的时间）这一对技术参数之间的矛盾，体积大则时间损失多，时间损失小则体积小。

进一步分析发现，目标专利采用的是预先作用的发明原理来解决这一技术矛盾，即在方便的位置（靶标中间夹层处）预先安置物体（粘连层），使其在最适当的时机（被射中而破碎时）发挥作用而不浪费清扫时间。

回避设计可以另辟蹊径，利用抽取、多用性、抛弃或再生这三个发明原理来解决前述技术矛盾，从而得到回避设计的成果。具体来说，当采用抽取原理时，可以抽取出靶标用于指引射击运动员的性能，采用光学靶标来生成光学的射击目标，捕捉运动员射击时产生的光学信号，通过图像处理的技术判断运动员是否射中，从而从根本上克服靶标碎片带来的清扫问题。当采用多用性原理时，可以采用具有其他用途（例如可用于增强射击场地的物理性能）的材料来制作靶标，使得碎片散落在射击场地时可以发挥其第二用途，从而无须清扫靶标碎片。当采用抛弃或再生原理时，可以采用对环境无害而无须清扫的材料制作靶标，从而在靶标被击中破碎后，不需花费清扫时间。

与针锋相对技法类似，另辟蹊径技法在产生回避设计方案的过程中，也不是从目标专利的技术特征出发来进行技术构思，而是在产生方案后才与目标专利权利要求进行技术特征的比对，以判断能否有效地消除或克服潜在的侵权风险。

3. 更上层楼法

更上层楼法，主要是从物理矛盾的角度提出的技法。所谓物理矛盾，是指一个技术系统中，由表述系统性能的同一个参数具有相互排斥（相反的或不同的）需求所构成的矛盾。例如，现在手机制造要求整体体积设计得越小越好，便于携带，同时又要求显示屏和键盘设计得越大越好，便于观看和操作，所以对手机的体积设计要求具有大、小两个方面的趋势，这就是手机设计的物理矛盾。

实践中，也会发现有些目标专利相对于其背景技术而言，解决的并不是不同技术参数之间的技术矛盾，而是同一技术参数之间的物理矛盾。此时，就需要用到更上层楼的回避设计技法。

例如，目标专利是一种检测方法，用于具有三明治结构的产品的检测。该产品中，两个表面层之间夹有中间层，用于加强表面层对抗外界应力的强度，在产品出厂检测时，其中一个检测项目是判断产品中是否添加了中间层。为此，目标专利披露了一种采用X射线进行检测的方法。该方法的实施需要用到复杂的检测设备，还需要对检测人员进行专门的培训。

经过对目标专利的分析，发现其解决的是表面层的强度和检测便捷性之间的矛盾，可以认定是时间矛盾，即检测时需要表面层不干扰对中间层的观察，而使用时表面层又要具备足够的强度，不同的时间条件下需要该产品满足不同的要求。

针对该物理矛盾，在回避设计时可以采用组合原理，将检测功能组合到表面层上。具体来说，可以在表面层上开设直达中间层的微小开口，使得检测人员能够用肉眼直接观察，以判断在产品中是否添设了中间层。

总之，更上层楼法是跳出目标专利在技术细节上的思考，直接抓住目标专利所解决的背景技术中的物理矛盾，从而使得回避设计可以在更高的层面上进行技术研发，进而得到具有市场竞争力的并可规避目标专利保护范围的回避设计成果。

4. 变废为宝法

变废为宝法，主要是从专利瑕疵的角度提出的技法。此种技法已有不少现有文献提及，主要是根据专利侵权判定的捐献原则和禁止翻悔原则，利用目标专利在授权确权程序中的瑕疵，直接使用专利文献中披露而未记载到权利要求中的技术方案或明确排除在目标专利的专利保护范围之外的技术方案，或者在这些技术方案的基础上研发替代技术，而不至于有侵权风险。由于此种技法已有较多文献涉及，在此不赘述。

以上简单介绍了专利回避设计中的四种基本技法。实践证明，合理地运用这些基本技法，可以有效地促进技术创新工作。希望有更多的业界同人一起实践和探讨，在掌握专利制度和规则的基础上，不断提高创新水平。

6

PART

第六部分

知识产权质量管控

30家国内一线创新公司的知识产权是如何运营的

IP之道

一、立体型专利质量控制

作者简介：徐迎春、张艳。徐迎春，中兴通讯股份有限公司高级专利律师，曾任职于富士康科技集团和大唐移动通信设备有限公司知识产权部，以及北京科慧远咨询有限公司，曾在美国约翰马歇尔法学院访问学习。张艳，博士，北京科慧远咨询有限公司合伙人，国家标准《企业知识产权管理规范》主要起草人，曾在日本专利特许厅访问学习。

在知识产权领域近20年从业经验中，我从事过专利申请、专利组合管理、标准专利推进和管理、风险预警、知识产权制度和战略的规划制定等各类工作，目前在企业中负责涉外知识产权诉讼和许可。上述经历中，3年是在知识产权咨询公司做专业服务，其余时间在企业的知识产权部门任职。

回顾上述工作经历，最喜欢的角色依然是知识产权咨询公司的咨询顾问，大概是因为这份工作最能锻炼思维方式和完善工作方法。作为咨询顾问，需要思考如何系统而深入地开展各类工作，如何快速地切入并不熟悉的领域，也就是说如何架构思维体系来解决不同的问题。本文想要分享的专利质量管控经验就是在那个阶段习得的。

（一）专利质量控制与企业知识产权发展阶段

企业对于专利质量的控制是与企业知识产权工作的发展阶段密切相关的。企业知识产权管理阶段的划分包括多种角度，如从专利申请管理的角度划分，从企业知识产权战略的阶段角度划分，或从专利权获取和运用的成熟度角度进行划分。从专利权获取和运用的成熟度角度，通常可粗略地分为以下几个阶段：初级阶段、进阶阶段、跃进阶段、成熟阶段和收获阶段。

初级阶段。企业仅仅有初步的知识产权意识，很多情况下没有专门的知识产权部门，知识产权工作由相关部门的人员兼职负责；专利申请或其他类型的知识产权活动也仅仅是为了满足企业某些方面的基本需求，如申报高新企业资质、申请政府扶持资金等。

进阶阶段。处于这一阶段的企业一般建立了拥有少量专职人员的知识产权部门，专利申请量相对于第一阶段有较大幅度的增长，开始建立包括对研发人员的激励等各项知识产权制度和管理流程，逐渐萌生制定企业知识产权总体战略的意识并开始尝试制定知识产权的初步战略。

跃进阶段。知识产权部门壮大；政府的支持以及自身的主客观需要，使得专利申请量尤其是本国专利申请量呈爆发式增长；对研发人员的创新激励增强，甚至将专利申请量作为研发部门的考核指标之一；看重专利申请量排名，甚至作为对外宣传的重要内容；对已经制定的知识产权制度进行调整，优化各种管理流程；意识到专利质量的重要性，并开始将工作重心由着重追求专利数量向同步提升专利质量转移；注重内部知识产权管理人员的能力提升，并对研发人员进行相关知识的培训；意识到需要根据企业自身情况定位知识产权战略和发展方向并践行之。

成熟阶段。知识产权部门规模稳定，专利申请量已经和企业业务发展相适应，保持在动态稳定状态；将专利质量控制、专利组合管理作为专利申请和专利管理工作的重心；知识产权制度和各项管理流程趋于稳定；公司整体具有较高的知识产权意识；具有明晰的知识产权战略方针，企业知识产权工作以企业的商业经营为导向。

收获阶段。知识产权部门和人员稳定，具有较高的专业能力和素养；具有成熟的知识产权管理制度和流程；知识产权管理的策略和方式形成良性循环，知识产权已经内化为企业经营的要素之一；知识产权工作持续以企业的商业经营为导向，通过知识产权获得商业上的助益；部分企业直接通过知识产权获得营业收入。

在企业知识产权工作的实际发展过程中，很多情况下并不是清晰地按照上述五个阶段予以区分，往往在同一时期会存在发展阶段的交叠，比如有些企业可能会没有初级阶段，而直接以融合的初级阶段和进阶阶段起步。

在做咨询业务时，针对处于不同发展阶段和状态的企业客户，需要设计不同的知识产权服务内容和服务方式。下述工作职责中，尽管是从企业知识产权人员的角度进行描述，但也可委托外部专业咨询机构代为执行，企业对于专利质量实质上的重视通常会发生在由跃进阶段向成熟阶段发展的过程中。

（二）立体型专利质量的控制

对于专利质量的控制，业界通常的理解为对单件专利质量的把控，特别是对专利撰写质量的控制；而对于宏观的专利质量的控制一般称之为专利布局。我们以咨询业者的经历，把这两者和企业整体专利管理结合起来，构建立体型的专利质量控制方案。

从发明创造的产出到成长为一件专利权，其中经过了一系列的环节，在下面的立体型专利质量管控中（见图6-1），项目研发、交底书撰写以研发人员为主导，申请文件撰写、审查意见答复是以代理人为主导，专利评审则通常是三方参与，图中的其他环节则主要由企业知识产权人员主导。

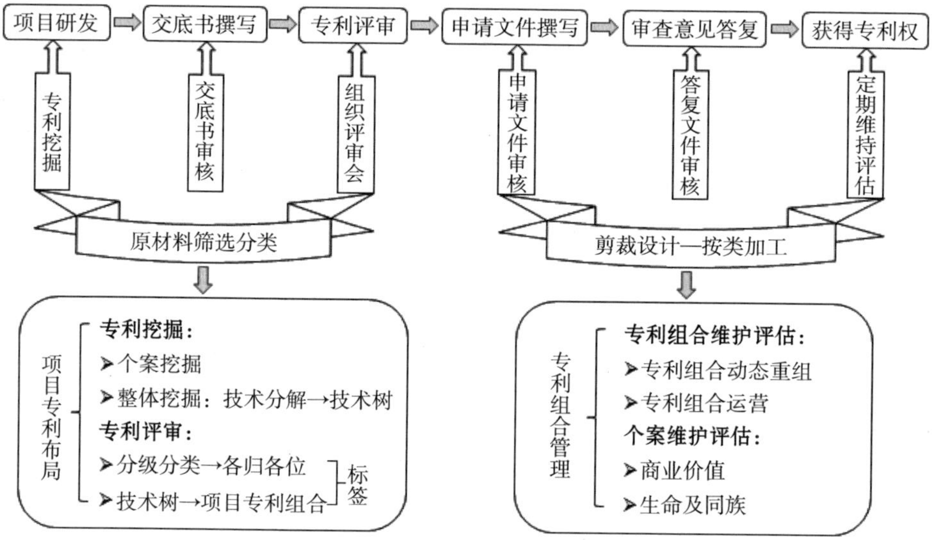

图6-1　立体型专利质量管控图

一件专利权的产出是通过研发工程师、专利工程师和专利代理人的共同努力完成的，任何一个环节做得不好，都有可能导致最终获得的专利权存在瑕疵；而其中企业内部的专利工程师除了在研发人员和代理人主导的环节扮演稽核者的角色之外，还需要在这些环节作为一个In-house知识产权人员提供高附加价值。下面将结合立体型专利质量控制图对各个环节进行具体介绍。

1. 由“点”到“线”的专利质量控制

项目研发过程是发明创造的萌发阶段，项目进展中形成创新技术方案，由发明人撰写技术交底书，提供给知识产权部进行初步评审，之后一般通过召开公司级别的评审会对承载发明创造的技术交底书进行定期批量的评审，评审通过的交底书则提交给合作专利代理事务所并由其撰写申请文件，提交申请后再经过和审查员的审查交互，最终获得授权。

在此过程中的各个关键节点上，企业知识产权人员密切参与，提供增值价值，提升每一步工作的品质，对专利质量的提升具有关键的作用。

在项目研发过程中，企业知识产权人员积极、主动、及时、深入地参与项目活动，和研发工程师探讨项目的当前进展以及后续可能的进展，引导和激发发明人分析出发明点，这种交互过程通常称之为专利挖掘。开展专利挖掘活动，能够有效地影响项目专利产出的有序性、产生数量和产出质量。

项目产出的发明点由相关的研发人员撰写成技术交底书，提交知识产权部进行初步审核。对于技术交底书的初步审核在一定程度上也可以看作专利挖掘的一部分或者延伸。在初步审核中，企业知识产权人员需要把握三个方面：一是发明点的创新性分析，即需要对发明点有针对性地进行现有技术的检索，分析发明点的可专利性。二是技术方案的完整性评估。有些研发人员并不明白该如何描述其发明创造，有时候甚至仅仅描述了一个概括的想法而没有具体的技术解决方案，这个时候就要求企业知识产权人员有针对性地进行二次专利挖掘，启发发明人根据想要解决的技术问题或技术应用的场景进一步构思出具体的技术解决方案。三是对相关标引信息的校核。专利挖掘行为本身就是将专利的产出和研发项目深度结合的行为，而技术交底书中模板化采集的相关标引信息对后续的整体管理至关重要，这些标引信息因企业不同而略有不同，但一般包含项目信息、产品信息、不同层级的技术分类信息，还可能包括标准信息、商业应用场景等。应该说，标引的精准度关系到后续专利组合管理的精准度和有效性。

此外，预审过程中还建议对每件发明创造的重要程度进行标引，以便后续进行分级分类管理，依据重要级别分配后续管理付诸的精力和资源。

例如，重要程度最高的发明创造，应进行精雕细琢的精细化管理，对于重要程度较低的发明创造则可相对粗放管理。

知识产权部预审不通过的技术交底书将返回发明人修改或者直接驳回不予申请。对于预审通过的技术交底书，定期组织公司级多方评审会进行批量评审，在评审过程中，需要发明人、代理人和企业知识产权人员、企业技术专家多方参与陈述意见及进行评审。在此过程中可以再次对前期节点中的标签进行核对校正。公司级评审结论有评审通过、评审不通过和待修改三种结论。对于待修改的发明创造下次继续提交评审会评审，而评审通过的发明创造则分配给事务所由代理人进行申请文件的撰写。

对于由代理人承担的申请文件撰写、审查意见答复直至专利授权登记的工作，均需企业知识产权人员进行审核确认。尽管代理人是专利撰写和审查意见答复的专业人士，但由于代理人的出发点和视角与企业知识产权人员并不相同，企业知识产权人员在此环节的作用除了文件本身的质量稽核之外，还应当从企业的视角出发，确保权利要求的部署合理，以得到一件对企业有效用的专利权。比如，在答复审查意见环节，为了获得专利授权，代理人往往会建议企业接受对权利要求范围大为限缩的修改建议，而通常不会考虑限缩后的权利要求保护范围对于企业来讲是否还有价值。

对于获得授权的专利，企业知识产权管理人员还需要定期进行维持缴费评估，盘点持有的无形资产。

通过依序对上述各个关键节点的工作质量的控制，最终达成单件专利质量的提升，也即通过对“点”的控制达成“线性”质量控制。

从项目研发过程中发明创造的萌发到交底书通过公司级评审，是对原材料的筛选分类阶段；从申请文件撰写到获得专利权阶段，则是根据筛选的原材料进行剪裁设计、深入加工阶段。就像做一件华服，专利评审及之前的工作都是选择布料的阶段，而其后的阶段是设计、剪裁直至完成成品，对于成品，后期依然需要定期进行养护或者淘汰；而企业的知识产权人员是这件衣服的主要设计者，也是选料和生产过程中的品质监督管理者，更是后期的养护评估者。

2. 由“线”到“面”的专利质量控制

专利质量的管控效果很大程度上依赖前期基础工作的精细化程度。做好前期细致烦琐的工作，则可相对轻松地进行宏观层面的管理。应当认识到，尽管单件质量的管理非常重要，而作为企业知识产权人员，从企业重点研发方向或重点项目开展专利布局更为重要。

对于重点研发方向或重点项目，在控制好单件专利质量的基础上，为了有效进行专利布局，企业知识产权人员需要在研发的过程中主导两个重要方面的工作：一是制作重点研发方向或项目技术树，二是依托技术树进行专利挖掘和布局。

企业知识产权人员应及时切入研发活动当中，协助研发人员进行该领域现有技术检索并进行分布分析；依托现有技术的分布分析和研发人员对该领域技术分支情况的了解，进行技术分解，制作技术树。在此过程中，现有技术的分布分析可协助研发工程师了解该领域当前技术发展及专利保护的整体情况，以免浪费人力、物力等资源，重复研发或造成重大的潜在侵权风险；而企业知识产权人员通过和研发人员的沟通探讨，引导和激发发明人分析出技术树中各技术分支上的发明点，从而使得专利在发明创造的产出阶段即能系统、有序地分布于技术树的各枝节上，并且可以依据现有技术分布以及分支技术的重要程度有针对性地进行专利挖掘和布局。

上述对发明点的探讨分析可以由需要解决的问题出发，也可以由技术树的现有技术分布点出发，具体的专利挖掘手段可以根据具体情况区别对待。通过研发全流程的专利挖掘和布局，将该项目中产出的专利放置到技术树中的相应位置，构建出重点研发方向或重点项目中的专利组合。对该项目专利组合布局进行管理并做好相应的文档记录，作为后续更高层级、更精细化管理的基础。

在重点研发方向或重点项目的研发结项阶段，应对该项目中产出的专利进行复盘，通过原材料筛选阶段制作的技术树、专利挖掘和专利预评审等环节与研发项目的深度结合，制作项目专利组合布局总结，盘点重点研发方向或重点项目在二维层面上的整体质量品质。控制单件专利质量实现了对专利质量的“线”性管控，控制重点研发方向或重点项目的组合专利质量则实现了对专利质量在“面”的级别上的控制。

在重点研发方向或重点项目的专利组合布局总结中，除了将其中产生的专利归位于技术树进行组合管理之外，还可将前期检索的现有技术专利也归位于技术树，实现对竞争技术的专利分布监控，并通过后续的信息更新实现定期的竞争专利监控。

3. 由“面”到“立体型”专利质量控制

经过前面的由“点”到“线”，由“线”到“面”的专利质量控制管理之后，企业就基本构建了持有专利的相对完善的基础信息，这时即可从企业全局对专利资产进行立体型质量管理，即以专利组合为基本单位，定期对专利组合及组合中的个体专利进行评估。例如，以项目专利组合为基础，对专利组合进行常规性管理和定期审查评估。

此外，根据实际需要，结合技术交底书以及专利预评审工作中确定的各类标引信息，通过关键条目的检索和组合，从数据库中导出相关专利列表，构建某产品专利组合、某标准专利组合、某技术领域专利组合或者涉及某产品的某技术领域的专利组合等，实现动态的专利组合构建和管理。比如，需要整合企业某种产品的某种功能相关的专利组合，只要根据当初确定的产品和技术标引信息即可轻松实现。

我们在工作中常有这种情况，需要快速锁定公司某技术领域的专利组合，由于前期专利产出的基础工作并没有进行有效的标引，下了很大功夫才确定了相关专利清单，但还不能确定这些专利清单是否就是公司在此领域持有的所有专利。

在专利组合的定期评估管理中，还需要对专利组合中的个案专利及其同族专利，从商业价值、剩余寿命等方面进行综合管理和评估。对于自行实施且同时被他人使用的专利，需考虑是否需要单独或者以组合的形式对外进行许可创收；对于自己不使用而他人可能使用的专利，考虑是否在市场上进行转让或者保留，用以阻碍竞争对手；对于没有商业价值的专利，则可以考虑放弃维持或低价售出，以节约维持费用。通过定期开展专利资产盘查以及专利组合的灵活构建，实现对专利组合有效动态管理的同时，精简企业持有的专利数量，不断优化企业专利资产。

上述三种专利质量控制方式是我应用于从跃进阶段向成熟阶段发展的企业的实践经验。处于这个阶段的企业已积累了相当数量的专利，日常的运转和维护费用已成为企业的大笔开支。

有些企业从跃进阶段向成熟阶段发展的过程中，基于庞大的专利维护费用等因素，集中进行专利评估，以确定是继续维持还是放弃专利，或者是放到市场上进行低价变现。由于前期的基础工作不够精细，评估的难度和负担较大，消耗了本不应该消耗的人力、物力；又或者企业发展到一定阶段，想要开展专利运营却没有在前期的日常工作中做好专利组合的管理，整理专利组合的工作难度和工作量也远远超过预期。

如果企业在日常工作中采用本文所述的立体型专利质量控制方案，进行精细化的管理，则后续仅仅需要根据各种标引信息进行数据抓取或者根据前期项目专利布局总结进行简单整理，即可以实现各技术领域、各产品领域或各项目层级的专利组合的动态、有效管理。

在企业的发展过程中，知识产权工作的效能也在逐步接受市场的检验，这就要求企业回顾、评估和总结以往的知识产权工作，对企业知识产权战略和工作导向做出实质性的与企业经营相适配的调整；然而，并不是说处于初级阶段和跃进阶段的企业就不需要重视专利质量管理，而只是意味着在这些阶段，专利质量管理尚不能得到足够重视。

如果企业能够从自身知识产权工作的初级阶段就重视专利质量管理并从企业经营的视角开展知识产权工作，将上述各项专利质量管控工作常规化，一方面能够实现专利工作的系统有效管理，有效控制持有专利资产的成本，另一方面也可以为专利资产的许可运营及诉讼支持做好准备，以期知识产权部实现由成本部门向利润部门逐步转变。

二、中国专利进入美国质量管控三道坎

作者简介：陈小俭，前后就职于富士康科技集团、腾讯科技有限公司，任资深专利顾问。从事美国专利申请、答复工作10余年。

谈到中国专利进入美国的申请实务，目前业界越来越重视申请质量的问题。毕竟申请一件美国专利少则几万元，多则十几万元，花费不菲。要让钱花在刀刃上，就不得不从质量管控抓起，让每件申请出去的专利都能体现出它应有的价值。

基于在美国专利申请实务方面积累的10余年的工作经验以及之间踩过的无数个坑，以下分享的经验将告诉你：如何跨过中国专利进入美国的质量管控的三道坎。

（一）从专利的文本翻译谈起

一件中国专利进入美国，哪个环节最为重要呢？是翻译。

对于一篇专利翻译而言，其基础要求是用语规范、文法正确、表达简洁；更高的要求是能体现法律特色且文法流畅、表达到位。可以说，专利翻译既是力气活又是技术活。翻译得好，读起来是种享受；翻译得不好，让人很难读得下去。

因为翻译文本是译者全部语言、技术、法律能力的表达，而限于语言能力和技术理解力，译者本身会犯不同的错误。常见的错误有两类：一是语言上稍有纰漏但技术阐述还算清楚。这类错误导致的后果只是文稿难以适应美国人士的阅读理解习惯，但是IPR即使不进行把控也不会产生技术上的歧义。二是技术理解的扭曲。技术方案的扭曲在专利进入国家阶段如被发现，尤其当审查员发出112（a）的核驳，质疑方案对于本领域技术人员是否授权时，要进行补救就会大费周章。

那么如何有效把控专利翻译质量呢？我个人认为有以下三条原则。

第一条原则：找到可靠的译者。对于较浅显的技术，如重连接关系的硬件专利（比如涉及开水煲、平衡车的结构）或重前端应用的软件专利（比如涉及人机交互层面的App），译者通过经验即可理解技术，对于译者的专业背景可以不做特别严格的要求；但是对于涉及技术底层的专利（比如图像处理底层算法、通信底层技术、网络底层技术），则必须要求译者有一定的专业背景。

第二条原则：全面理解技术。如果仅仅是专业的语言搬运工，现在日益强大的机器人工智能翻译已经能做到非常高的翻译精确度了。译者在翻译时强于机器智能的一点，在我看来，是能够基于对技术的理解发现问题，并与IPR通过协作解决问题。比如，遇到方案撰写前后不一致、逻辑失误时，与IPR一起修正；遇到原文用词不合业界规范时，与IPR一起修正；遇到权利要求与说明书（及其附图）不一致而无法达成有效支持时，与IPR一起修正。

第三条原则：严格执行校稿程序。企业IPR与译者在合作过程中，可以要求译者在翻译时，制作一个翻译术语对照表，如表6-1所示。

表6-1　翻译术语对照表示例

序号	出处	原文	译文	图及标号	备注
1	权利要求/SPEC	电池承载盘	batterypan	FIG.1，FIG.4，50	
2	权利要求/SPEC	线缆	cable	FIG.4，36	
3	权利要求/SPEC	导管	conduit	FIG.4，45	
4	权利要求/SPEC	通道	channel	FIG.4，64	
5	权利要求/SPEC	底盘	chassis	FIG.1，FIG.4，14	
6	……	……	……	……	……

当稿件完成翻译交付IPR后，IPR校稿的第一步，就可以参照对照表确认术语翻译是否得当，图中标号的元件翻译或者文字部分翻译是否得当。这是因为，虽然MPEP（美国的审查指南）上要求美国审查员只有在通读全文并理解发明技术的基础上才能审查权利要求是否满足授权条件，但是实际上出于效率考虑，老资格的审查员在审查时通常是结合图与权利要求一起看，而说明书只是跳着读而已。当需要借助说明书对图和权利要求进行理解时，才去细读说明书。因此，对于图示及翻译术语先进行检视，实际上是让IPR扮演审查员的角色，从一开始就高效地确定翻译的质量水平。

接着，就要确认翻译的权利要求是否语句通顺，再校核翻译后的权利要求是否满足35U.S.C.§112（a）和35U.S.C.§112（b）的要求，并检视每项权利要求体现的发明点的翻译是否准确，最后回到对说明书部分的校核。

值得IPR注意的一点是，当看到长句时要加倍小心，越是长句越容易出现问题；当看到模板性的语言，也要小心，因为译者在翻译时可能会想当然地使用之前翻译的模板，却没有根据当前专利的具体内容进行调整。对应权利要求中关键用语的定义部分要细心检视，因为这一部分关系到后续对于权利要求的范围解释。

（二）清楚的说明书

可以说，在进入美国的专利申请中，说明书的撰写是苦功，权利要求的布局是巧功。需要重申的一点是，首次申请的质量强度决定了进入美国的专利申请的专利强度。

对于IPR来说，说明书质量检阅的首要项是说明书是否清楚。因为说明书不清楚必然导致权利要求不清楚，所以IPR除了关心权利要求范围是否清楚，还得回到说明书本身去看说明书是否足够清楚。实务上欧美对于权利要求清楚的宽严程度，可大致区分为两种情形。

情形一：在美国，如果仅仅是35U.S.C.§112（b）（核驳说明书不清楚）的问题，申请人可以依照审查员理解的意思进行修改，或者按照方案原来要表达的意思进行修改，审查员通常都较容易接受。

情形二：在欧洲专利局（EPO），说明书是否清楚与专利是否充分公开、是否具有新创性这些问题纠结在一起。当审查员因为权利要求不清楚而读不懂权利要求时，他会求助于说明书。如果说明书同样也不清楚，那么审查员很可能就会质疑方案是否充分公开，并要求申请人做出答辩。令申请人为难的是，此时可以做的，一是引入新的说明书未明确记载的内容（然而，EPO不允许引入新的发明内容的规则非常严厉），二是阐述不清楚的地方为本领域技术人员所知晓。前者极难通过，而后者又容易牵扯出创造性的问题，这时专利申请就陷入死循环当中了。

看起来，美国专利对于权利要求是否清楚的标准要比欧洲低一些；但是，不清楚的说明书及权利要求仍不可避免地带来另一个问题，那就是答辩过程的拖延。比如，可以导致以下的拖延情形。

情形一：权利要求不清楚会导致审查员加大对35U.S.C.§112（a）（即权利要求是否可据说明书加以实施）的审查力度。审查员不得不划拨出原本分配在新创性上的时间用于审查35U.S.C.§112，导致新创性的审查在第一轮审查周期中执行不足。

情形二：审查员为了解决权利要求不清楚的问题，会按照自己的理解进行审查，并发出首次OA（Office action，审查意见通知书）。如果审查员理解有误，申请人必然据理力争，为此审查员认为，申请人提交的权利要求修改需要进一步检索，而这时预留的审查时间可能不够用了（或是迫于绩效的压力），审查员就会匆匆发出最终审查意见通知书（Final Office-action），这就导致答辩过程不可避免地拖进RCE（请求USPTO继续审查）的阶段。

为了应对这个问题，申请人可以通过与审查员会晤（Interview）来尽量减少答辩的次数，以加快答辩的进程；然而，对于申请人而言，如果最初申请时就能充分校对权利要求和说明书，很多上述提到的35U.S.C.§112问题就可以提前避开。这样申请人应对第一轮审查缴纳的检索费、审查费就会花在刀刃上。审查员基于清楚的申请文件，发出的非最终审查意见通知书（First Non-Final Officeaction）会直抵审查的核心（35U.S.C.§102，35U.S.C.§103），也不至于让双方困于35U.S.C.§112的议题上。

值得一提的是，美国审查员通常喜欢与申请人进行建设性的互动，并商讨确定一个实质性的，可授权的、合理的保护范围，以避免做形式上的纠缠。

（三）丰满的说明书

在这里，“丰满的说明书”除了要求说明书充分公开外，还要求“有效的技术揭露”足够丰富。所谓“有效的技术揭露”指的是与发明要点相关的技术细节描述，而不仅仅是罗列出一大堆现有技术，或是复制大段无意义的模板文字。

毫不夸张地说，只要专利文件拥有丰满的实施例，那么通过CA（连续案申请）、CIP（部分连续案申请）或者答辩过程中修改权利要求（抑或重写权利要求），总可以用几组合理范围的权利要求让发明获得有效且充分的保护。

这就涉及一个在主张优先权的前提下再进行修改的问题。当优先权存在缺陷，在美国专利申请时才发现需要修修补补或者要造新轮子的话，为时已晚。尽管最好的时机已经错过，但是此时进行修补总好过提交一个残缺不全的申请。比如，申请人可以基于已进入美国的申请提交CIP（部分连续案申请）。

根据个人的经验，判断一件专利的说明书是否丰满，有时看配图都可直接得到答案（一图胜千言）。比如，美国公司申请的专利说明书附图（见图6-2），内容详尽，框构、场景、交互模块，应有尽有。反观国内的专利附图就显得有些苍白了（比如方法发明，通常都只提供简单的流程框图）。

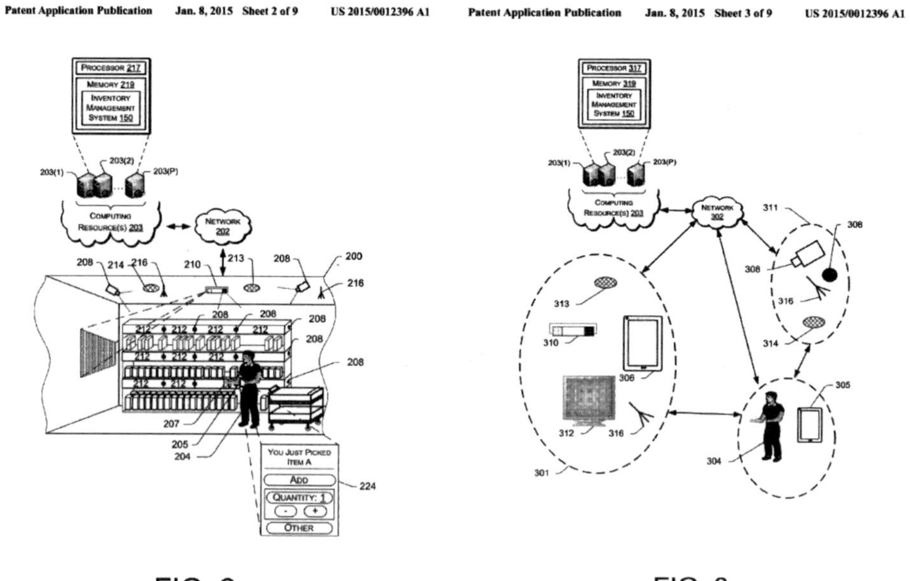

FIG. 2　　FIG. 3

图6–2　美国专利说明书附图示例

丰满的说明书的撰写知易行难，以下几种方式可以达成丰满的说明书。

一是从不同的角度撰写，比如基于硬件发明，既可以从功能的角度写，也可以从结构本身去写；二是扩充多个可替代的方案；三是多提出问题，多写些技术实现的效果；四是应用性发明可以多描述些不同的应用场景；五是多用图表，有了丰富的图示（包含表格），丰富的方案就完成了一半，余下的撰写工作，只是如何看图说话，将方案（发明故事）描述清楚完整；六是可以通过加入数据进行验证，让发明的价值、有用性、可操作性、可实现性变得更有说服力。

需要强调的是，很多时候一个说明书能否做到丰富，其源头可能并不在于说明书本身，而在于专利布局。一种典型的情形是，如果企业给代理所的都是离散状态的技术揭露，并仅要求这些内容分开申请，比如A时间给的交底书方案C1与B时间给的交底书方案C2，并没有清楚地指出其作为一个整体在专利布局上的联系，那么，代理所返回的说明书D1（对应C1）、D2（对应C2）也必然是离散的，不仅很难做到丰满地揭露技术，甚至可能造成前面的申请对后面申请的公开出现相互制约的情况。相比之下，一种较好的方式是先做一个全景式的申请，搭建出基础专利的树干，其他的外围专利可以基于这个树干进行补充，即实现在树干的基础上添加出枝叶来，如图6-3所示。

比如，一台智能手机对应的专利布局，可以先写出一个大而全的产品说明书来。这个产品说明书可以涵盖整台设备的架构、整套制程、工艺、材料、逻辑或方法等，而部分功能点的增加、架构上的调整以及实现逻辑、方法的优化，就可以根据这个产品说明书进行修正、补充，再申请。通过这种方式进行的申请与布局可谓左右逢源，比如可自如地使用分案、连续案、部分连续案等各种程序进行申请，也可以在说明书中自如地使用交叉引用（Cross-reference），使得每份说明书既丰满又发明点突出，而且能轻松越过（35U.S.C.112〈a〉）该领域普通技术人员据以实施的门槛。

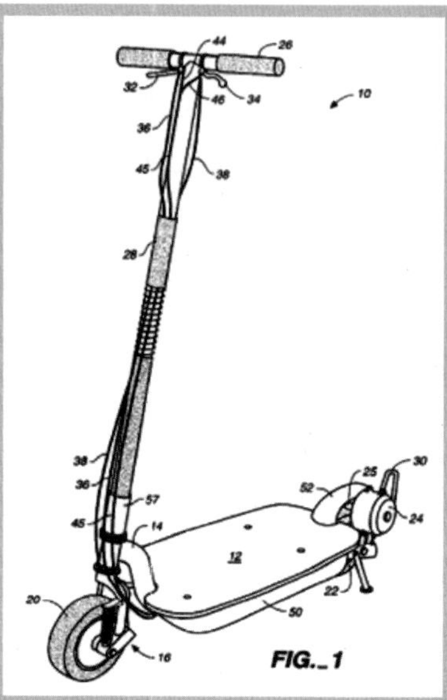

全景式的硬件实现（引自US6，609，584）

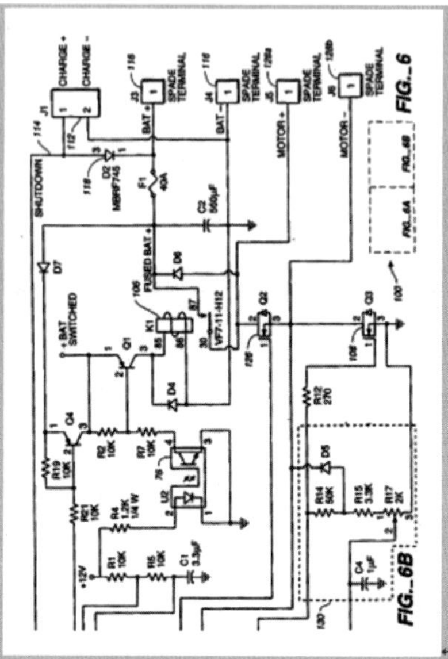

全景式的软硬件实现（引自US6，609，584）

图6-3　全景式基础专利附图示例

总之，“翻译得当，说明书丰满、清楚”是美国专利申请质量的最基本的要求，是IPR监控美国专利申请质量的法眼。也许每位企业IPR在美国专利申请质量上都该追问，如何在预算允许的情况下，最大化地获得有质量的美国专利组合；而如何排列组合出最简单、易操作的美国专利质量管控要素，其实答案存在于每个人的用心探索中。

三、从审查员角度看如何做软件专利的申请与实务

作者简介：赵永辉，聚思睿管理咨询(北京)有限公司副总经理，概念验证咨询师、专利代理师，主要负责硬科技商业化概念验证咨询服务业务，曾先后任职于富士康科技集团智权处、国家知识产权局及某大型专利事务所。

美国专利界有句名言："凡是太阳底下的新东西都可以申请专利。"的确，专利制度自诞生以来就在跟新事物打交道；而对于新事物的不断涌现，专利保护制度自身也被迫进行适配及调整，才能跟得上时代发展的需要，计算机软件专利保护的不断调整就是一个例证。2016年10月国家知识产权局公布《专利审查指南修改草案（征求意见稿）》（以下简称《草案》），就是为了适应国内互联网电商、大数据行业的发展及保护需求。

那么，企业该如何做好软件专利的申请工作呢？本人有十多年在国家知识产权局（SIPO）从事多个领域发明专利的检索审查及培训研究的工作经历，以下将试着从一个审查员的角度来探讨这个问题。

（一）提前布局多种撰写形式，适应开放趋势

根据《草案》及其解读，对于软件发明专利，除了采用传统的虚拟模块写法外，还可以增加采用“装置+程序流程”、“介质+程序流程”的权利要求，这种撰写形式相对于方法等其他类型的权利要求而言，具有保护范围大、举证相对容易等优势，对于软件创新的专利保护更为有利。

来看“一个电子设备手势解锁发明专利”这个案例，其方法如下。

权利要求一：可以采用传统的写法，为“一种计算机执行的方法，包括：步骤一，在具有触敏显示器的电子设备上提供预定显示路径移动解锁图像……；步骤五，如果检测到的接触与所述预定手势不相对应，将所述设备保持在所述用户界面锁定状态”。

权利要求二：可以采用“装置+对应功能模块”的写法，为“一种电子设备，包括用于在具有……的装置……用于……的装置”。

权利要求三：可以采用“介质+程序流程”的写法，为“一种计算机可读存储介质，存储有与具有触敏显示器的便携电子设备结合使用的计算机程序，所述计算机程序由处理器执行以实现“权利要求三”所述方法”。

权利要求四：可以采用“装置+程序流程”的写法，为“一种电子设备，包括触敏显示器，一个或多个处理器，存储器，一个或多个程序。其中所述一个或多个程序被存储在所述存储器中，并且被配置成由所述一个或多个处理器执行，所述程序包括用于执行以下步骤的指令……”

权利要求五：可以采用“装置+产品功能”的写法，为“一种电子设备，包括触敏显示器和一个或多个处理器，当所述设备处于用户界面锁定状态时，检测……”

（二）如何撰写一份可快速授权且具保护强度的专利文件

1. 界定不同层次技术问题和相应构思，构建金字塔形保护结构

发明通常可以解决多方面的技术问题，在这些问题中，需要在说明书中界定清楚哪些是主要问题，哪些是次要问题；然后围绕主要问题，提炼出核心发明构思，撰写独立权利要求；再围绕这一发明构思，构建金字塔形的保护层次，以争取获得覆盖面较广和稳定性较好的专利权。如果未能清楚界定主要问题和次要问题，将次要问题与主要问题堆砌在一起，将可能导致层级混乱，例如在授权的独立权利要求中引入过多的非必要技术特征，造成专利在确权和维权程序中处于不利地位。

“上海智臻公司诉苹果公司侵犯其发明专利权”这个案例，智臻公司的软件发明专利“一种聊天机器人系统”同时兼有聊天对话、查询信息和游戏功能，其主要解决的问题是“如何使得机器人同时满足聊天对话和查询信息命令”，而核心发明构思实质上是“通过设置用于分流用户语句的‘过滤器’来将用户语句对应到不同属性的服务器”。

在该案的授权文本说明书中描述“用户可以和机器人聊天，更可以‘命令’机器人为用户查找信息、做游戏等”，在独立权利要求中也加入了“游戏服务器”这一特征。发明人本意应该是要解决机器人同时满足聊天对话这种主观对话与查询信息命令或启动游戏这类客观指令的切换，但是上面的案例撰写未写清楚这种层级，而是简单地将做游戏与查询信息混在一起，从而造成在最高人民法院的判决中被认定为公开不充分。

对此我曾撰文，认为本案撰写时可以将“通过设置用于分流用户语句的‘过滤器’将用户语句对应到不同属性的服务器”作为核心构思写入独立权利要求和发明内容，将游戏功能和游戏服务器作为次要技术问题写入从属权利要求。如果这样处理，至少说明书中独立权利要求对应的技术方

案不会被以上述理由判定为“公开不充分”，也更好地界定了主要问题（核心构思）及次要问题（从属构思）。

2. 软件专利，一定要从单侧描述业务流程

软件专利保护对象是软件业务流程和步骤，而不是软件的设计方法或操作方法。技术交底应多从软件执行角度，以单一侧执行主体来描述软件的业务流程以及业务流程改造对该业务带来的技术改进或体验上的优化（即从单个产品角度来描述和限定权利要求，限定执行主体只有一个）。这样做的好处，是在侵权判定阶段，只要满足单一侵权者规则，侵权判断及维权就较为容易成立。如果从多侧进行撰写（涉及多个执行主体），在侵权判定时会涉及多个侵权者，维权时会涉及多个被告，侵权判定及维权难度较大。

仍以上海智臻公司诉苹果公司侵犯其发明专利权为例，授权独立权利要求的组成部分中包含了“一用户”，但实际上其描述方式使得该方案中存在多个主体，使得权利要求变成从多侧进行撰写。这样，要判定苹果公司侵权小i机器人，需考量苹果公司是否为生产经营目的制造、使用、许诺销售、销售、进口其专利产品。显然苹果公司甚至任何一家合法经营的公司都不会制造、使用、许诺销售、销售、进口包含用户在内的系统。因此，即使小i机器人的专利权最终得以维持，其侵权判定的不确定性也很大。

总之，在涉及信息交互的技术方案，例如App和执行环境分离的互联网专利中，为避免后期侵权诉讼时找不到对应物的情况发生，应该尽可能地从单侧进行撰写，以利于主张专利权人的利益。

3. 环顾四周，注重拓展应用场景

软件技术的改进，由于其通用性和可移植性，在专利布局之初就应该特别注重应用场景的扩展。

“霍尼韦尔公司的扫描仪自动聚焦专利案”，美国专利律师帮助霍尼韦尔公司将其应用在复印机技术上的自动聚焦技术，扩展应用到照相机上，1991年法庭判定日本多家照相机公司违反从没有生产过照相机的霍尼韦尔公司（Honeywell）的专利，赔偿了在那个时代最大价值的专利侵权费。

（三）理性答复发明专利，避免误伤或不必要的限缩

在专利审查阶段，尽职的审查员会用法律规定的现有技术和授权条件尽力挑战待授权的发明专利，以确保授权发明专利是足够稳定的。因此“审查员与代理人就是对立的”这种说法，其实是不妥当的。如果把专利制度的实际价值比喻成“沙中取金”，那么专利审查员的工作实质可以说是帮助提升金砂矿成色的“筛矿工”。他既可以筛掉“沙子”，又可以通过修改完善帮助那些表面有问题的好专利，使其更易维权。那么作为发明主体，我们怎样撰写一份申请文件，才可以快速授权且不会被审查意见误伤或避免不必要的限缩。

记得在我初入专利局作为新审查员时，指导老师在指导审查意见通知书的撰写时曾反复强调：“通知书和答复本质上都是与申请人的对话。”其作用是通过对话加深双方对技术方案的理解，彰显发明构思及其对现有技术做出的贡献。对于申请人而言，影响“对话”质量的常见情形，一是自说自话的“平行线”式答复，二是较真吵架式的“顶牛”式答复。

1. 创造性的答复

对于创造性的评判，虽然《专利审查指南》通过采用三步法使之尽量客观化，并尽力避免“事后诸葛亮”式的认定，但创造性标准本身就具备一定的主观性，更何况假如审查员在前期检索中已耗费大量时间检索到对

比文件，自然不肯轻易放弃对这些对比文件的使用。此时，如果申请人一味仅从自己方案的优势出发泛泛而谈，而不对审查员认定的事实和观点给予正面回应，会形成自说自话的“平行线”式答复，很难说服审查员。

作为前审查员、现任代理人，我认为以下几种方法将有助于双方消除异见，就发明是否具备创造性尽快达成共识。

（1）吃透技术，在理解技术事实的基础上进行沟通。通常，审查员每年需要结案110余件，平均每月结案近10件，同时还要完成10件一通、几十件中通的回复。由于工作量较大，所以审查员用于理解专利技术的时间少之又少，而检索对比文件又耗时过长且精确度也不高，导致审查员需要阅读海量的对比文件。审查员从追求效率出发，多是看图大致相似，摘要中关键词高亮出现的那段描述意思与权利要求大致相同就会拿来使用，导致其对本申请的方案很难做到透彻理解。尤其对外文对比文件，由于难以做到通读背景技术、实施例等，因此更容易出现理解偏差的问题。

举个例子，申请文件请求保护一种空气轴承，与现有技术的区别在于设置了“能够传递工作介质空气的间隙孔”。对于该区别特征，审查员使用一篇俄文文献作为对比文件，其领域相同，同样存在“间隙孔”和“穿过其中的空气”，据此，审查员提出意见，认为本申请已被对比文件公开；但认真阅读该俄文文献发现，其中的空气是作为杂质予以排出，与本申请间隙孔所起的作用（用于传递工作介质空气）完全不同。审查员之所以使用该对比文件，正是因为在其英文摘要中找到了“孔”和“空气”等关键词，但并没有整体理解其技术方案。

所以，申请人在答复时，首先需要做的是吃透我方技术及对比文件的技术，然后就对比文件与权利要求的技术理解差异与审查员沟通。沟通的方式不局限于通知书或补正意见，也可以在合适时机，通过电话以简短的语言进行解释和阐明。这里需要注意的是，审查员通常不会在电话中接受涉及创造性和公知常识的过多讨论，但对于技术原理上的沟通，则普遍持开放的态度。

（2）对于“结合启示”的争辩。就算审查员对技术事实认定没有争议，其仍可能采用“结合启示”的方式来核驳发明，这其中典型的方式是割裂区别技术特征之间的联系，分别认定其被不同的对比文件公开或为公知常识。

对于此种情形，该如何进行有效答复呢？以我个人的经验，以下四种方式可以尝试使用。

一是详细阐述区别技术特征之间的关联性，说服审查员从技术方案的整体性来考量发明对于现有技术做出的贡献。

二是从“可能会（Could-would）”来陈述相反意见，即虽然本领域技术人员能够运用该技术手段，但面临该技术问题时，并不一定会采用该手段，而很可能是采取其他手段。

三是对比文件出现相反的教导启示。此种答法较适宜引用外文文献的情形。由于审查员并未通读全文，因此忽视了对比文件的背景或其他实施例给出的相反教导。

四是利用创造性判断需要考虑的其他几个因素，如预料不到的技术效果、商业上的巨大成功等。这要求申请人充分利用熟悉发明渊源和技术背景的优势，阐述本领域的惯常逻辑和常见做法，并回答“行业为何没有想到这样做”的核心问题。如果预料不到的技术效果、商业上的巨大成功等因素的证据和论述不是特别有力，审查员仍然有可能会坚持己见，采用三步法来核驳申请人。

（3）对于公知常识，应避免“顶牛”式答复。在软件专利领域，鉴于对于实际应用场景和技术迭代缺乏感性认识，审查员有时会借助公知常识的核驳来试探申请人对自身技术创造性的自信度，以期通过申请人的回应更深刻地理解技术方案，聚焦发明点。对于公知常识的答复，若一味纠缠技术特征本身是否为公知常识，则会陷入“公说公有理，婆说婆有理”的境地。一个非常较真的代理人朋友，在答复公知常识时提交了500件专利的清单给审查员，意思是说“看，这个领域500件专利都没有提到这个技术特征，总该不是公知常识了吧”。采用这种证明的方式往往很难被审查员接受。

在双方都没有直接证据的情况下，怎么答复公知常识的质疑呢？其实最佳的应对策略应当是从技术特征之间的关联性去深入剖析，即说明对于整体要解决的问题而言，技术特征之间是不可拆分的。

比如，申请权利要求保护一个终端电子设备，要解决其数据存储过程中误拔出存储卡时的数据丢失问题，要求保护的内容包括用于容纳存储卡的卡座，还包括卡座外部设有的金属结构。要求保护的内容与对比文件的区别特征是：包含一个触摸的电容传感器，用于感测是否被触摸；一个写入单元，基于检测电容信号，如果检测到被触摸，则能够禁止写入。审查时，通过三步法找到区别技术特征后，审查员没有找到对比文件或公知性证据来揭示区别技术特征，于是认定“检测的电容传感器”是公知手段，可以“禁止写入的写入单元”也是公知手段，进而认定该技术方案不具有创造性。

就像以上提到的，这时如果直接陈述上述两点为非公知常识往往很难说服审查员。对于此种情形，申请人可以考虑的答复思路是：首先，对于技术方案相对现有技术要解决的技术问题（防止误碰时数据丢失）而言，检测和禁止写入两个步骤是紧密相连、不可分割的，两者之间具有协同作用；而对于具有协同作用的区别技术特征而言，需要从整体上来看，现有技术有没有启示和动机与其结合进而解决该技术问题。接着再着重说明不存在这样的技术启示，有理有据地争取说服审查员。

2. 如何通过修改推进审查进程

一份规范而积极配合修改的答复文件，有利于取得审查员的认同，从而推进审查进程。

实际上，如果审查员已经对权利要求做了评述，申请人最好根据审查员的建议进行修改（哪怕不是完全按照审查意见做出的修改）。这一方面是因为审查员会将申请人未做修改的回复当作一种对抗，从而产生抵触心理；另一方面，如果申请人未做任何修改而回复，那么内部管理措施可能会认为是审查员审查时出了差错。另外，有时审查员不得不针对未做修改的权利要求重新投入新一轮的检索，找到不利于申请人的新证据。

如果审查员确实出现认定错误，那么申请人也可以不做修改，而是在通知书中据理力争。在这种情况下，申请人最好通过电话与审查员提前沟通，看看双方有无重大分歧。

此外，在提出复审请求时，如果申请人针对被驳回的权利要求主动做出修改（即便是象征性的调整），在实务操作上通常也较容易被审查员接受。原因在于进入复审程序的案件首先会由原审查员做出前置审查，对于完全未修改的案件，审查员通常倾向于坚持驳回意见。这是因为，如果此时撤销驳回，可能需要多级审核批准才能通过，且如果是无充分理由的撤销驳回，在审查员内部质量管控程序中可能会被视为严重问题予以追究。

因此，经验丰富的代理人的做法是，复审请求时对于被驳回的权利要求做出些许修改或语句表达的象征性调整，并陈述配合意愿及修改不超范围的理由。这时权利要求范围可能并没有缩限，但对于审查员来说，无形中减轻了其对抗压力，从而有助于整个审查程序的顺利进行。

7

PART

第七部分

知识产权风险管控

一、产品出口到欧美，如何通过知识产权为企业保驾护航

作者简介：王若飞，中国政法大学法学硕士，具备专利代理师及法律职业资格，先后在多家知名跨国企业担任知识产权部门负责人，曾获“2017年度中国杰出知识产权经理人”称号。

作为一名IP从业“老兵”，本人所在企业属于专业从事工具类产品研发、设计、制造、测试、销售和售后服务的行业解决方案提供商，近几年企业已成功实现从以OEM与ODM为主的业务模式到以ODM与OBM（代工厂经营自有品牌）为主的业务模式的转型，相关产品畅销欧美市场。

由于企业的主要竞争对手在欧美，因此在欧美市场面临的知识产权风险和挑战是企业不容忽视的，此时做好知识产权风险防范也显得尤为重要。另外，要想在知识产权领域化被动为主动，增强企业的竞争力，还需要做好专利信息利用及技术创新保护两个方面的工作。

以下主要从知识产权风险防范、专利信息利用及技术创新保护三个方面阐述如何做好以欧美为主要市场的国内中大型企业（IT与通信行业除外）知识产权管理工作。

要想有效开展这三个方面的工作，基本前提是能够取得公司高层的支

持；而要想真正取得公司高层的支持，首先要阐明知识产权工作对于企业的意义何在。知识产权界的一位知名人士曾说过一句话："只有两种企业会真正重视知识产权，一种是吃过苦头的，一种是尝过甜头的。"如果知识产权对企业经营产生过较大影响，例如，公司遭遇过海外诉讼，或者知识产权在公司产品市场开拓过程中曾起到较大的推动作用，则相对容易取得公司高层的支持，这样开展知识产权工作就容易获得人力和财力的基本保障。如果不能取得公司高层的支持，想要有效开展以上三个方面的工作将会困难重重，甚至只能是一种空想。

（一）知识产权风险如何防患于未然

由于应对欧美侵权诉讼的成本非常高，少则几十万美元，多则上亿美元，因此如果主要市场在欧美，且有一定的经营规模（规模太小，通常不易引起关注，风险也相对较低），则首先要面对的是如何做好知识产权风险防范工作的问题。事实上，企业处于不同的阶段，知识产权风险防范的重要性会有一定的差异，尤其是对于位处行业跟随者的企业来说，知识产权风险防范工作显得尤为重要。

实务中，要做到防范知识产权风险于未然，离不开专业的专利检索与分析，然而目前国内市场上鲜有熟悉欧美专利法律的专业检索与分析机构，也难以做到满足企业的真正需求。事实上，专利检索与分析对于沟通和响应的及时性，以及与产品开发过程结合的紧密程度要求尤高，要求外部分析机构完全做到这一点实在有点勉为其难，因此在专利检索与分析方面还应主要依靠企业内部团队。

一旦企业为了专利检索和分析组建了专业团队，那么要做好知识产权风险防范工作，就必须从以下几个方面展开。

1. 产品开发过程中的专利风险管控

首先，要明确一点，专利风险管控的目标是风险可控而不是零风险，要做到专利风险可控，必须高度重视对欧美市场竞争对手的专利风险排查；而要想实现公司所有产品的专利风险可控则需要提前制定一个产品专利风险管控流程，并对相关人员进行必要的专利风险意识和专利风险管控流程培训。

为使产品专利风险管控流程能够有效执行，专利风险管控流程可以以产品的开发阶段作为管控节点，并明确各个节点需要开展的工作及相关人员在知识产权方面的工作职责，甚至对于不按规定执行的人员也应采取一定的约束措施。

事实上，需要排查的风险点不能仅靠研发人员自觉地提出，比较理想的状态是在各个重要的阶段（产品立项、结构设计阶段及下模阶段）让IP工程师参与进来，甚至让IP工程师成为产品项目的成员之一。这样可以及时地掌握哪些技术点需要进行专利风险排查，并相应给出专利检索分析结果。当然也可以明确规定研发人员在增加产品新功能或更改设计方案时，需要及时通知IP工程师，这样可以降低因专利问题反复设计的成本浪费。

其次，产品风险管控策略可以根据产品的重要性、出货地与出货量，以及主要市场竞争对手的地位来决定。例如，对于出货量较小的产品一般可以仅排查主要竞争对手的专利风险，对于全新品类或出货量较大的产品则应进行全面排查。其中，排查的范围甚至不局限于竞争对手（比如竞争对手的下游厂商等）。对于公司开发的全新品类，如果时间上允许，则有必要在产品立项之前进行一次全面的专利调查，以充分了解该品类的专利状况及可能存在的专利风险。

2. 采购环节的专利风险管控

做好产品的专利风险管控还需要关注采购的关键零部件是否存在专利问题。因为如果在欧美发生专利侵权仅提供合法来源不能免除侵权责任，所以在采购零部件时可以要求供应商签订相关知识产权保证协议并约定因零部件造成产品专利侵权时，供应商应当承担的赔偿责任。如果怀疑所采购的零部件可能存在专利风险，可以要求供应商提供技术自由实施（Freedom to Operate，FTO）尽职调查。对于供应商实力较弱或发生侵权易造成企业商誉损失较大的情形，则仍有必要进行进一步的专利风险排查，以确保专利风险处于可控状态。

有时候专利风险是一个动态的过程，比如，有些技术在竞争对手产品上可能已经看到，但是专利申请尚未公开或公告，如果采用了类似技术，则需要对产品的相关专利进行后续定期跟踪，关注产品相关新公开专利或其更新的审查状态。

对于保护范围过大的专利或专利申请，可以提前进行前案检索和无效分析。就算经过分析得出专利申请的权利要求不具备专利性，也并不能就此高枕无忧，仍需要谨慎对待。以下分不同情形进行考虑。

（1）如果专利是美国专利，还要考虑该专利是否存在延续案，或该专利申请是否还有其他具备专利性且相关联的申请方案。

（2）对于美国已授权专利，除非可以用（美国专利法102条）新颖性作为理由或通过最新专利判例可以明显判断其保护范围无专利性，否则不应轻率地做出专利可被无效的结论。

（3）对于产品非必要的功能，应该尽量进行规避，而不是通过专利无效方式来应对，因为在美国使一件专利无效成本非常高。

（4）对于专利无法规避且专利所涉及的技术方案属于产品必不可少或核心的功能，可以优先进行专利无效准备或尝试寻找交叉许可授权的可能性。另外，在专利无效准备过程中，如有必要可以让外部律师出具完整的分析报告，这样可以减少后续被诉恶意侵权的潜在风险。

（二）专利信息分析如何为企业创新加油

一个不容忽视的事实是，在国内大多数企业并没有将专利信息分析与利用当作一项重要的知识产权工作来开展。其实，良好的专利信息分析与利用可以推动企业创新，为产品规划与开发提供有力支持，并且也有利于产品知识产权风险防范及技术创新保护。

做好专利信息分析与利用工作离不开专利信息分析人才的培养，以及专利数据库或分析工具的配合使用。事实上，由于人才、资源条件限制，专利信息分析与利用工作的开展很难一蹴而就，需要根据企业情况逐步投入资源与人力层层推进。

1. 企业内部专利数据库的建立

建立企业所在行业的专利数据库是一个基础工程，这个基础工程搞好了，后面的专利信息分析与利用就能较为顺利地展开，并且有利于推动企业研发创新及快速识别专利风险。根据本人观察，可以采用以下做法。

（1）对于行业竞争对手的专利数量级较小且产品以结构为主的企业，由于成本较低，宜于自建内部专利数据库。

（2）对于通信、IT 及芯片领域等专利数量级较大的行业，自建内部专利数据库花费不菲，可以考虑购买外部检索数据库。

目前有些国内企业尝试通过外部服务机构建立专利数据库，但是这些数据库在构建时，其分类的准确性、数据的完整性、使用的便利性大都不能很好地保证，容易为后续的维护与更新埋下隐患。

如果要使内部专利数据库真正发挥作用，需要提前对专利数据库进行系统规划和设计，例如，采用什么样的平台来架构，如何优化数据库分类，以及是否便于后期更新和维护。

2. 重点产品及竞争对手的专利信息研究与分析

如果企业不属于行业技术的引领者，则有必要对重点产品及竞争对手的专利展开全面分析与研究。重点产品专利信息分析应该以指导产品规划与产品研发为目的，因此专利信息分析不能是一些数据和图表的罗列，而应该从这些专利信息中提炼出对产品规划与产品研发有用的信息，例如技术发展路线、最新技术趋势、竞争对手关注重点以及产品模块分布，也可以从不同的维度提炼出高风险专利、重点专利及失效专利。对于竞争对手的专利信息研究除了趋势性分析及专利分析外，还应注重提炼竞争对手的行为特征、优劣势及知识产权竞争策略，例如竞争对手是否具备攻击性，哪些领域专利较强以及专利申请的质量如何，从而为公司制定知识产权应对策略提供信息支撑。

3. 竞争对手最新专利研究与讨论

对于竞争对手的最新专利应当定期进行跟踪，这些竞争对手公开的最新专利要进入本地专利数据库，除对其进行跟踪维护外，还有必要组织相关的研发人员进行研究和讨论。开展专利讨论应该针对研发比较关注或代表未来方向的专利。

每次讨论应注重输出，代表未来技术方向的专利应该组织人员借鉴参考，以期产生进一步改进或规避替代方案，并在后续将这些改进或规避替代方案同步申请专利，以对竞争对手的专利构成包围，为将来专利的交叉许可打下基础。另外，对于竞争对手的最新专利进行定期跟踪还有利于发现之前忽略的专利风险排查点，对于无法规避的新专利或专利申请，则可以考虑提前发出预警。

4. 竞争对手专利申请策略与撰写技巧研究与总结

对处于强势地位的竞争对手的专利申请策略与撰写技巧非常值得研究，特别是一些美国本土公司的专利撰写与OA（审查意见）答复技巧，如果能对他们的专利撰写与OA答复技巧加以归纳和总结并运用到本企业的专利申请过程中来，将有助于提升本企业的专利申请质量，提高专利的授权率。

（三）如何通过专利提案、申请、布局与运营为企业创新保驾护航

当以上提及的专利信息分析与利用工作都能执行到位，企业创新能力通常会有显著提升。

通常情况下，对于具备一定创新优势的企业，如果要想在市场竞争中保持优势地位，专利申请要同步跟进，做好技术创新保护。

这里要说明的是，技术创新保护的终极目标不是为了诉讼而是为了服务于企业的市场竞争。比如，当专利积累到一定规模时，企业可以化被动为主动，达到不战而屈人之兵或制衡对手的目的。一种典型的应用是，很多专利风险后续可以通过交叉许可的方式来解决，这样企业创新的限制将大大降低。

在专利申报过程中，除了依靠公司内部优秀的专利申请与布局团队外，还应善于借力，通过与外部优秀的专利代理机构合作，使公司内部的人力资源更集中优化。除此之外，做好技术创新保护还需要做好以下几个方面

的工作。

1. 发明创造提案评估机制

良好的专利提案评估机制有利于提升专利申请的质量并降低专利申请成本。

在企业专利数量较少的阶段，为了鼓励创新，通常可以采用较为灵活的评估方式，例如仅评估新颖性。当专利提案数量较多时，为保证专利提案的质量，有必要建立一套适合企业的发明创造提案评估机制。

发明创造提案评估机制包括提案与审批流程的设定、评估人员的选择、提案价值评估标准的建立，以及申请策略的制定。为了使工作有条不紊地进行，企业可以制作提案标准化表单，通过核实表单来减少工作中出现的纰漏。

发明创造提案至少要进行专利性、技术价值、市场价值三个方面的评估。

（1）专利性评估。由内部IP人员或委托外面的专业人员进行评估。专利性评估的准确性会对后续的专利申请文件撰写与授权产生较大影响，例如，对于创造性不强的结构类发明创造，如果申请发明专利很可能难以授权，造成申请成本浪费，那么可以选择通过实用新型专利来申请。

（2）技术价值评估。一般由研发人员进行评估。这里要提醒的是，研发人员通常会高估自己所提技术的价值，所以在让他们进行评估前应该先给出明确的专利性评估报告。这样有助于研发人员理性判断。通常，技术价值需要评估的维度包含技术在行业的领先程度、技术成本、技术可替代性等。

（3）市场价值评估。一般由与技术发明有关的产品销售人员或产品管理与规划部门人员进行评估。市场价值可以从技术应用的可能性、市场前景、可能的销售地（或目标市场）等维度进行评估。

如果评估的结果是没有市场价值或市场价值很低，那么专利性与技术价值的评估就显得没有意义了。这样看来，市场价值是决定技术是否要进行专利申请的先决因素。如果评估的结果是市场价值巨大，那么即使技术专利性不强也有必要尝试进行申请。

为了提高评估的效率和科学性，有必要根据以上三个方面的评估要素制定评估标准，在评估标准中还要设定与之对应的专利申请策略。

2. 重点产品或核心技术的专利申请与布局

从事知识产权工作多年，个人深有体会的一点是：如果不能产生优质的专利，那么专利申请再多也不能发挥其真正的价值。

优质专利轻则可以威慑对手，重则可以攻击竞争对手，从而间接或直接为企业创造价值。

对于企业来说，重点产品或核心技术的专利申请价值远远高于普通产品或一般性技术，在资源有限的情况下，应该将专利申请与布局的重心放在重点产品或技术上。

要想做好重点产品和核心技术的专利申请与布局工作，除了进行正常的专利提案外，还有必要组织开展专利挖掘会，以充分挖掘可能的专利点并进行全面布局。

专利挖掘会可以由企业IP人员负责组织，并邀请产品或技术相关的研发人员及市场人员参与讨论，尽可能地将具备技术优势的技术点、产品研发过程中遇到的所有问题及其解决方案详细列出并分别进行研讨。

谈到这里还要引出一个问题：什么样的产品功能或技术适于当作重点专利进行布局？回答这个问题可以考虑的维度包括：是否为产品的核心竞争力，是否给用户带来最佳体验，专利性是否足够强，竞争对手抄袭的可能性的大小，是否为难以规避且具备专利性的技术点，是否具有商业价值。

在申请与布局技巧上，还可以通过以下方法来增加专利授权的可能性，或确定一个较为理想的保护范围；将同一产品的多个专利性不是很强的技术方案写入一个专利；将简单的技术定义复杂化及理论化；提炼参数尤其是间接参数进行保护；通过多组权利要求，从不同的角度保护技术；将常规的必要特征写入独立权利要求，使得权利要求看上去比较窄，实际上却不限定保护范围（有利于增加授权的可能性）；如果在美国申报专利，第一次申请可以先确定一个较小的保护范围，后续通过连续案扩充保护范围。

3. 专利运营，为企业市场竞争提供有力支持

专利如果不能为企业市场竞争服务，则谈不上真正的专利运营，也无法实现专利应有的价值，最终只能沦为企业的成本中心，而不是利润中心。

如果要通过专利为企业市场竞争提供帮助，一方面，有必要建立专利维权与许可机制。实际上，如果前述的专利价值评估开展到位，可为专利维权和许可提供很多便利。另一方面，可以通过与研发人员和市场配合，定期收集对手产品信息，评估对手是否对我方专利侵权，并准备详细的分析比对报告。一旦对手侵犯了我方专利权，可以通过主动方式发函警告对手或提起诉讼。再者，即使不发起诉讼，专利也可以作为储备武器，在遇到对手攻击时作为反击的枪炮，迫使对手终止诉讼或签订交叉许可协议。

实务中，专利维权与许可应尽量避免与强大对手主动冲突，而将精力集中在实力较弱的对手身上。对强大的对手应该采取以防御为主的策略，并以达成交叉许可为目标。

总之，知识产权风险防范、专利信息利用及技术创新保护这三个方面会相互促进。以欧美为主要市场的国内企业，如果能重点围绕这三个方面扎实开展工作，将大大降低企业的知识产权风险，不断增强企业的市场竞争力，真正实现知识产权管理的价值提升。

二、In-house 应对风险咨询的几种正确姿势

作者简介：李刚，福建联合信实律师事务所实习律师及专利代理人，曾任职于联想集团、富士康科技集团和厦门宸鸿科技有限公司。

在企业内部知识产权管理工作中，IPR常常碰到技术部门或其他业务部门咨询关于专利或其他知识产权风险的情况，比如，该如何应对竞争对手发来的警告函，供应商提出的方案是否有侵权风险，等等。对于初次接触此类问题或者应对经验较少的新手，总是觉得不知如何下手；即便是从业多年的“老兵”，在处理此类非常规的事件时也难以做到心中有数，毕竟IPR的日常工作多数集中在专利挖掘、审核、分析等常规工作上。

（一）风险咨询中的what、who、why、when

应对风险咨询，首先要搞清楚具体咨询的是什么问题，即清楚定义问题。实务中，业务部门提出的问题常常含糊不清，很难做到直接、清楚、简单地描述问题，需要我们基于自己的专业耐心引导和沟通讨论才能将问题定义清楚。

通常来讲，In-house风险咨询的问题点多集中在以下几类：是否存在权属纠纷，是否存在侵权风险，项目是否可继续推行，是否有降低风险的措施。当问题定义清楚后，IPR还需要思考这个问题牵涉哪些相关部门，以便知会相关部门协同作业，从不同的角度和专业给出解决问题的思路。

根据经验，关于非正式的咨询问题，IP部门介入即可；如果涉及权属纠纷与侵权风险的判断，则需要法务部门的协助；如果需要进一步判断项目是否可继续，可能还需要业务部门进一步确认。另外，如果项目需要停止或者可以继续但是要采取一些降低风险的操作，则需要上呈管理层进行决策。

IP部门在反馈意见时，还要理解业务部门提出问题的动机与意图，这样便于分清工作的权职，并分担责任，以免踩入一些不该踩的“坑”中。事实上，业务部门进行风险咨询时，要么希望放弃相关项目，要么希望在采取一些降低风险的措施后继续推进项目。更多的情形是，业务部门进行风险咨询主要是想找法务或IP部门进行背书，以便减小自身的风险，即业务部门担心现在的商业行为在将来产生对自己不利的后果，于是希望通过咨询行为来分担责任，降低将来承担相关责任的风险。

在处理风险咨询时还应考虑问题的时效性，而这又与问题的正式与否直接相关。对于非正式咨询，如业务部门咨询来自网络、展览会的专利信息，技术人员对其感兴趣的技术提出风险咨询，对不特定第三方的专利提出风险咨询，等等，可以相对简单及快速处理；而正式咨询则需要业务部门、法务部门与IP部门三方协商处理，以确保能更全面地考虑各种潜在风险，并提出相应的应对方式。常见的正式风险咨询包括业务部门咨询正在开发的或已经上市的产品、业务部门咨询第一供应商专利风险或特定第三方的专利风险等。

当你对风险咨询的“what、who、why、when”了如指掌后，对于IP部门来讲，接下来要做的就是具体执行的三个层面了：一是站在专业角度判断具体风险；二是站在部门角度选择处理模式；三是站在公司利益角度输出解决方案。

（二）判断具体风险

在判断具体风险时，需要考虑的因素非常多，比如专利的基本信息、专利权人的真实意图、专利权人与本公司的关系、产品的当前开发或销售状态、相关技术的发展历史等。如果一头扎进去考虑这些因素，常常会搞得晕头转向，可以根据自己的工作经验先确定一个判断思路，让这一部分工作有条不紊地展开。比如，在实际工作中，我的判断思路是：先确定相关业务关系；然后针对业务关系，选择合适的判断模型；在判断模型下，针对各种风险考量点进行具体分析。

关于业务关系，我在实务中遇到的风险来源方常为第一供应商、外部供应商竞争对手、品牌商的竞争对手、不特定第三方等，供应商常为既有供应商、新加入的第二供应商等，风险评估方常为品牌商，具体涉及的部门包括业务部门、法务部门、IP部门等，其义务关系如图7-1所示。

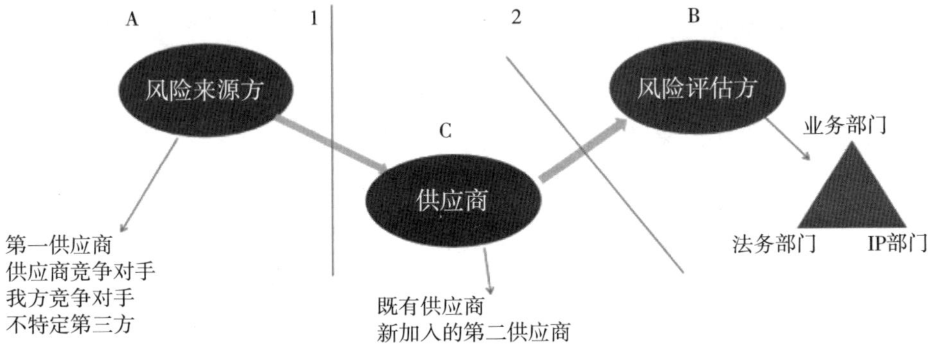

图7-1 实际情况——实际存在的义务关系

具体的利益关系常见的包括以下三种：其一，品牌商出于成本或稳定供应关系的考量，引进第二供应商，而原来的第一供应商为独占市场，向品牌商或第二供应商提出其拥有相关技术的专利权，并指出第二供应商存在侵权行为，这时品牌商的相关业务部门会提出风险咨询。其二，供应商的竞争对手发警告函给品牌商的现有供应商，提出现有供应商的技术涉嫌侵犯其知识产权，但现有供应商采用的技术可能是出于品牌商的要求而使用的，这时现有供应商会向品牌商提出风险咨询。其三，品牌商竞争对手向品牌商发出警告函，提出品牌商相关产品涉嫌侵犯其相关专利权，而相关产品的技术由现有供应商提供给品牌商，品牌商的相关业务部门为此提出风险咨询的需求。另外，一些不特定的第三方，比如一些希望出售相关专利的专利权人也会主动接触品牌商或既有供应商，以侵犯专利权为由敲诈勒索，相关业务部门出于排除风险的目的，也会向IP部门提出风险咨询的需求。

关于用户业务关系，也可以用两种模型来表示：简单关系模型与复杂关系模型。

简单关系模型，是假设风险只涉及两方主体，即风险来源方与风险评估方。分析时，可以分别站在风险来源方、风险评估方，以及双方之间的关系角度来考虑风险，比如，对于风险来源方比较重要的一些因素都囊括在这一系列问题中：专利是你的吗？专利授权了吗？专利权稳定吗？哪里的专利？你是哪个行业的？专利整体实力怎样？打过诉讼吗？你究竟想干什么？站在双方之间的关系角度来看，也有一些因素需要考量：双方存在商业竞争吗？双方有合作开发协议吗？双方有交叉许可协议吗？专利范围覆盖产品了吗？站在风险评估方，以下这些问题则显得比较重要：产品上市了吗？产品能进行回避设计吗？产品是公司自行设计的吗？有第三方签署的相关协议吗？是否加入了联盟组织？简单关系模型，如图7-2所示。

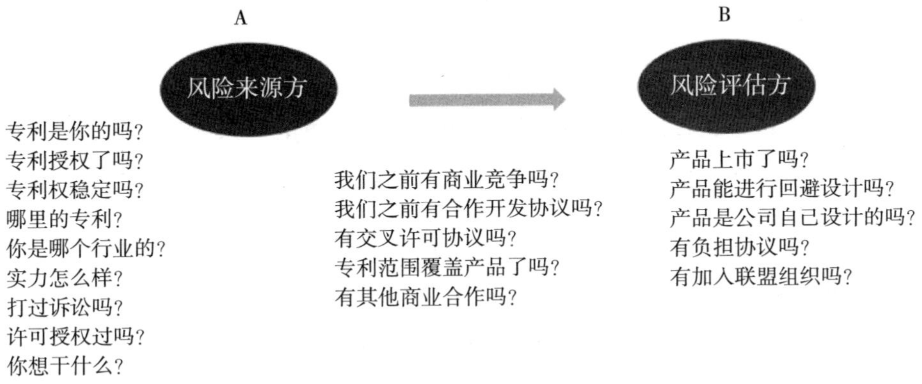

图7-2　简单关系模型

复杂关系模型可以看作多个简单关系模型组合而成的模型，典型的如图7-3所示。

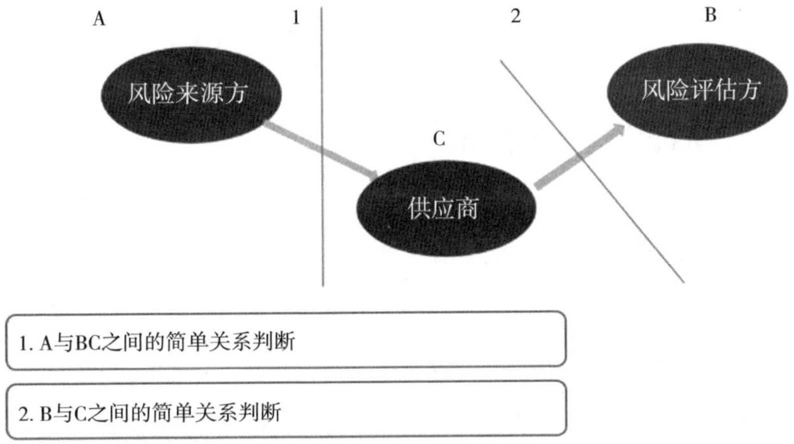

图7-3　复杂关系模型

对于复杂关系模型，可以将风险来源方、风险评估方、其他主体（如图中的供应商）之间的复杂组合关系拆分为多重简单关系模型，再分别进行分析，以简化分析的复杂度。例如，将图中风险来源方（A）、风险评估方（B）、供应商（C）的复杂关系简化成包含风险来源方（A）与风险评估方（B）及供应商（C）的简单关系，以及风险评估方（B）与供应商（C）

的简单关系。

另外，关于风险考量点，实务中可以将其主要分成商业风险与专利风险两类。商业风险主要由业务部门与法务部门判断，而专利风险则主要由IP部门判断。常见的商业风险考量点包括合作开发协议是否许可品牌商免费使用，合作开发协议是否许可品牌商再找其他供应商，是否已经签署商业风险负担协议，预期的产品产量大小，相关技术在产品的所有组成技术中的占比大小，等等。常见的专利风险考量点包括专利范围是否覆盖有关产品，专利范围是否易于进行回避设计，专利稳定性如何，专利权权属是否存在瑕疵，专利权人与品牌商是否签有交叉许可协议，专利权人与品牌商是否有其他更大规模的商业合作，相关产品是否进入相关专利所在区域的市场，等等。

（三）选择合理处理模式

在对风险进行分析处理时，可以根据实际情况采用不同的处理模式，最简单直接的方式是业务、法务、IP三个部门在一起协商讨论出对策；但是这种方式过于集中，对三方的合作度要求较高，实施时反而不容易获得让三方都满意的结果，因为难以明确各自职责和相应的处理逻辑。

个人在工作时总结，较好的处理方式为顺序处理模式和汇总处理模式。

顺序处理模式，即首先由IP部门对专利风险做出分析判断，并将得出的专利风险与应对策略提供给法务部门，然后法务部门基于IP部门的分析结果进一步对商业风险做出分析判断，并将得出的专利风险与应对策略提供给业务部门，最终由业务部门根据以上分析结果对是否继续生产或销售相关产品做出决策，其一般处理逻辑如图7-4所示。

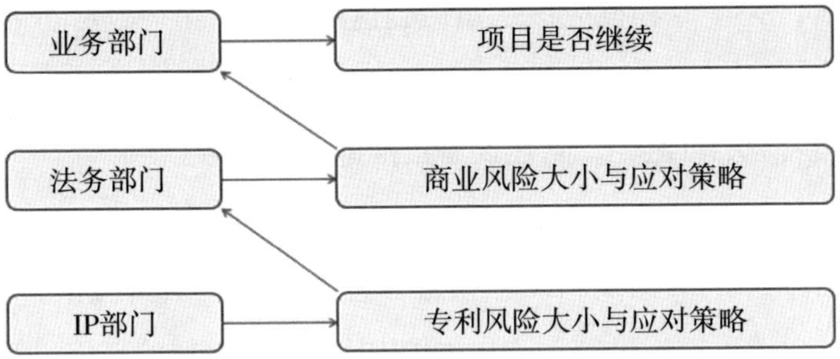

图7-4　顺序处理模式可考虑的处理逻辑

汇总处理模式，即首先由IP部门对专利风险做出分析判断，并将得出的专利风险与应对策略提供给业务部门；同时，法务部门单独对商业风险做出分析判断，并将得出的商业风险与应对策略提供给业务部门；业务部门在汇总商业风险与专利风险的分析结果后，对是否继续生产或销售相关产品做出决策，其一般的处理逻辑如图7-5所示。

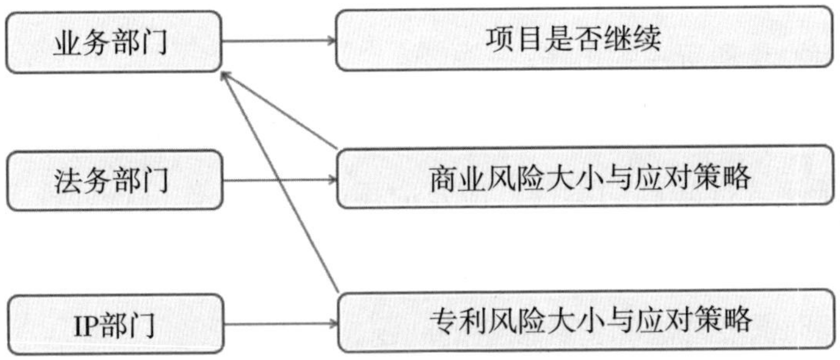

图7-5　汇总处理模式可考虑的处理逻辑

（四）解决方案

无论涉及哪种风险咨询问题，也无论业务部门的动机如何，最终输出结果时，都应当站在公司利益的角度提供行之有效的解决方案或意见。对

IP部门而言，关于专利权应该尽量做到这样几点：第一，尽可能争取其权属归本公司；第二，如确实争取不到专利权，则尽可能降低侵权风险；第三，如较大风险不可避免，则建议停止推进具体项目。

另外，关于专利权权属的争取，以简单关系模式为例，IP部门也应尽量搜集双方合作的历史资料（包括合作开发协议、供货协议、保密协议、关于相关技术的讨论记录等），从中找出对本公司有利的证据，并确认双方当前的商业合作规模和具体的项目情况；再基于相关资料与对方谈判，以获取相关专利权；最终重新签订知识产权权属协议，以避免后续发生类似问题。

为了降低侵权风险，应准备影响对方专利稳定性的证据，视情况以相关证据与对方谈判，或者直接采取相应的行政或司法救济手段。另外，也可进行回避设计，或是与对方签订许可协议，又或是与相关方签订商业风险负担协议，甚至寻找权利保护伞，实在无应对策略也应向业务部门建议避免进入相关专利所在的市场。

最后的建议：IPR接到风险咨询问题时，应先了解背景，判断案件正式与否。对于正式性较高的案件，应及时展开三方合作进行处理，并掌握重要风险判断要素，全程参与，及时给出自己的专业意见。在整个过程中谨慎处理的同时需要注意保密、回避的问题。

三、如何对电商平台上的知识产权侵权行为有效维权

作者简介：李海波，阿里巴巴集团专利工作的奠基人，曾任职于UT斯达康和富士康科技集团知识产权部。

科技的进步带动了计算机、互联网、远程通信技术的迅速发展，尤其以互联网为基础的电子商务，在中国得到了迅猛发展。由于电子商务平台上的知识产权侵权行为的独特性，为知识产权权利人的维权带来了新的挑战和应对策略。

（一）电商平台的类型

电子商务平台一般可分为自营型电子商务平台和第三方电子商务平台。它们的划分依据是看电子商务平台经营者有无直接参与商品信息内容的发布或者商品的销售和交易。自营型电子商务平台的经营者既为电子商务活动提供交易平台又兼具网络卖家的身份，例如亚马逊。第三方电子商务平台是指电子商务平台经营者不直接参与商品信息的发布以及商品的销售和交易，由网络卖家依照电子商务平台经营者所预先设置的特定规则，在电

子商务平台上发布商业信息，或者提供商品和服务。第三方电子商务平台经营者以独立的第三方身份仅提供交易平台和技术支持服务，例如淘宝网。对于这两种类型的电子商务平台，它们在知识产权侵权责任的承担上是不同的，维权时也应采用不同的维权策略。

（二）电商平台的侵权责任

1. 自营型电子商务平台的侵权责任

由于自营型电子商务平台的经营者自身就是电子商务交易活动中的一方主体，其所承担的法律义务和法律责任等同于网络卖家（销售商）所承担的法律义务和法律责任。因此，其与传统的销售商的知识产权侵权责任相同。如果电子商务平台上销售侵犯知识产权的产品，自营型电子商务平台的经营者应当对产品的知识产权侵权行为直接承担侵权责任。

2. 第三方电子商务平台的侵权责任

第三方电子商务平台的侵权责任，主要体现在以下三个方面。

（1）第三方电商平台是否具有事前审查义务。在第三方电子商务平台上，当网络卖家发布商品信息之前，电子商务平台是否有义务对该商品信息进行事先审查，以避免侵犯他人知识产权的商品信息展现于第三方电子商务平台之上。对此，我国现行法律并未要求第三方电子商务平台须对卖家发布的商品信息是否侵犯权利人的知识产权进行事前审查。实践中，很多法院的判决认定第三方电子商务平台经营者不应承担事前审查义务。从彪马公司诉淘宝网销售假冒注册商标的商品纠纷一案来看，法院的判决认为履行事前审查义务超出了电子商务平台的能力范围。这是因为：首先，由于网络具有庞大的容量，电子商务平台上的网络卖家非常多，其销售的商品数量巨大。例如，截至2005年12月底，淘宝网在线商品数量有1400万件，截至2006年5月底淘宝网具有2050万个注册会员。其次，由于网络所触及的空间范围遍布世界，电子商务平台不可能对网络卖家所销售的商品是否假冒他人的注册商标进行当面审查。因此，如果要求网络服务商审查每一件商品的商标合法性，必将超出其能力范围。

（2）第三方电子商务平台的“通知—删除”义务。《中华人民共和国侵权责任法》（以下简称《侵权责任法》）第三十六条第二款规定：“网络用户利用网络服务实施侵权行为的，被侵权人有权通知网络服务提供者采取删除、屏蔽、断开链接等必要措施。网络服务提供者接到通知后未及时采取必要措施的，对损害的扩大部分与该网络用户承担连带责任。”第三方电子商务平台经营者作为电子商务平台的网络服务提供者，其仅为网络卖家的商品信息发布以及网络卖家和买家之间的商品交易提供网络平台和技术服务。因此，第三方电子商务平台经营者是《侵权责任法》第三十六条中规定的网络服务提供者，网络卖家是《侵权责任法》第三十六条中规定的网络用户。当网络卖家利用第三方电子商务平台实施了知识产权侵权行为，被侵权人有权通知第三方电子商务平台经营者采用删除、屏蔽、断开链接等技术手段去除该电子商务平台上的知识产权侵权信息。第三方电子商务平台经营者接到知识产权侵权通知函后未及时采取必要措施的，对损害的扩大部分与该网络卖家承担连带责任。《侵权责任法》第三十六条为第三方电子商务平台经营者附加了“通知—删除”的义务，使得第三方电子商务平台经营者在接到合格的知识产权侵权通知函后，必须及时采取必要措施删除、屏蔽相关知识产权侵权信息成为一项法定义务。“通知—删除”规则是一种事后补救义务，它不要求第三方电子商务平台的经营者主动审查网络卖家发布的每一件商品信息是否侵犯他人的知识产权，而只是要求第三方电子商务平台的经营者在接到知识产权权利人发出的合格的知识产权侵权通知函后，才必须采取必要的措施。

（3）第三方电子商务平台须对自己的过错承担责任。第三方电子商务平台经营者的知识产权侵权责任的认定采用的是过错责任原则，第三方电子商务平台经营者只有在有过错的情况下，才与网络卖家承担连带责任。过错是行为人的主观心理状态，是一种思想上的认识活动。思想上的认识活动是无法为他人所感知的，因此，对于过错的认定需要借助一些客观的事实进行判断。这些客观事实包括行为人是否违反了法律、行政法规所规定的某种义务，以及合理的注意义务。具体地来说，《侵权责任法》第三十六条第二款为第三方电子商务平台附加了“通知—删除”义务，如果第三方电子商务平台经营者违反了“通知—删除”义务，则是对法律规定义务的违反，据此可认定其有过错。其中，违反“通知—删除”义务的行为包括两种情况：一是接到知识产权侵权通知函后，未删除相关知识产权侵权信息；二是接到知识产权侵权通知函后，未在合理的时间内删除相关知识产权侵权信息。

下面以一件具体案例来说明未在合理期限内删除侵权信息将被法院认定具有过错。

在知钱（北京）理财顾问有限责任公司（以下简称知钱公司）诉浙江淘宝网络有限公司（以下简称淘宝公司）、王超侵犯著作权纠纷一案中，原告知钱公司创作了“知钱俱乐部股票培训课程”，并以视频形式进行销售。被告王超未经知钱公司的许可在淘宝网上销售盗版视频。原告知钱公司发现该侵权事实后多次向淘宝网投诉该盗版行为，虽然淘宝网根据原告的投诉通知函上提供的链接地址删除了相关侵权信息，但是在淘宝网上通过关键词进行搜索，仍能很容易地找到涉嫌盗版的视频信息。对此，一审法院经审理认为，淘宝网在知识产权权利人多次投诉的情况下，应当采取进一步的措施对其他涉嫌盗版视频的信息予以删除，而淘宝公司不予采取进一步措施的行为导致原告的损失扩大，应当对扩大的损失与卖家承担连带赔偿责任。对该一审判决，淘宝公司不服，提出上诉。二审法院审理后，虽然在判决结果上维持了一审判决，但并不认同一审法院的上述观点。二审法院审理认为：首先，一审法院认定淘宝公司对于知识产权侵权投诉通知函中未予载明的侵权链接地址应主动采取删除或屏蔽措施，既缺乏可操作性，又缺乏法律依据，二审法院不予支持。其次，淘宝公司之所以承担损害赔偿责任，是由于其自接到知钱公司的知识产权侵权投诉通知至删除涉嫌侵权商品信息链接的时间已有一个月，超出合理的期限，因此应当与网络卖家就损失的扩大部分承担连带责任。

通过该案例我们能够更加清楚地认识到，第三方电子商务平台经营者在接到知识产权侵权通知后，不仅要履行删除侵权商品信息的义务，而且必须在合理的期限内履行该义务。

（三）维权应对策略

在进行知识产权维权之前，首先要正确区分电子商务平台的类型，自营型电子商务平台和第三方电子商务平台对知识产权侵权责任的承担并不相同。

1. 针对自营型电子商务平台的维权对策

自营型电子商务平台参与了商品的直接销售，可以将其看作是商品的销售商，其与传统的线下流通领域中的销售商的知识产权侵权责任相同，即销售商须对自己销售知识产权侵权商品的行为承担侵权责任。针对自营型电子商务平台的维权对策可以比照传统的知识产权维权策略进行，即直接要求自营型电子商务平台的经营者承担侵权责任。实践中可以通过向自营型电子商务平台发送律师函、行政投诉或法院诉讼来维权。

2. 针对第三方电子商务平台的维权对策

针对第三方电子商务平台的维权对策，有下列几点。

（1）善于利用电子商务平台提供的投诉通道。尽管第三方电子商务平台上充斥着较多的知识产权侵权商品——这往往令知识产权权利人十分懊恼，但权利人仍应当保持冷静的头脑，认清实施侵权行为的主体是网络卖家，而不是第三方电子商务平台的经营者。法律并未赋予第三方电子商务平台的经营者对知识产权侵权商品进行事先审查的义务，并且第三方电子商务平台对于平台上的海量商品信息也没有足够的能力进行事先审查。第三方电子商务平台如果不违反法律规定的相应义务，如前文所述“通知—删除”义务，则不承担知识产权侵权责任。因此，与传统的知识产权维权策略不同，权利人首先需要转变思想，勿将矛头直接指向第三方电子商务平台，而应当借助第三方电子商务平台的力量共同打击实施知识产权侵权行为的网络卖家。目前各大电子商务平台已经提供了专门的知识产权侵权投诉通道，权利人只需按照电子商务平台的要求准备相应的证明材料并在线提交，通过电子商务平台的审核后，电子商务平台会对投诉的侵权信息做下架处理。通过投诉要求电子商务平台下架侵权产品，有效遏制了电子商务平台上众多小卖家的知识产权侵权行为，而又无须走烦琐的诉讼之路，避免了诉累。

（2）提供合格有效的知识产权侵权通知。向第三方电子商务平台发起知识产权侵权投诉，须提供合格有效的知识产权侵权通知函，而不能只是概括地陈述该第三方电子商务平台上存在知识产权侵权商品信息，却不明确指出哪些商品信息侵犯了权利人的知识产权、侵犯了何种知识产权以及侵权的相应证据。下面以表格的形式列明合格有效的知识产权通知函所包括的内容，如表7-1所示。

表7-1　合格有效的知识产权通知函所包括的内容

知识产权类型	权属证明	身份证明及联系方式	专利侵权分析报告	被投诉商品的链接地址
专利	专利证书，若为实用新型和外观设计还需提供专利权评价报告	投诉方为个人，请提供身份证或护照；投诉方为企业，请提供经年检的营业执照	详述侵权理由	请给出被投诉商品的具体链接地址，而不能概述该电子商务平台上存在侵权商品信息
商标	商标注册证	投诉方为个人，请提供身份证或护照；投诉方为企业，请提供经年检的营业执照	无须提供	请给出被投诉商品的具体链接地址，而不能概述该电子商务平台上存在侵权商品信息
著作权	著作权登记证书或其他能够证明著作权权属的资料	投诉方为个人，请提供身份证或护照；投诉方为企业，请提供经年检的营业执照	无须提供	请给出被投诉商品的具体链接地址，而不能概述该电子商务平台上存在侵权商品信息

（3）针对电子商务平台的消极不作为行为寻求行政或诉讼解决。实践中，第三方电子商务平台对侵犯知识产权商品的处理可能存在过错。例如，接到知识产权侵权通知函后，未删除相关知识产权侵权信息，或是在接到知识产权侵权通知函后，未在合理的时间内删除相关知识产权侵权信息。对于这样的行为，权利人也可以寻求行政或诉讼手段要求第三方电子商务平台与网络卖家承担连带责任。

综上所述，正确地区分自营型电子商务平台和第三方电子商务平台是知识产权维权的关键，二者在法律责任的承担上并不相同，须选取不同的维权策略。对于第三方电子商务平台上众多小卖家的知识产权侵权行为，付诸司法途径得不偿失，妥善利用第三方电子商务平台提供的知识产权投诉通道更能有效打击侵权行为。

四、产品通过电商渠道销售，如何从容应对商标侵权诉讼

作者简介：唐立平，广州微斗专利代理有限公司副总经理，曾任职于美的集团有限公司、三一重工股份有限公司、浙江吉利控股集团有限公司和富士康科技集团等大型企业，负责知识产权管理工作。

企业IPR在管控商标风险时，往往比较关注主商标和副商标是否会侵犯他人商标权的问题，而对产品的名称是否会侵犯他人商标权的问题未加确认，尤其是当产品名称是行业多年来常用的名称时，往往会忽视其存在的潜在风险。殊不知，即使是行业通用的产品名称，仍然存在商标侵权的风险，不可轻视。例如，著名的“金骏眉”商标纠纷案和“解百纳”商标纠纷案，就给相关行业的厂商造成了很大的困扰。

那么，作为企业IPR，在遭遇涉及商品通用名称的商标侵权诉讼时，该如何应对呢？我在国内某知名家电集团任职时，曾成功处理过一起涉及商品通用名称的商标侵权诉讼，在此分享处理此案的一些心得体会，供其他企业IPR借鉴与参考。

（一）某商标侵权案处理过程

1. 案由

2014年3月，我所任职的A公司陆续收到4家经销商转来的法院传票，理由是行业中小规模厂商B公司向杭州市余杭区人民法院起诉，宣称该4家经销商侵犯其拥有的注册商标权。涉案商标为第1539796号“小厨宝”文字商标与第6392882号“小厨宝”文字商标（以下统称为“小厨宝”商标）。

其中，第1539796号“小厨宝”文字商标在1999年注册，2001年获得核准，并在2011年续展，有效期自2011年3月14日至2021年3月13日，核定使用商品为第11类的淋浴器、太阳能热水器等；第6392882号“小厨宝”文字商标在2007年注册，2010年获得核准，有效期自2010年3月28日至2020年3月27日，核定使用商品也为第11类的淋浴器、太阳能热水器等。

涉案产品为厨房用小型电热水器，该4个经销商是在天猫平台上销售A公司制造的厨房用小型电热水器。A公司在其产品上使用国内外知名的M商标，但并未在产品上标注“小厨宝”字样。该4个经销商被诉涉嫌侵犯“小厨宝”商标的具体行为主要是：网页标题、搜索关键词和网页的描述内容中使用“小厨宝”文字，并将“小厨宝”作为销售产品的名称。此外，我方还获悉，除我方外还有另外4个品牌的制造商也在杭州市余杭区人民法院被B公司以同样理由起诉，天猫公司作为上述案件的共同被告。

2. 诉讼策略制定

诉讼策略对案件的重要性不言而喻，综合多方意见来制定适当的诉讼策略，是案件取得成功的至关重要的一环。由于在本案中我方的4家经销商均成为被告，一旦产生不利的诉讼后果，对我方的影响很大，因此我方决定协助4个经销商应对侵权诉讼。收到传票后，我方立即选聘外部代理律师，并召开案件应对会议，综合公司内法务、销售、制造等各部门及外部代理律师的意见，制定诉讼策略。

对于涉及商品通用名称的商标侵权诉讼而言，被告方主要抗辩的方向有两点：一是涉案商标是商品通用名称，二是被告是正当使用涉案商标。因此，被告方的诉讼策略也可以主要围绕这两点：一方面向法院举证做不侵权抗辩，另一方面以涉案商标是商品通用名称为由向商标评审委员会提出无效涉案商标。需要说明的是，与专利侵权诉讼不同，在商标侵权诉讼中，即使被告对涉案商标提出无效，法院一般也不予中止诉讼。尽管如此，由于法院与商标评审委员会对商标是否是商品通用名称可能存在不同的看法，而且涉及商品通用名称的商标纠纷案件的影响力一般较大，法院在压力较大的情形下不一定敢直接认定涉案商标为商品通用名称，因此，向商标评审委员会提出无效涉案商标仍然是非常必要的，至少可为案件胜诉增加一重保障。

具体到本案而言，我们制定的诉讼策略如下。

第一，由于行业内各公司多年来普遍将“小厨宝”当作厨房用小型电热水器的替代名称，因此此案的被告及潜在被告众多，可以联合其他4家被诉厂商共同应对诉讼，并尽量争取获得其他未被诉但存在被诉风险的厂商的支持。

第二，在法院做不侵权抗辩，这需要充分准备证据来证明：涉案商标是通用商品名称，被告是正当使用涉案商标。

第三，提出商标无效，以涉案商标是商品通用名称为由向商标评审委员会提出无效涉案商标。

第四，由于天猫公司被列为共同被告，使得天猫公司对4家经销商涉及“小厨宝”的销售页面做删除处理，因此公司法务部门、销售部门与经销商应共同制订临时应对方案，使产品可以重新上架，降低诉讼带来的损失。

3. 证据准备

根据上述诉讼策略，我们主要搜集以下两方面的证据。

（1）搜集涉案商标是商品通用名称的证据。《最高人民法院关于审理商标授权确权行政案件若干问题的意见》第七条第一款规定，人民法院在判断诉争商标是否为通用名称时，应当审查其是否属于法定的或者约定俗成的商品名称；依据法律规定或者国家标准、行业标准属于商品通用名称的，应当认定为通用名称；相关公众普遍认为某一名称能够指代一类商品的，应当认定该名称为约定俗成的通用名称；被专业工具书、辞典列为商品名称的，可以作为认定约定俗成的通用名称的参考。根据上述规定，在搜集证据时，应优先从法律规定、国家标准或行业标准中寻找相关证据，来证明涉案商标是商品通用名称。在实践中，通常很难从法律规定、国家标准或行业标准中找到涉案商标是商品通用名称的证据。因此，通过“相关公众”途径寻找证据来认定涉案商标为约定俗成的通用名称，成为必经之路。对于涉案商品而言，相关公众至少包括制造商、销售商和消费者，因此我们在本案中也是围绕厨房用小型电热水器的相关领域的公众搜集证据。

①制造领域。我们与其他4家被告及行业内其他生产厂商取得联系，各厂商均出具证明材料证明“小厨宝”为行业对厨房用小型电热水器约定俗成的通用名称，此外在此过程我们还取得了部分省级行业协会出具的证明。

②销售领域。由于厨房用小型电热水器在互联网平台和线下渠道均有销售，因此我们一方面对淘宝、天猫、京东、苏宁易购等互联网平台的网页进行公证，证明“小厨宝”在这些平台上是作为商品的一个分类而存在的，同时证明被告在这些平台上仅将“小厨宝”作为商品名称而非商标进行使用，另一方面则在苏宁、国美等线下的实体店对导购员进行询问，并以拍摄视频的方式进行公证，以证明在销售人员的心目中“小厨宝”是厨房用小型电热水器的商品名称。

③消费者。类似的方式，在苏宁、国美等线下的实体店对消费者进行

询问，并以拍摄视频的方式进行公证，以证明在消费者的心目中“小厨宝”也是厨房用小型电热水器的商品名称。

④公开出版物。通过在国家图书馆进行检索，找到刊载涉及“小厨宝”文章的相关期刊、书籍等公开出版物，然后通过购买、索取等方式从相关单位获得这些公开出版物的原件，用这些证据来证明“小厨宝”已成为行业内约定俗成的通用名称。

在此过程中我们向法院及商标评审委员会分别提交了多达几千页的证据，以证明“小厨宝”是商品通用名称。虽然由于原告B公司最终撤诉而导致法院没有对“小厨宝”是否是商品通用名称这一问题进行认定，但这些证据被商标评审委员会认可，用来认定“小厨宝”在电热水器行业已成为厨房用小型电热水器的通用名称。

（2）搜集被告正当使用涉案商标的证据。《中华人民共和国商标法》（以下简称《商标法》）第五十九条规定，注册商标中含有的本商品的通用名称、图形、型号，或者直接表示商品的质量、主要原料、功能、用途、重量、数量及其他特点，或者含有的地名，注册商标专用权人无权禁止他人正当使用。2006年《北京市高级人民法院关于审理商标民事纠纷案件若干问题的解答》认为，在销售商品时，为说明来源、指示用途等在必要范围内使用他人注册商标符号的属于商标的正当使用。在本案中，我们主要从以下两点来提供证据。

①M商标所获得的荣誉。在天猫的网页上，A公司的产品使用了M商标，为此我们提交了M商标的商标证书、一系列荣誉证明材料及相关报道，用以证明M商标具有较高的知名度。

②A公司产品的商标使用方式。我们提交的针对天猫平台的网页公证材料中，显示A公司的产品上突出使用了M商标，而没有使用“小厨宝”商标；另外，在天猫平台的网页上，也只是将厨房用小型电热水器放在“小厨宝”产品分类下并作为搜索关键词，产品介绍内容中将“小厨宝”作

为产品名称使用，并没有突出使用“小厨宝”字样。

虽然由于原告撤诉而导致法院没有对我方的4个经销商是否正当使用涉案商标做出认定，但在采用同样策略提供证据的另外两个被告的案件中，法院认定被告在使用“小厨宝”时并未突出使用，且显著标明了其使用的具有较高知名度的自有品牌商标，因此，相关公众施以一般注意力即可区分产品来源，不易产生被介绍的产品来源于B公司或与其有特定联系的误认。因此，被告在商品名称中使用“小厨宝”的行为，不构成商标侵权。

由于证据准备充分，代理律师在准备答辩状以及庭审答辩时就显得游刃有余，最终原告撤回了对A公司4个经销商的诉讼。

4. 谈判与博弈

在诉讼的过程中，法院多次召集原告B公司和各被告进行调解，并重点与我方人员进行沟通。由于该系列案件涉及8个被告，因此在调解过程中，协调各被告保持统一步调并共同进退显得尤为重要。事实上，原告B公司在与各被告谈判时，也采取了分而治之、各个击破的策略，给诉讼中表现最为强硬的我方公司提供了相当诱人的和解条件；但是，我们坚持各被告共进退的原则，要求各被告享受同等和解条件，最终瓦解了B公司的分化之计。

在调解僵持的过程中，B公司为了给我们施加压力，还以侵犯商标权为由，通过地方工商局查处我们的经销商。对此，我们一方面积极提供与诉讼相关的材料给工商局以应对查处，另一方面向B公司发出警告：如果继续通过工商行政管理局干扰我公司经销商的正常运营，我们将采用类似手段予以回击。发出警告后，B公司不再干扰我们的经销商。事实上，许多公司难免会在广告宣传方面存在不规范之处，如果竞争对手持续通过工商行政管理局查处的形式来打击你，采取相似手段反击是最有力的回应。

（二）对于商标侵权案的反思

虽然我们最终在“小厨宝”商标的侵权诉讼和无效程序中均获得了胜利，但我认为在以下两个问题上仍然值得思考。

第一，在庭审的过程中我们才注意到，原告B公司的“小厨宝”商标的核准商品为淋浴器、太阳能热水器等商品，但B公司并没有证据表明其在太阳能热水器上使用了“小厨宝”商标，而是在太阳能热水器的类似商品电热水器上使用了该商标。在北京市高级人民法院发布的《当前知识产权审判中需要注意的若干法律问题》中明确，“对于使用注册商标的商品范围应当坚持长期以来已经形成的标准，即只有在核定商品上的使用才是对注册商标的使用，在与核定使用商品类似的商品上的使用，并非对注册商标的使用，不能据此维持注册商标有效”。所以，如果我们能在诉讼初期即发现B公司存在商标使用的问题，则可以在无效“小厨宝”商标时，一并以连续三年未使用为由提出商标无效请求，此可进一步提高胜诉的把握。事实上，由于以“撤三”为理由提起商标无效最为简单，因此企业IPR在提起商标无效时，不妨首先考虑这一理由。

第二，我认为，在“小厨宝”商标侵权诉讼系列案件中，B公司犯了较为严重的错误，不应在一开始就选择起诉多家被告，尤其是选择A公司这种实力强大的对手作为被告。由于多家被告协同作战，调动的各种资源远胜于B公司，使得B公司疲于应付，并最终功亏一篑。事实上，B公司可以先选择实力较弱的被告进行起诉，在这种情况下，由于被告实力较弱，所能调动的资源和投入的精力都比较有限，原告相对来说更容易胜诉。当在同一法院就同一商标形成多个胜诉案件的局面时，再针对实力强大的公司进行起诉，结果可能截然不同了。

五、企业使用失效专利真的安全吗

作者简介：陆敏勇，威能（无锡）供热设备有限公司知识产权工程师。曾先后供职于富士康科技集团、华为技术有限公司知识产权部，任专利工程师；于宝时得机械（中国）有限公司任主任、专利工程师，于博西家用电器（中国）有限公司任专利律师，于威世博知识产权服务有限公司任专利顾问。

故事的起因是这样的。

我供职的集团公司在中国和欧洲销售的多款机器内都会用到一款风压开关，该风压开关是由德国的一家供应商供货。对于在中国国内制造的机器，该风压开关每次进口时都会被海关盘查，怀疑涉嫌敏感类产品，需要由公司的关务人员去海关说明情况。为此，集团考虑采用国内的供应商，还可以大幅降低采购成本。通过专利检索和调查，我发现德国供应商曾在德国和美国申请过相关专利，不过，这些专利由于已经超过最长的20年保护期而失效了。研发部门在获得通行绿灯后，经过筛选和测试，最终确定了符合要求的国内供应商，由其提供与德国供应商的风压开关完全相同的一款产品，并且采购价格大幅低于之前德国供应商的供货价格。

由于我集团在行业内是龙头企业，所以一旦我们将原来的德国供应商替换为新的国内供应商，就表明该国内供应商的产品已经通过了严格的测试要求，并且基于其供应的产品具有较大的价格优势，同行业的竞争对手也会跟进采购。如此，受影响最大的当然是原来那家德国供应商。德国供应商获知此事后，通过集团采购发出警告，一旦我们更换供应商，并在销往欧洲的机器中采用和他们的风压开关相同的产品，就会在欧洲的一些主要国家，如德国对我们提起反不正当竞争诉讼。

为避免牵涉进诉讼，以及基于维护公司品牌声誉的考虑，经过和德国供应商的协商，我集团最终决定销往欧洲的机器还是采用原来的德国风压开关，而国内销售的机器原则上也由德国供应商供货，但一旦由于海关问题导致无法及时供应而影响生产，可以采用国内供应商的产品。

此事触发了我对失效专利可能风险的思考。使用过期专利、复制过期专利产品，真的不存在任何风险吗？以下是我对该问题的研究和实务建议。

（一）什么是失效专利

失效专利通常是指已经获得授权的专利由于出现法定的情形而导致专利权的丧失。以中国为例，法定的情形包括：专利权期限届满，专利权人未按规定缴纳年费，专利权被全部宣告无效，专利权人书面申明放弃专利权。

（二）使用失效专利的风险

绝大多数国家、地区，以及知识产权保护的国际公约（如TRIPs协议）

将专利的最长保护期限规定为自申请之日起20年。按传统理解，专利超过20年保护期即认为进入了公有领域。通常我们将这种失效专利称为“过期专利”。

使用过期专利，除却一些特殊的情况（例如部分国家对药品、医疗器械领域专利的延长保护），不会再有侵犯专利权的风险，但是否存在侵犯专利权以外的其他权利的风险?

传统的知识产权类型有三种：专利权、商标权和著作权。此外，反不正当竞争法作为知识产权制度的补充，可以用来保护超出传统知识产权专项立法保护范围的内容。理论上，在同一个产品上可能出现两种或多种权利的竞合，也就是说，在一个产品上有可能受到专利权、商标权和著作权的多重保护，此外，当出现其他违反诚实信用和公平竞争的商业行为时，还可以通过反不正当竞争法获得保护。

传统的三种知识产权类型的保护期限中，最短的是专利权（20年），其次是著作权（50年或更久），商标权虽然也规定了保护期限（10年），但由于续展制度的存在，商标权可以是一种永久的权利。因此，当同一个产品上存在多重权利保护时，专利权过期后，是有可能通过其他类型的知识产权权利或在特定情形下通过反不正当竞争法来予以保护的。以下主要以中国的法律实践，并辅以美国与欧洲的法律实践来具体说明。

（三）中国的法律实践

在北京特普丽装饰装帧材料有限公司（以下简称特普丽公司）诉常州淘米装饰材料有限公司（以下简称淘米公司）侵害著作权纠纷一案中，特普丽公司就其员工设计的《莫奈》系列壁纸于2007年3月30日申请了外观设计专利并获得授权（专利号为200730008065.1），后因未及时缴纳专利年费，该专利权于2010年3月30日终止。特普丽公司认为，前述专利权虽然终止，但前述壁纸属于美术作品，应当受著作权法保护。

淘米公司认为，特普丽公司主张著作权的作品系失效的外观设计专利所对应的壁纸，专利权失效后意味着其自动进入公有领域，任何人均可自由实施。此外，在一审庭审时淘米公司的陈述中，淘米公司承认涉案图案在从样本上采集时就知道样本图册是特普丽公司的，为此他们还咨询常州的专利事务所的相关人员，得到的答复是相关专利已失效，涉案图案已进入公有领域，在此情况下，他们就采用了该图案设计。

该案的一审（常州中院〔2014〕常知民初字第85号民事判决书）和二审（江苏高院〔2015〕苏知民终字第00037号民事判决书）均认定淘米公司侵害了特普丽公司对涉案图片享有的著作权。其中，江苏省高级人民法院的观点是，“专利权失效后，其权利客体进入公有领域，这一规则不能简单适用于在作品基础上获得的外观设计专利。专利权终止的主要情形是过了保护期、未及时缴纳年费和专利权人书面声明放弃专利权，其法律后果均是不再受到专利法的保护。专利权终止后，权利客体进入公有领域，公众可以自由使用，这一规则应该主要适用于我国专利法规定的发明专利和实用新型专利，因为这两种专利权的客体都是供工业应用的技术方案，一般不属于文学、艺术或科学作品，不会获得专利权之外的其他民事权利，故在其专利权终止后，成为公众可以自由使用的公共资源；而在作品基础上获得的外观设计专利，权利人同时拥有专利权和著作权，两种权利并行不悖，外观设计专利权保护期届满后，权利人丧失的仅仅是专利法保护的相关权利，而其享有的著作权依然存在，受到著作权法的保护。涉案专利权因特普丽公司未及时缴纳年费而提前终止，同样适用上述原则”。

我部分认同江苏省高级人民法院的意见，即外观设计专利保护期满后，权利人丧失的仅仅是专利保护的相关权利，并不意味着丧失其他知识产权类型的权利，不过对于发明和实用新型失效专利的意见并不认同。对于采用专利组合保护的特定技术，申请日起尚不足20年的从属专利失效，并不意味着该技术可以自由使用，因为有可能存在这样的情形，即涵盖从属专利的保护范围并且范围更大的基础专利仍然处于有效中，在这种情况下，使用失效从属专利的技术可能会侵害仍有效的基础专利的专利权。

在英特莱格公司（乐高玩具的制造商）诉可高（天津）玩具有限公司（以下简称可高公司）侵犯著作权纠纷一案（〔2002〕高民终字第279号）中，北京市高级人民法院认为，“依据《伯尔尼公约》及中国政府于1992年9月25日制定并颁布的《实施国际著作权条约的规定》，起源于伯尔尼公约成员国国民的实用艺术作品在中国自该作品完成起25年内受中国法律保护”。此外，北京市高级人民法院还认为，“没有证明中国法律对实用艺术作品提供著作权和专利权的双重保护，这一问题更符合法律逻辑的理解为，现在没有证据表明中国法律对于外国人的实用艺术作品排斥著作权和专利权的双重保护”。

上述可知，虽然中国著作权法目前还没有明确规定实用艺术作品，但至少对于外国人的实用艺术作品还是能够获得著作权法的保护。由于现行的著作权法也没有明确排除实用艺术作品，所以我认为，对于具有一定艺术外形的实用物品的外观只要符合著作权法对于作品的定义，该外观可以获得著作权法保护。退一步而言，即使是外国人的实用艺术作品在中国也能够获得自作品完成日起25年的保护期限，长于专利最长的20年保护期限，专利权由于期限届满而导致失效的，相应专利产品的形状有可能通过著作权继续获得保护。

我国《商标法》自2001年修订后增加了对三维标志的保护。商标的保护期是可以续展的，所以产品的形状一旦可以通过三维标志的形式获得商标专用权的保护，理论上权利人就能够对该产品形状进行无限期的垄断；而实践中，需要考虑具体情况。

例如，在雀巢“酱油瓶”三维商标争议一案（北京高院〔2012〕高行终字第1750号）中，北京市高级人民法院认为，具有美学功能性的三维标志之所以不能作为商标注册，主要有以下原因。

首先，这一保护缺乏《商标法》的利益基础。《商标法》保护的是商标的识别功能为商标所有人带来的利益，但对于具有美学功能性的标志而言，即便该标志同时具有识别功能，决定购买者购买行为的仍然是该标志本身所具有的外观美感。此种情况下，如果《商标法》为此种标志提供保护必然意味着其客观上保护了该“外观美感”（而非识别功能）为所有人带来的利益，这显然超出了《商标法》的保护范围，缺乏《商标法》上的利益基础。

其次，这一保护使《中华人民共和国著作权法》（以下简称《著作权法》）及《专利法》的权利保护期限制度在相当程度上落空。因具有美学功能性的标志在很多情况下可能构成受《著作权法》保护的作品以及受《专利法》保护的外观设计专利，故在考虑其是否可以注册为商标时，亦要考虑不同法律之间具体法律制度的协调，权利保护期限制度之间的协调即为应考虑的问题之一。《著作权法》《专利法》与《商标法》在保护期限这一制度设置上具有根本不同。《著作权法》与《专利法》均明确规定了权利的保护期，《商标法》亦规定了注册商标专用权期限，但其同时规定了续展制度，这意味着只要商标权人进行续展，注册商标专用权实际上可以无限期地得到保护。在此情况下，如果《商标法》为具有“美学功能性”的三维标志提供保护，意味着客观上保护了《商标法》保护范围之外的“外观美感”，同时意味着该三维标志即便在已超过作品著作权或外观设计专利权保护期的情况下，亦可依据《商标法》的规定进行保护。这使得《著作权法》《专利法》中有关权利期限的制度在相当程度上落空，这显然是立法者不愿意看到的。

最后，这一保护使同业经营者处于不合理的竞争劣势。对于具有“美学功能性”的三维立体标志，考虑到该“外观美感”对购买行为的决定性影响，同业经营者可能希望在其商品上使用该外观以加强其竞争能力。因为“外观美感”并非《商标法》的保护对象，故如果具有“美学功能性”的三维立体标志已过了《著作权法》及《专利法》规定的保护期，则同业经营者理应有权利使用该标志。如果《商标法》为其提供了注册商标的保护，则意味着此种情况下同业经营者的使用行为可能会构成侵犯注册商标专用权的行为，这显然不合理地占用了公有资源，并使得同业经营者处于不合理的竞争劣势。

综上我认为，产品的形状一旦获得发明专利、实用新型、外观设计的保护，通常会被认为具有功能性而属于《商标法》第十二条不予注册的情形，从而无法再得到《商标法》上的保护。当然，对于平面类的产品，我认为还是有可能获得外观设计和商标权的双重保护。

关于产品的形状是否属于《中华人民共和国反不正当竞争法》（以下简称《反不正当竞争法》）保护的范围，我国现行《反不正当竞争法》没有明确规定，但实践中可以适用《反不正当竞争法》第五条第（二）项所规定的情形：擅自使用知名商品特有的名称、包装、装潢，或者使用与知名商品近似的名称、包装、装潢，造成和他人的知名商品相混淆，使购买者误认为是该知名商品。（2016年2月25日，国务院法制办官网公布了《中华人民共和国反不正当竞争法（修订草案送审稿）》并公开征求意见，其中第五条涉及商业标识的不正当竞争行为，对商业标识的定义中包含了“商品形状”。）

对于获得外观设计专利的产品形状在专利权终止后能否再依据《反不正当竞争法》获得继续保护，最高人民法院在“晨光笔特有装潢”不正当竞争案（〔2010〕民提字第16号）中是这么解释的：多数情况下，如果一种外观设计专利因保护期届满或者其他原因导致专利权终止，该外观设计就进入了公有领域，任何人都可以自由利用。在知识产权领域内，一种客体可能同时属于多种知识产权的保护对象，其中一种权利的终止并不当然导致其他权利同时也失去效力；同时，《反不正当竞争法》也可以在知识产权法之外，在特定条件下对于某些民事权益提供有限的、附加的补充性保护。就获得外观设计专利权的商品外观而言，外观设计专利权终止之后，在使用该外观设计的商品成为知名商品的情况下，如果他人对该外观设计的使用足以导致相关公众对商品的来源产生混淆或者误认，这种在后使用行为就会不正当地利用该外观设计在先使用人的商誉，构成不正当竞争。因此，外观设计专利权终止后，该设计并不当然进入公有领域，在符合《反不正当竞争法》的保护条件时，它还可以受到该法的保护。

此外，最高人民法院认为，商品的外观如要依据《反不正当竞争法》关于知名商品特有包装、装潢的规定而得到制止混淆的保护，需要满足以下4个条件：一是使用该设计的商品必须构成知名商品；二是该设计实际具有区别商品来源的作用，从而可以作为知名商品的特有包装或者装潢；三是这种设计既不属于由商品自身的性质所决定的设计，也不属于为实现某种技术效果所必需的设计或者使商品具有实质性价值的设计；四是他人对该设计的使用会导致相关公众的混淆或者误认。

最高人民法院借鉴了《商标法》中的“显著性”和“非功能性”标准来认定知名商品的“特有包装或装潢”，“特有包装或装潢”的认定不是由于其给商品带来的优美外观或实用功能来吸引消费者的，而是在于其能够与特定生产者、提供者联系起来，从而起到识别商品来源的作用。上述理解在《最高人民法院关于审理不正当竞争民事案件应用法律若干问题的解释》(以下简称《司法解释》)中也得到了印证。该《司法解释》的第二条中对不认定为知名商品特有的名称、包装、装潢的情形基本上照抄了《商标法》第十一条和第十二条关于缺乏显著特征的规定。此外，“混淆误认”也是商标侵权认定的实质性标准。所以我认为，我国《反不正当竞争法》第五条第（二）项其实也是对“未注册知名商标”提供的一种侵权救济方式（由于“驰名商标”的认定标准更高，所以构成“未注册驰名商标”的当然能够通过此方式获得救济）。

（四）美国与欧洲的法律实践

在美国，专利权和版权均是通过联邦法律获得保护的，而商标和商业外观（tradedress，包括产品包装和产品外形）既可以通过联邦法律（《兰哈姆法》）获得保护，也可以通过州法律予以保护。专利权和版权的保护源于美国宪法第一条第八款：国会应该保障作家和发明人对其作品和发现在限定期间内的专有权利，以促进科学与实用技术的发展。在之前相当长的时间内，该条款被认为是美国宪法赋予公众具有“复制（过期专利）权”。在120年前美国最高法院审理的“胜家（Singer）”案（SingerMfg. Co.v.JuneMfg.Co.163U.S.169〔1896〕）中，最高法院认为，“在专利到期时，由其创建的垄断不复存在，并且使以前由专利覆盖的东西的权利成为公共财产。专利正是基于这个条件才会被授予。当然，在专利终止时，向公众传递制造与专利期间的机器构造形式相同的机器的权利”。到了1938年的“科洛格（Kellogg）”案（KelloggCo.v.NationalBiscuitCo.，305U.S.111〔1938〕），最高法院在判决中援引“胜家（Singer）”案，并进一步确认专利到期后公众享有“复制权”。然而，近些年来，联邦法院已经意识到，专利过期后，虽然专利技术本身已经进入公有领域，但是法律并没有赋予公众具有“复制权”，事实上，通过过期专利技术所制造的产品仍有可能获得其他知识产权形式的保护。联邦最高法院虽然在类似案件中没有直接否定“复制权”，但已尽量避免对其引用。在TrafFix案（TrafFixDevices，Inc. v.MarketingDisplays，Inc.，532U.S.23〔2001〕）中，虽然原告主张的商业外观曾经被授予专利并已失效，但最高法院没有试图从“复制权”的角度去否定商业外观，而是依据“功能性”来否定商业外观，即具有功能性的设计是不能获得商标或商业外观保护的，而“实用专利（utilitypatent）是非常有力的证据，证明其所保护的特征是具有功能性的”。

在欧洲，产品的形状可以通过欧盟各成员国本国法律保护，也可以通过与各国国内法律平行的欧盟层面的法律保护，比如欧共体外观设计、欧共体商标条例。欧盟没有统一的著作权法，而是通过颁布一系列指令（Directives）来协调作者、表演者、音像和电影制作者、广播机构等的基本的权利。这些指令并没有明确是否对产品的形状作为作品来提供保护。与著作权类似，欧盟没有统一的关于反不正当竞争的立法，不过为了保护欧盟成员国消费者的利益，欧盟在2005年出台了《不公平商业行为指令》，该指令的第五条概括性地对不公平的商业行为做出定义，并且在附件中还详细列举了31种不公平的商业行为。其中第13种行为：“推广与特定制造商生产的产品类似的产品，其方式为故意误导消费者以使其相信该产品是由同一制造商制造，事实上却不是。”也就是说，复制或仿冒竞争对手的产品并造成相关的消费群体对产品来源混淆误认的行为，会受到该指令的限制。在国内法层面上，欧洲的一些国家，如德国、英国、法国、意大利、西班牙等均认可，或不排除产品的形状可以通过多种知识产权形式以及反不正当竞争法获得多重保护。然而，当产品形状已获得专利或外观设计的保护，再想获得其他知识产权形式的保护时，会有诸多限制。例如，产品形状在英国既可以通过外观设计保护，也可以通过著作权保护，但是两者只能择其一，即获得外观设计保护的就不再享有著作权保护；此外，在西班牙，一旦产品形状被授予知识产权，该权利到期后，无法再通过反不正当竞争法获得保护。（关于欧洲一些国家对于产品形状的多重保护，可参照欧洲商业外观委员会的下属委员会及欧洲非传统标记委员会的下属委员会于2007年提供的报告《欧洲商业外观保护》〈Trade Dress Protectionin Europe〉。）

（五）综合后的结论

如果产品（主要是指三维立体产品，下同）的可视化形状、构造能产生实用的功能，那就可以申请获得专利、实用新型的保护。为吸引消费者的注意，产品的外观经过一定的设计而具有美学性，这时就可以申请或自然获得工业外观设计的保护。当美学性达到一定高度而使产品的外观成为作品的时候，独立于产品之外的外观设计就自然获得著作权的保护。当产品的外观或某些可视化的形状、构造特征由于其明显不同于市场上的同类产品而使消费者认识到该产品来源于特定的制造商，或者产品经广泛使用使其外观或某些可视化特征获得了可识别该产品来源的“第二含义”，并且该产品的外观或可视化特征不具有（性质、实用、美学）功能性，那么产品的外观或可视化特征就可以获得商标权或商业外观、反不正当竞争法的保护。

对于专利、实用新型、外观设计超过保护期失效后产品的外观、形状能否获得其他形式的知识产权继续保护，虽然在很多国家或知识产权组织已得到认可，但各国法院在实践中还是持非常谨慎的态度，并施以诸多限制，尤其是在考虑适用商业外观、反不正当竞争这些没有明确保护期又未经注册的保护形式。因为对个人权利的过多倾斜无疑会损害公共利益，妨碍市场的自由竞争。在此，我非常认同世界知识产权组织在《关于反不正当竞争保护的示范规定》的注释中的观点：“本示范规定没有包括关于制止所谓‘一味模仿’（slavishcopy）保护的专门规定，因为至少目前还无法对此种保护规定普遍接受的条件，以证明在专利法保护之外采用该条件有正当的理由。”这并不意味着，在特定情形中，就算该情形的特性表明模仿者一方从事了不正当行为，一味模仿的行为也不能被视为不正当竞争的行为。

（六）实务建议

如果在实务中，经过检索发现竞争对手产品相关的专利已过保护期而失效，或经全面检索未发现有专利保护（假设竞争对手的产品已在市场上流通相当长的时间，不可能有未公布的专利申请存在），那如何应对其他潜在的知识产权风险？个人的理解和经验如下。

首先，确定本公司相应产品的目标市场，并在目标国家或地区检索竞争对手是否还拥有基于该产品的其他形式的注册权利，如商标权、外观设计（欧盟注册外观设计最长可达25年）等。

其次，确定竞争对手产品已经流通的市场，并找出与本公司相应产品的目标市场重叠的国家或地区。了解这些国家或地区是否存在知识产权相关的非注册保护形式，如著作权、非注册外观设计、商业外观、对产品形状模仿行为的反不正当竞争保护等，并且了解在这些国家或地区是否允许专利失效后通过其他知识产权形式继续保护。上述问题，可咨询当地的知识产权律师。原则上，如果本公司产品和竞争对手产品不存在重叠的市场，则可以忽略其他潜在的风险。需要注意的是，由于存在欧盟层面的法律，欧盟整体可以作为一个市场看待。欧盟的许多国家在地缘、经济、贸易上非常接近，比如竞争对手的产品在德国市场上流通但未出现在瑞士，那么其他公司在瑞士售卖相同的产品有可能会构成反不正当竞争的行为。

最后，判断竞争对手的产品的形状是否具有"显著性"和"非功能性"以获得商标、商业外观、反不正当竞争法的保护，或产品的形状具有很高的艺术性而能获得著作权的保护，或产品仍处于非注册外观设计的保护期内。

如果通过上述分析，在本公司产品的目标市场确实存在其他潜在知识产权或相关的保护，通常比较多的情形是商业外观或反不正当竞争，那么最直接的方式就是在保持产品的功能的同时对其外观形状进行改造；改造的总体目标是使本公司的产品与竞争对手的产品总体印象不同，其标准是，相关消费者在面对本公司产品时不会唤起竞争对手的产品的记忆。需要说明的是，改造的重点不需要涉及产品自身性质决定的形状（如轮胎必须是圆形的），或体现功能性的形状和构造特征，而应该放在易于被替换的非功能性设计特征上，以体现模仿者已努力避免自己的产品与原始产品产生混淆。

由于潜在的风险多是商业外观或反不正当竞争，如果出于某些原因产品的外观无法进行大的变更，这时可采取一些措施来避免使消费者产生对产品来源的混淆误认。例如，在产品上提供一些声明的标记，以表明该产品并非来源于竞争对手。不过在实践中这种声明对降低混淆误认的风险不一定能被认可。

8
PART

第八部分

知识产权无效诉讼

一、从豆浆机侵权门管窥企业专利运用和保护

作者简介：柯晓鹏，阿里巴巴集团专利法务总监，曾任职于富士康科技集团、中兴通讯股份有限公司、恩智浦半导体有限公司、维信诺集团，曾任东方知识产权俱乐部理事长、中国企业知识产权发展沙龙理事长。

中国专利侵权赔偿额或和解金额的纪录并非来自发明专利，而是由几年前温州某公司的实用新型专利所创造，彼案中固然有众多复杂利益平衡因素的考量，但也说明实用新型专利确实也能成为专利战中克敌制胜的利器。

一则国内两知名小家电大厂间的专利博弈讯息曾吸引了不少眼球，九阳股份在对苏泊尔电器的实用新型专利侵权诉讼中，一审得到了540万元的侵权赔偿额，并获得了二审法院的支持。这看起来远高于当时中国专利侵权法定赔偿额上限的数字，法院究竟是如何确定这个540万元的数字的呢？

通过检索发现，原来这540万元的侵权赔偿额并非来自一起专利侵权案件的权利人损失或侵权人获利的计算，而是来自15起专利侵权案件酌定损失的累计。有意思的是，山东省高级人民法院案号为〔2014〕鲁民三终字

第210号到第224号的这15个二审判决，所涉专利均为九阳股份所持有的实用新型专利“一种双层下盖豆浆机”（专利号ZL200920133824.0），而所涉侵权产品则分别为苏泊尔旗下的15款不同型号的豆浆机。在这15起专利侵权案件一审中，九阳股份均要求了专利侵权法定赔偿额的上限100万元人民币，而一审法院则酌定每起案件中每个型号的侵权产品赔偿36万元人民币，在一审被告苏泊尔提出的上诉中，二审法院完全支持了一审法院的判决。这就是540万元赔偿额的真相。也就是说，在本系列豆浆机专利侵权案中，法院并未突破在法定赔偿额1万元到100万元范围内酌定数额的常规做法，并未出现通过计算权利人因被侵权所受到的实际损失或侵权人因侵权所获得的利益来确定赔偿额的方法。通过对涉案专利的法律状态检索，发现该实用新型专利有两笔许可记录，被许可人分别是国内家电业的另外两大知名厂商美的和爱仕达，但法院也没有采取参照专利许可使用费的倍数合理确定侵权赔偿额的计算方法。

在该系列豆浆机专利侵权门事件中，虽然法院在侵权赔偿额计算方面并无创新之处，但从企业实务操作角度来看，该系列案件所体现的专利运用和保护的思路与技巧还是颇有可圈可点之处，试略探析七点，与同业诸君分享。

（一）重视侵权可视度

专利布局阶段，企业即应把侵权可视度列为是否把创新技术方案申请专利的决定因素之一。企业申请专利有各种动机，其中对于创新技术方案进行法律保护应是核心的、最符合专利法宗旨的动机。一个不具备侵权可视度的创新技术方案，即使符合专利法所要求的三性，也不是一项好的法律投资。良好的侵权可视度，意味着专利权利人可以以合理成本，获悉并鉴别市场上的侵权方案，并能最终向法官证明侵权事实。

在本系列豆浆机专利侵权案中，涉案专利权利要求的全部技术特征均可清晰地对应在侵权产品上，而侵权产品可以在公开市场上以合理的成本方便获取，因此该专利具备了良好的侵权可视度，并为后续专利保护和运用提供了坚实的基础。

（二）验证专利稳定性

把好技术写成好专利其实是一件很难的事，尤其是看起来直观简单的技术方案，往往会因为撰写瑕疵而成为经不起无效炮火检验的纸老虎专利。在企业决定把一件专利拿出来向侵权者主张权利之前，至少要对专利稳定性进行深入的检验评估。

在具体做法上，可以邀请非常熟悉该专利所涉技术的技术专家参与，并与专业的专利代理人合作，在国家知识产权局专利检索咨询中心出具检索报告的基础上，进行更为细致的补充检索和全面评估，经过验证具备良好的专利稳定性之后，再去开展专利保护和运用，才可能达到一招制胜的效果。

在本系列豆浆机专利侵权案中，涉案的实用新型专利不仅获得了正面的专利检索报告（即现在的专利权评价报告），而且历经两次专利无效宣告请求而维持有效，从专利稳定度来看可谓强悍。

（三）巩固侵权证据链

打官司就是打证据。目前我国还没有证据开示制度，谁主张谁举证是最重要的举证规则。对于专利侵权案件，专利权人在搜集侵权证据时常用的手段是公证购买。在本系列豆浆机专利侵权案中，涉案15款不同型号的苏泊尔豆浆机，均是由权利人在公证人员的陪同下在山东济南两大综超商场公证购买获得并封存。这样的证据基本上不存在可以被侵权人攻击的瑕疵，一般会得到法庭的认可。

从判决书内容推测，在本系列案件中，权利人并未在起诉前向法院请求保全证据，也即没有通过法院获取侵权人的财物账簿，是因为评估难度太大还是担保额过高，个中原因不得而知。对于赔偿额的具体要求，权利人也没有提供其他细致的证据支持因侵权所受实际损失，或者专利许可使用费的合理倍数，这导致权利人对于侵权损害赔偿的诉求最后只是主张法定赔偿额。

（四）最大化诉讼策略

专利诉讼是企业专利保护和运用的“老虎牙齿”，“以打促谈”在中国的营商环境和司法现实下往往是可行的纠纷解决方案。在企业专利诉讼实践中，需要专业团队从利益最大化角度全面考量诉讼策略。诉讼管辖地选择是诉讼策略的一个重要环节，权利人作为原告在中国专利诉讼中往往需承担更大的举证责任，因此将诉讼管辖地链接到己方主场将是赢取有利局面的重要举措。

本系列豆浆机专利侵权案中，权利人九阳股份其总部位于山东，通过在济南对侵权产品的公证购买，并将侵权产品销售商列为共同被告，原告成功地实现了有利于己方的诉讼管辖地链接。本系列豆浆机侵权案的一个重要特征是，一件专利覆盖多个型号侵权产品，而原告将15个本可以合案处理的侵权产品分成15个侵权诉讼案件，从最终的诉讼效果来看，获得了总计540万元的侵权赔偿，而如果合案，可能最终只能获得总计100万元的赔偿额。

从利益最大化角度考量，这的确是在中国专利侵权赔偿额偏低的司法现实下一个成功的诉讼策略应用。除了家电行业，其他行业也存在一个实质技术方案覆盖多款型号产品的情况，是分是合需要慎重考量。

（五）夯实权利人诉求

企业在中国进行专利维权，在侵权证据扎实、专利权利稳定的情况下，要求停止侵权并在法定额度内获取一定赔偿并非难事，但要主张权利人因侵权所受损失或侵权人的侵权获利，则很困难。如果权利人能够提供细致扎实的赔偿额计算依据，即使未获得法院全额支持，还是有很大可能在法定赔偿额内争取更多的赔偿数额。

本系列豆浆机专利侵权案，虽然15个案件的总赔偿金额可观，但单个案件中权利人主张赔偿金额所获法院的支持比例亦不过36%，这与权利人并未在证据中提供更为翔实、有说服力的具体数据有关系。另外，权利人未获法院支持的一审诉求还包括：停止侵权产品的许诺销售，以及销毁制造侵权产品的专用模具、侵权产品半成品和库存侵权产品。推测这些诉讼请求未获法院支持的主要原因在于，权利人未能提供相关的支持证据，比如侵权人的模具专用于侵权产品的生产。

（六）关注品牌宣传影响

本系列豆浆机专利侵权案中的权利人和侵权人都是上市公司，在深圳中小板挂牌，九阳股份的股票代码是002242，苏泊尔的股票代码是002032。经查询上市公司公告，案件双方均未公告二审判决结果，该系列案件的二审判决也并未影响两只股票的行情走势。

按照中国证监会发布的《上市公司信息披露管理办法》第三十条规定，对于可能对上市公司证券及其衍生品种交易价格产生较大影响的重大事件包括涉及公司的重大诉讼、仲裁，上市公司应发布临时公告。本案双方均认为，判决总金额540万元的系列专利侵权案，对于年销售额数十亿元的上市公司，尚不构成重大事件。

令我微感诧异的是，在权利人的官网上，并无任何关于胜诉的宣传，这对于并非和解结案而是二审判决胜诉的权利人而言，似乎是浪费了一次很好的宣传资源。我并不清楚低调是否是小家电行业的惯例，但至少在一些B2B行业中，对于专利胜诉的适当宣传是非常有助于影响客户选择、扩大市场份额的。

（七）优化专利运用价值

在查阅本系列豆浆机专利侵权案涉案专利法律状态时发现，该件具备良好侵权可视度及专利稳定性的实用新型专利并非来自权利人的“自主研发”，而是来自一次专利转让，由原权利人——东莞市步步高家用电器有限公司转移给九阳股份。

该专利转让的背景，源自九阳股份对原权利人的企业收购，还是一次单纯的专利交易。这充分证明，即使在目前尚不发达的中国专利市场上，还是能够通过专利收购快速取得企业所需的强悍的专利筹码的。企业知识产权资产管理的视野，也许要从所谓“自主知识产权”的积累转向对于专利交易市场的深入挖掘和利用。

在本系列豆浆机专利侵权案判决之前，涉案专利已有两笔专利许可记录，被许可人分别是美的和爱仕达。这对于企业优化专利运用、萃取专利价值也是一个很好的启示：在竞争充分并不存在高端技术壁垒的产品市场中，试图依靠专利封锁垄断市场并非长久之计，而通过合理的专利许可，获取更多的创新回报并适当提高竞争者成本，可能是更为可行的专利运用方案。

综上所述，本系列豆浆机专利侵权案在贴近消费者日常生活的产品领域给企业知识产权工作者做了一次颇为生动的专利保护和运用的演示。以上七点粗浅看法，也可以说是企业在专利保护和运用中需要进行基本演练的七种武器。对于企业知识产权同人，我们需要做到：熟悉法律规则，打通业务流程，引导合作伙伴，实现商业价值。希望更多的为创新付出大量心血的权利人，在中国市场上运用知识产权打击侵权，保护和促进创新，敢于亮剑，善于胜利。

二、如何通过批判性思维和“傻瓜”思维另辟专利无效蹊径

作者简介：郝传鑫，中华全国专利代理师协会副会长、广东专利代理协会会长、广东省新的社会阶层人士联合会副会长、广东省政协委员。

专利无效宣告请求最常用的理由是被授予专利的发明创造不符合《专利法》第二十二条，即不符合新颖性或创造性的规定；但是在涉案专利确实没有可以影响其新颖性和创造性的现有技术的情况下，如何有效地使这样的专利无效，对于任何涉案企业来说都是一种考验和挑战。

那么该如何另辟蹊径，通过非常规思维找到这种专利的路子呢?

（一）建立专利无效必胜的信心

在大多数情况下，企业提出专利无效是为形势所逼，即如果不能使涉案专利无效，则面临着停止侵权、支付高额赔偿或者高额许可费的后果。对于很多企业来说，有时除了无效对方专利外是完全没有退路的，在此情

况下建立专利无效必胜的信心尤为重要。这意味着当我们在做完检索后，即使没有发现可以影响涉案专利新颖性和创造性的现有技术，甚至涉案专利曾经以新颖性和创造性的理由被无效过多次却仍然被维持，在此情况下，依然要保持昂扬的斗志和乐观的心态。

有人一定会问，如果没有找到有价值的现有技术且专利被多次无效后仍然维持，怎么还能保持这样的斗志和心态呢？

一个不容回避的现实是，专利权作为一种特殊的权利形式，其权利的界定乃至权利的支撑均依靠文字的描述，而文字描述的精准性客观上是无法完全保障的，因为受到如下因素的制约：第一，文字表达本身的局限性；第二，专利撰写和布局的质量；第三，代理人的责任心。

那么问题是，如果存在上述第一个因素，则专利权的精准界定几乎是无法完成的；而第二、第三个因素皆出于人性和专利撰写人本身能力的限制，在实际操作中也很难避免。在考虑了上述三个因素后，让我们大胆得出一个结论：没有瑕疵的专利几乎是不存在的。这正是我们建立必胜信心的基础和逻辑。

在我处理过的大量的无效案例（尤其是涉及无效跨国公司核心专利的案例）中，正是通过上述认知建立了专利无效必胜的信心，并都取得了成功。值得自豪的是，这些专利几乎都是之前经历过多次无效而被维持，并被行业认为稳定性较高的专利。

可能很多企业不能理解，无效不就是找到现有技术证据或者找到专利本身的缺陷吗，和心态又有什么关系？

过去多年专利无效的经历告诉我一个道理：建立专利无效必胜的信心是后续工作能否突破的基础。因为人的行为本身受主观心态的影响尤深，心态影响行为，而行为又作用心态，形成连锁反应。如果建立起必胜的信心，后续的工作中你自然会想尽一切办法、创造一切机会去赢得胜利。

（二）用批判性思维重新检视专利说明书

当然，仅仅有信心和斗志是远远不够的。在良好的心态下，我们需要带着批判性思维检视专利说明书。

我们大部分人在读专利说明书时，仅仅停留在“看”的层次上，走眼而不走心。虽然一定程度上达到了检视的目的，但是基本上是跟着原代理人撰写专利说明书的思路，缺少了批判性思维，自然看不出专利说明书本来存在的问题。

举一个本人处理的无效案例。涉案专利97197519.1为美国传感电子公司的核心专利，涉及各大超市（如沃尔玛等）使用的防盗标签技术。这件专利的权利要求范围非常大，而且公司实际的技术研发实力在业界处于领先地位。由于专利的排他作用，传感电子公司的对应产品在全球的市场占有率超过90%，而中国同领域的从业者也由于这件专利的存在而不敢贸然推出相似的产品。值得关注的是，唯一一个涉足该产品的晋江某公司最后也被起诉，结果是该公司不仅停止产品的生产，还付出大笔的赔偿费。

虽然也有厂商尝试过以“缺乏创造性”为由无效（无效决定号：11696号和14303号）这件专利，但它的专利权最后还是被维持下来了。

我们的客户企业在2010年涉足类似的产品而被起诉，企业负责人开始研究涉案专利说明书。

“你应该使用批判性思维再读三遍涉案专利说明书！”我提示他说。

果然，我们就发现了一条重要的线索：根据涉案专利说明书第12页至第15页第四段的记载，第三实施例所使用的特定的Vacozet材料的矫顽磁力为22.7Oe。专利的附图11（见图8-1）却显示该特定的Vacozet材料的矫顽磁力为18Oe（即图8-1中右下角的曲线的最低点对应的位置）。二者显然是互相矛盾的。

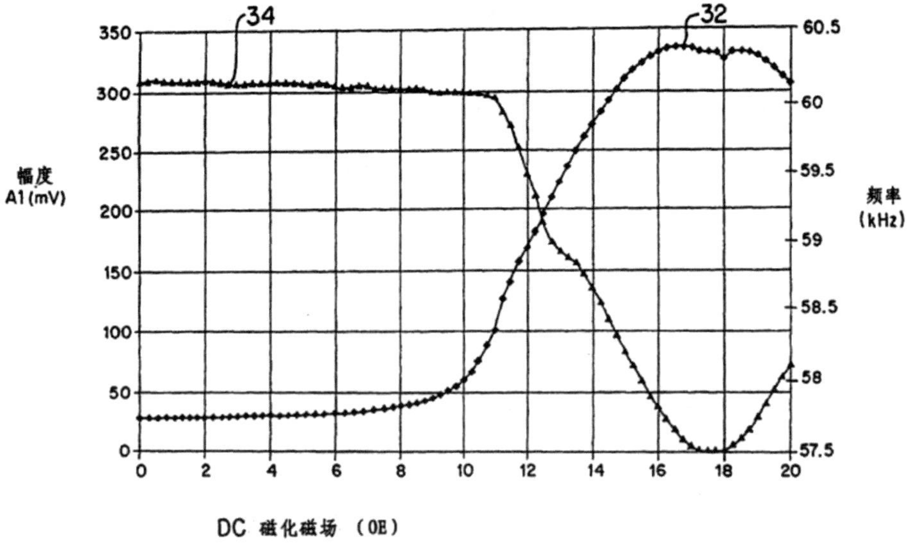

图8–1　涉案专利说明书中的专利附图

这就意味着上述实施例根本无法实施，专利存在公开不充分的问题。我们进一步研读发现，涉案专利说明书的三个实施例均存在类似的问题。在这种情况下，涉案专利无效的结果就可想而知了。

我们重新来审视这个案子，到底是什么原因导致专利说明书的上述失误呢？唯一能够解释得通的就是代理人的责任心问题了。理解不到位，翻译纰漏，未仔细检查就交稿，都是失误产生的诱因。

实际上，在我处理的相当多的类似案例中，跨国公司核心专利出现类似问题的情形绝不是个案和偶然。这就更加坚定了我自己的一个看法：专利是人写出来的，是人就有可能犯错误；不是专利完美无瑕，而是缺少发现问题的眼睛。

（三）用“傻瓜”思维重新检视权利要求书

检视完专利说明书后，接下来就该检视权利要求书了。

在这里，有人可能会提出：为什么不先看权利要求书呢？又或者会认为，检视的顺序不重要，从哪里读起都没有区别。实际上，以个人的经验看，检视的顺序很重要。这是因为在你还没有彻底理解专利说明书到底写了些什么内容之前，直接检视权利要求书则大脑里会缺乏参照物，这样能看出权利要求存在问题的可能性就会大大降低。

那么，在检视权利要求书时，如何检视才能更好地发现问题呢？个人的一点心法是：运用“傻瓜思维”可以达到事半功倍的效果。所谓“傻瓜思维”，就是清空你之前所有的背景知识，仅仅从字面来理解权利要求书中的每一个技术术语和技术特征，从字面来理解权利要求书所界定的保护范围。仅仅如此，不要补充字面以外的任何意思，你就可以发现很多问题了。

依然以上述专利为例，来看看我们如何检视其权利要求。“权利要求1：一种使用在磁力式电子货品监视系统中的标识器，包括：（a）一个非结晶型磁致伸缩元件；（b）一个配置在与所述磁致伸缩元件相邻接位置处的偏磁元件，其特征在于所述标识器有随退活化磁场变化的共振频率漂移特性，漂移梯度大于100Hz/Oe。”

可以直观地看到，这个“权利要求1”的保护范围非常大，此为其一。其二，此次出现了技术术语“漂移梯度”，这时先不用急着弄明白什么叫“漂移梯度”，仅仅使用“傻瓜思维”来检视这个词，这时我们就会发现：通常，当我们讲“梯度”时如果没有讲清楚“梯度的区间”，人们会很难理解“梯度”的定义。正如一座山它在不同的区间具有不同的坡度，但是我们如果不讲区间而只讲坡度的话，别人难以理解你讲的是座什么样的山。

这样我们发现一个问题：“权利要求1”中所指的“漂移梯度”（大于100Hz/Oe），真的适用于所有的条件（区间）吗？当我们再次检视说明书时，却发现并非这么回事。于是，我们在专利无效时提出了一个非常有利的理由——“权利要求1”中关于“所述标识器有随退活化磁场变化的共振频率漂移特性，漂移梯度大于100Hz/Oe”的概括，使“权利要求1”所要求保护的范围包括了“无论所施加的退活化磁场强度的值是多少，标识器均具有共振频率漂移梯度大于100Hz/Oe的特性”的方式，其不能从说明书充分公开的内容得到或概括得出。

最终，我们的观点也得到了专利复审委员会的支持，该件专利的大部分权利要求被宣告无效。

如果我们以常规思维来看权利要求，则很有可能基于自己的认知来补充文字中未出现的内容，也就无法发现这些表述背后存在的问题，当然也就无法找到专利无效可能适用的理由了。

对于企业来说，在面临无法使用新颖性和创造性的理由来进行专利无效时（特别是涉案专利被无效多次却被维持下来时），树立必胜的信心是我们最终能够发现专利本身缺陷的心理基础，而使用非常规的批判性思维和“傻瓜”思维则能够帮助我们快速有效地发现专利的缺陷。一旦缺陷被找到，那么如何使用这些缺陷来阐述无效理由，以将对方的专利打掉，这就是一个苦力活而非技术活了。

三、知识产权诉讼营销的实践和策略

作者简介：刘大江，中国银联股份有限公司知识产权高级主管，曾任职于富士康科技集团知识产权部。

著名品牌战略专家李光斗在其《事件营销》一书中，列举了大量的营销案例，阐述了如何突破传统的广告营销模式，通过事件营销使100万元的营销费用看起来像1000万元，甚至上亿元。事件营销的本质是把企业想要传播的广告信息植入经策划、组织的有新闻价值的事件之中，引起媒体的自发报道，从而达到传播广告信息的目的。随着知识经济的到来，知识产权纠纷逐渐引起媒体和网民的关注，部分企业有意识地以知识产权诉讼案件作为事件进行营销，取得了远大于诉讼本身的营销效果。

所谓知识产权诉讼营销，就是主动发起或被动参与到知识产权诉讼案件中，并把知识产权有关的诉讼案件作为事件进行营销，引起媒体和公众的关注并大量报道，让企业的品牌不知不觉地进入消费者的视野中，从而增加消费者对该企业品牌的认知。本文通过对部分经典知识产权诉讼营销案例的分析，并借鉴营销学理论，探讨知识产权诉讼营销策略，以使企业在发起知识产权诉讼时获得事半功倍的效果，或者在应对知识产权诉讼时帮助企业化险为夷，甚至转危为机。

（一）知识产权诉讼营销案例分析

1.“卖凉茶世界第一，打官司倒数第一”的加多宝

“加多宝”与“王老吉”的商标诉讼堪称知识产权诉讼营销的经典案例。香港鸿道集团（加多宝集团）有限公司（以下简称鸿道集团）素以营销策略闻名，2008年汶川地震后，鸿道集团当即捐款1亿元支持灾区抗震救灾，其出品的“王老吉”红罐凉茶一下成为家喻户晓的品牌，2010年“王老吉”的品牌价值达1080亿元。然而鸿道集团的“王老吉”商标并非其注册拥有，而是1997年从广州医药集团有限公司（以下简称广药集团）许可获得的使用权。由于双方的商标许可合同纠纷，2012年5月9日，中国国际经济贸易仲裁委员会裁决“王老吉”商标归广药集团所有，鸿道集团无权继续使用，其生产的“王老吉”凉茶一夜之间变成侵权产品，不得不摒弃“王老吉”商标，推出“加多宝”品牌红罐凉茶。2012年6月，一直营销绿色盒装凉茶的广药集团正式推出红色罐装“王老吉”凉茶，且红罐外观与“加多宝”红罐极其相似。双方就红罐包装装潢的所有权诉诸法院，经过两年审理，2014年12月19日，广东省高级人民法院判定：加多宝集团立即停止使用与涉案知名商品“王老吉”红罐凉茶特有包装装潢相同或者相近的包装装潢，加多宝集团不得不宣布将罐装更换为金底红字包装。

虽然屡屡败诉，但“加多宝”凉茶的市场份额和销售额不断增加。中国食品工业协会发布的2015年度饮料行业整体运行报告显示，“加多宝”品牌凉茶以52.1%的市场份额遥遥领先中国凉茶行业市场。在整个罐装凉茶行业市场，“加多宝”品牌凉茶更以70.6%的市场份额位居中国凉茶行业罐装市场首位。

“加多宝”能取得这样的市场业绩与其知识产权诉讼营销不无关系。“王老吉”与“加多宝”的商标争议开始，加多宝集团便把该事件变成一次

扩大影响力的事件营销，“加多宝集团若无法扭转最终结果，那么现在败诉结果被传播得越广泛，对于后期推新包装、维护经销商团队越是有利的”。在广告宣传上，商标权争议仲裁结果出来之后，“加多宝”便推出广告语：“全国销量领先红罐凉茶，改名‘加多宝’。还是原来的配方，还是熟悉的味道。”“加多宝”巧妙地移花接木，没有强调“加多宝”是一个新的凉茶品牌，而是不断诉说自己是从原来的“王老吉”更名成为“加多宝”，配方、口感、包装都不变。这一招一石三鸟，既能承接原来“王老吉”的忠实消费者，又稳住了销售渠道，同时还最大限度地榨取了“王老吉”的品牌资产，降低了打造新品牌的成本。虽然该广告语在2013年1月31日被广州市中级人民法院“诉中禁令”裁定停止使用，但这已改变不了“王老吉”的品牌资产被成功转移到“加多宝”的事实。同时“加多宝”的公关团队巧妙地利用了各种有利因素，大打悲情牌，通过有效的公关运作，成功地让全国大部分媒体、专业人士都站在了“加多宝”这一边，让消费者和渠道商从感情上更容易接受“加多宝”。

2.“秀”出专利肌肉，意在国际市场的华为

上述案例中“加多宝”是在被动应诉中成功进行了营销，而华为则主动出击，于2016年5月25日在深圳市中级人民法院和美国加州北区法院起诉山东三星集团有限公司（以下简称三星）专利侵权，涉案专利为通信标准必要专利。7月4日，华为又在福建泉州市中级人民法院起诉三星集团专利侵权，涉案专利为人机交互类专利。

分析人士认为，华为已经与苹果公司签订了专利交叉许可协议，向苹果公司许可专利769件，苹果公司向华为许可专利98件，覆盖GSM、UMTS、LTE等无线通信技术，而华为与三星历史上没有签订过交叉许可协议，华为对三星提起一系列的专利诉讼是想以打促和，和三星等终端厂商签订类似与苹果公司的专利交叉许可协议。

本人认为其营销意义远大于诉讼意义，意在彰显华为自身的专利实力。首先，这一诉讼案件已经在第一时间占据了包括英国广播公司、《华盛顿邮报》、新华网等国内外媒体的重要版面，让多数消费者认识到华为智能手机已经达到了与三星比肩的高度，彰显了华为的专利创新优势。不论诉讼最终的结果如何，这都是华为一次成功的品牌营销。华为以科技创新为核心的品牌形象得到进一步强化，其核心技术的知名度和认可度也得到有效提升。

其次，华为起诉三星剑指国际市场。根据全球市场研究机构Trend Force官网发布的报告显示，2016年第二、第三季度前五大中国品牌智能手机生产数量排名，华为稳居第一，占19%；而在全球市场来看，华为仅占9%，远次于三星的22%和苹果公司的13%。华为手机的国际占有率同三星相比仍然存在很大差距。华为在美国提起诉讼，不仅是基于知识产权保护的考虑，更多的是为了在国际市场上证明中国的通信制造企业一样拥有不可替代的世界领先技术。

3. 诉讼营销术专家360

2012年11月，北京奇虎360科技有限公司（以下简称360）向广东省高级人民法院起诉，主张腾讯科技（深圳）有限公司、深圳市腾讯计算机系统有限公司（以下简称腾讯）滥用在即时通信软件及服务相关市场的市场支配地位，构成垄断，360请求判令腾讯立即停止滥用市场支配地位的垄断行为，赔偿损失1.5亿元。广东省高级人民法院一审判决，驳回360全部诉讼请求。360不服，向最高人民法院提出上诉。2013年11月26日，该上诉案在最高人民法院第一法庭公开开庭审理，最高人民法院网联合中国法院网、人民网直播庭审，判决结果是维持原判。虽然360在诉讼中败诉，但该案件在最高人民法院审理，并在各大电视台和网站直播，大大提高了360的知名度，显然360已经成为商业上的赢家。

事实上，这并不是360第一次，也不是最后一次类似的诉讼，其他典型诉讼还有：2013年4月25日，360强行篡改百度搜索结果页面，造成混淆、故意仿冒、混淆搜索结果、劫持流量，被判赔偿45万元；2013年7月，360董事长对北京金山公司造成名誉侵权，被判须道歉并赔偿5万元；2013年12月4日，腾讯诉360扣扣保镖不正当竞争案，一审判决360败诉，360被判赔偿500万元；2014年2月14日，金山诉360恶意卸载金山毒霸软件构成不正当竞争，360败诉；2015年5月，搜狗因浏览器遭360恶意拦截，诉360不正当竞争，360败诉，被判赔偿510万元；2016年3月，北京小米科技有限责任公司（以下简称小米或小米公司）以不正当竞争为由把360诉至北京海淀区法院，之后，360针对“小米阻截用户装360软件”，以不正当竞争为由，反将小米公司诉至北京西城区法院，双方索赔金额均为2000万元。

2015年，360手机卫士的智能手机累计用户数就达7.99亿人，在国内保持绝对优势，持续领跑手机安全市场。在BAT垄断中国互联网的市场环境中，360仅仅通过缴纳几场官司的败诉费用，就频频占据互联网公司的新闻头条，并顺利挤进中国互联网的第一梯队，确实是一本万利的好生意。“每次360挑起的大战几乎都会以360在法律上的失败和在商业上的成功收尾。官司失败后，区区几十万元的赔偿额度与360因此取得的巨大市场份额和经济利益相比，简直不值得一提”。

（二）知识产权诉讼营销的策略建议

知识产权诉讼的商业目的，可能是为了增加自己或客户的订单，亦可能是要求损害赔偿以增加营业收入，或只是为让竞争对手在应诉上疲于奔命，甚至扰乱对方上市出货的相关布局；而将诉讼作为营销手段虽然能够带来巨大的商业机会，但同时也存在极大的风险，因此比发起常规的知识产权诉讼需要进行更周全的策划。结合上述案例，我总结了如下策略建议。

1. 突出营销的目的

筹划知识产权诉讼营销，要结合企业的市场需要，更要重点考虑诉讼的营销目的。上述案例中，华为、360在发起诉讼前无不做好了营销准备，在发起诉讼后很短的时间内就将准备好的相关诉讼信息公开发布在各大媒体；加多宝集团在应诉过程中也在最短时间内做好了营销方案。2011年苹果公司发起与三星集团的世纪专利大战之时，也做好了诉讼营销准备工作。苹果公司的律师哈洛·麦可希尼（Harold Mc Elhinny）在开庭时发言，指控“三星抄袭iPhone”以及“三星远远跨越了竞争情报的世界，进入黑暗的那一边”。这些发言被翻译成多国语言，全球主要报纸的头版新闻都报道了这个消息，新闻标题便是《苹果说三星抄袭iPhone》。如果想要通过传统的广告活动而获得类似的媒体曝光效果，其费用可能会远远超过苹果公司付给律师的费用（据悉三星2012年的全球广告费用高达43亿美元，是苹果公司广告预算的4倍以上）。其他案例中，秋林与娃哈哈的正宗格瓦斯之争、腾讯与奇瑞的QQ商标之争，从各大媒体的报道都能看出原被告双方借诉讼营销宣传自己品牌的影子。

2. 占领道德制高点

在360与百度的搜索大战里，360强调自己的“综合搜索”服务给用户提供了多样的选择，可以促进行业发展；同时把舆论聚焦在百度芜杂的广告推广上，令公众关注其真假产品、网站参差相间，混淆搜索结果，让百度处于“不德”“逐利”的道德谴责中。腾讯诉360不正当竞争一案中，360知道用户不喜欢腾讯广告带来的不便，所以推出了“扣扣保镖”。虽然涉嫌违法，却能牢牢地获得公众支持。360通过高举“反垄断”“维护用户安全”等旗帜，不但赢得了许多同情分，更是号召更多的互联网公司加入“蚂蚁啃大象”、挑战互联网巨擘的队伍。

知识产权是法定的权利，尤其是包括一定的人身权利，侵权本身不是一件光彩的事情，原告具有较大的道德优势，尤其是抄袭版权、假冒商标、侵犯商业秘密、不正当竞争等案件中，被告需要承受更多的舆论指责。如果原告不能很好地把握维权的尺度，也可能适得其反。唯冠科技（深圳）有限公司（以下简称唯冠）与苹果公司的iPad商标之争，在经历一年多的马拉松之后终于以苹果公司付出6000万美元收购商标而尘埃落定。针对唯冠在中国各地禁止销售苹果公司iPad的维权行动，很多中国人给出了“无耻”的评价。又例如，作为事件营销高手的加多宝集团万万没有想到对手会以同样的营销方式向它“致敬”。化州红冠化橘红饮料有限公司（以下简称红冠）召开新闻发布会，以“加多宝”的改名广告“全国销量领先红罐凉茶，改名‘加多宝’”涉嫌侵犯其“红冠”商标权益，状告“加多宝”侵权并索赔1亿元。红冠对其不满的理由与广药集团惊人地相似：“正宗红冠凉茶从未改名”。红冠的产品在该诉讼之后却未见到有何起色，诉讼结果也不得而知，还被扣上了趁火打劫和借机炒作的名声。

3. 要有吸引媒体和公众关注的“料”

将知识产权诉讼法律事件变成媒体事件必须要能够引起媒体的自发新闻报道，从而达到传播营销信息的目的。一件诉讼能否被新闻媒体传播，主要取决于该诉讼是否与公众利益相关联，公众利益包括安全、公正、道德、荣誉、审美等社会价值利益，这就需要时刻留意当下的网络舆论，从网民的关注话题中找到策划的突破点是一种简单又有效的思路。开云集团（KeringSA）旗下一众奢侈品古驰（Gucci）、圣罗兰（Yves Saint Laurent）于2015年5月在美国向阿里巴巴及其平台商家提起诉讼，控告阿里巴巴故意为一大批制假商在全球各地包括美国出售非法商品创造可能性。该案的起诉时间恰好在阿里巴巴在美国上市前，美国股民都在议论这个IPO（首次公开募股）金额历史最高的上市公司，借着阿里巴巴上市的新闻及公众对假货的痛恨，奢侈品牌们给自己做了一次很好的正面广告。

另外，诉讼能够成为新闻事件，需要满足公众的心理感官需要，主要包括公众对诉讼的好奇、争议、趣味、参与满足感等。因此，发起知识产权诉讼营销可以从以下角度对诉讼进行包装。

（1）做个标题党。官方发布的新闻标题不能使用法律语言，而应当使用媒体语言，哪怕适当过分一点都可以。比如《奥克斯携手××欲血洗手机市场》《华为全球起诉三星专利侵权内幕：太狠了》的标题，虽然看得记者都“心惊肉跳”，但可资借鉴。

（2）诉讼金额要“惊悚”。要么提出超高索赔金额，如1亿元，要么提出超低索赔金额，如1元，这样不仅可以吸引专业媒体关注，也利于公众传播。

（3）法律上要有争议。有讨论空间、富于争议的话题，才能引起专家、媒体、网民的兴趣和共鸣，并形成热烈讨论的氛围。知识产权诉讼的内容最好在法律上要有争议，例如：到底谁是正宗“王老吉”？腾讯是否构成垄断并滥用市场支配地位？

4. 有所为，有所不为

事件营销是把双刃剑，运作得当，品牌得以充分展示，在消费者心中树立起良好的品牌形象，运用不当会适得其反。

富士康显然在这方面犯了一个错误。2006年6月15日，《第一财经日报》记者发表报道《员工揭富士康血汗工厂黑幕：机器罚你站12小时》，描写了富士康工人的许多生活细节，包括超时加班，连续站立作业，强制献血，等等。6月21日，记者又写出《富士康离职女工：连续作业12小时已是家常便饭》的追踪报道。随后，富士康以侵犯名誉权为由，将《第一财经日报》记者与编辑直接告上法庭，向两人索赔3000万元的巨额赔偿，并利用诉前保全程序将其个人房产、汽车等财产查封。

在此不讨论法律层面应如何判决，仅讨论该事件对富士康的影响。由于原告为世界500强企业，被告为记者个人，诉讼双方过于悬殊的实力差距，以及对记者个人3000万元的天价索赔，将一个法律纠纷变成了一场公共事件。该案引起媒体界的“同仇敌忾”，出现了大量声讨富士康的声音，虽然后来富士康将诉讼标的改为1元，但也无法平息媒体的讨伐。9月3日，《第一财经日报》与富士康磋商后，发布联合声明，富士康撤销对《第一财经日报》的诉讼。

盐城捷康恰恰相反，通过主动选择加入诉讼纠纷，反而收到了很好的营销效果。2007年4月6日，英国泰莱科技有限公司和美国泰莱三氯蔗糖公司（以下简称泰莱）向美国国际贸易委员会（ITC）指控25家生产和代理三氯蔗糖的中外企业（随后追加了两家企业），侵犯了其5项专利，申请ITC启动337调查程序，发布普遍排除令和停止令，排除所有来自美国境外的三氯蔗糖及下游产品。在27家被指控的企业中，共有13家是中国企业。盐城捷康在没有被列为被申诉人的前提下，为了保持企业产品在美国市场的生命力和竞争力，主动要求作为第三人加入调查程序。2009年4月6日，ITC发布最终公告：“盐城捷康出口到美国的产品中，没有发现触犯337条款，未参加应诉和被判定侵权的被调查企业的产品禁止出口到美国。”至此，盐城捷康作为中国唯一一家主动加入ITC的337调查的公司，经过一年半时间的跨国诉讼，共支付律师费2000多万元，终于战胜了国际甜味剂巨头泰莱公司对中国同行及产品的诉讼。盐城捷康也成为首例在美国337知识产权调查中主动加入并胜诉的企业。自从主动加入337调查开始，盐城捷康的案例被广泛报道，当时成立才两三年的盐城捷康知名度迅速提升，全球行业都知道盐城捷康主动加入了ITC的337调查，知名度上升到全球甜味剂行业第二名。销售网络建设加快，由于盐城捷康主动加入ITC调查，全球各国的经销商和客户主动来与盐城捷康接洽业务，在很短时间内建立了遍布欧洲、南美洲、亚洲以及南非、澳大利亚的全球销售网络。

总的来说，一件知识产权诉讼仅仅是一个点，但如果能结合宣传策略对品牌进行营销，则可以将诉讼的影响力扩大为一个面，可能对双方的生存发展产生更深远的影响。当然，策划一件知识产权诉讼营销，仅法务部门的参与是不行的，需要品牌、市场、公关等相关部门相互配合，甚至需要聘请公关公司，形成全面的营销预案，把握舆论导向。

四、一个“八卦阵”，专利侵权诉讼全掌控

作者简介：丁建春，广东君龙律师事务所、深圳市威世博知识产权代理事务所创始合伙人，曾任职于富士康科技集团知识产权部和中国专利代理（香港）有限公司。

一直以来有个想法，就是结合自己多年的实战经历，用一张图来概括企业专利侵权诉讼的全部工作内容。

作为代理过上百件专利诉讼案件的IP“老兵”，思索良久，废寝忘食未得答案。最后干脆直奔中国老祖宗的文化源头——阴阳八卦图，才算从中悟到些许专利诉讼的精髓，于是奋笔疾书，终得此图，如图8-2所示。

图8-2　企业专利侵权诉讼策略架构图

以个人经历总结，企业专利侵权诉讼策略从时间先后关系上分为两个大的阶段：第一个为备诉阶段，第二个为应诉阶段。此两个阶段的分界线以

企业向法院递交诉状或者收到来自原告起诉材料的时间进行划分。

（一）备诉阶段——整合布局

概括地说，备诉阶段的工作宗旨是整合布局，也即整合各种与专利相关的资源（创造、管理、保护、运用），布局好各类资源的定位、分工、品质、职责标准等。

1. 新技术、新产品的引领保护

目前大多数企业的专利创造工作是由研发主导，研发部门做出一项研发成果之后，交给知识产权部门来布局保护。该模式容易造成被动保护的局面，有必要在专利保护上扭转知识产权部门的角色定位，由被动保护转化为主动保护。当研发部门制定好研发方向、策略之后，知识产权部门就要基于现有专利数据库进行同步的专利调查分析，并基于调查分析的结论指导专利布局。此外，该调查分析也可以供研发部门完善、调整研发策略时做参考。

2. 对手防范

对于国内企业来说，通过市场状况、产品侵权状况分析，能够发现那些拥有授权专利且本企业产品可能已经侵犯对方专利的主要竞争对手（很有可能是未来潜在的侵权诉讼的发起者）。针对竞争对手做好专利预警工作，是企业知识产权工作的重要部分，这不仅能够帮助企业及早发现侵权风险，从容应对突发侵权危机，而且还能有针对性地进行专利布局，增强自身防护能力。企业针对竞争对手的专利预警工作可以从以下几个方面开展。

（1）建立竞争对手的动态专利库。建立对手的动态专利库是针对竞争对手进行专利预警分析的基础。企业通过动态监控竞争对手不仅能够实现实时了解其专利布局特点，掌握其最新研究动向，而且结合竞争对手的商业信息，还可以洞察其战略意图。由此可以有针对性地制定并调整企业自身发展策略。比如，当发现竞争对手已掌握核心专利时，可在核心专利基础上进行改进并申请外围专利，争取未来可以通过改进型外围专利与竞争对手的核心专利取得交叉许可，从而牵制竞争对手。又比如，当发现竞争对手在布局方向上有所侧重时，可在其暂时未布局区域提前布局，以在未来竞争中获得更加主动的地位。

（2）制定风险应对预案。当通过竞争对手的动态专利库监测到企业的产品或者研发技术存在侵犯对方专利权的风险时，应及时制定应对预案，以期将风险降到最低。针对竞争对手的应对预案包括如下内容。

第一，侵权风险评估。企业可以委托专业机构就自己的产品或者技术对竞争对手相关专利是否侵权的事实进行调查和专业评估，这包括评估竞争对手的专利申请是否符合授权条件，专利是否在有效期内，专利是否稳定，侵权是否成立，等等。

第二，制定应对策略。经过风险评估清楚地认识自己和竞争对手各自的优劣势，判断对手可能的诉讼策略，并制定应对策略。

一是阻挠竞争对手获得专利或者无效对方专利。这是最常用的积极应对之策，是釜底抽薪，直接打掉风险源头，但前提是能够获得影响授权或者专利稳定性的相关证据，或者发现专利的实质性缺陷。

二是回避设计。回避设计是一种较为常见的防御之策，通过对侵权产品进行改良设计，使之不落入对方专利的保护范围内，达到消除侵权风险的目的。比如，比亚迪股份有限公司（以下简称比亚迪）在电池技术创新过程中有意对强大对手索尼集团有限公司（以下简称索尼）的专利技术进行回避设计，后来，比亚迪在日本被索尼起诉，而由于比亚迪的电池技术已经提前做了规避，所以在诉讼调查中发现并未侵权，从而回避了风险。

三是专利许可、交叉许可或者反诉。通过专利许可，企业可以避免专利纠纷且可以继续使用专利技术。企业被诉时，如果自己手头也拥有制约对方的专利，可考虑利用自身专利与对方协商进行专利交叉许可。另外，若发现对方也存在侵犯自己专利的情况，还可以考虑采用反诉策略。比如，号称中国赔偿额最高的正泰诉施耐德案中，正泰应对施耐德发起的全球诉讼的关键一击就是在中国发起了专利侵权的反诉。

（3）杀手挖掘。所谓杀手挖掘，是指在自己所拥有的专利组合中寻找可以涵盖竞争对手产品的专利，满足该条件的专利叫杀手专利。企业需要不断关注竞争对手新推出的产品，同步挖掘杀手专利，以备被竞争对手起诉时可以快速响应，反诉对方产品侵权。

现代社会的产品往往是多种技术积累的结果，最终产品往往是多种专利的组合，也就是说产品的生产很容易遇到专利交叉覆盖的现象。若没有自己的授权专利，或者自主专利很弱小，当面临专利诉讼时，会缺乏反诉的手段，没有与竞争对手进行谈判的有力筹码。这样的企业很容易受到欺负。

企业拥有深厚的专利积累就拥有了反诉的资本。企业拥有丰富的杀手专利不仅是制衡对手的重要筹码，也起到威慑潜在竞争对手的作用。比如，谷歌为了对抗苹果、微软等公司针对其Android系统发起的专利诉讼，2011年从IBM手中买下千余件专利，有效增强了其应对智能手机专利诉讼的能力。

此外，需要强调的是，一个不具备侵权可视度的创新技术方案，即使符合专利法所要求的三性，也不是一项好的法律投资。良好的侵权可视度，意味着专利权利人可以以合理成本获悉并鉴别市场上的侵权方案，并能最终向法官清楚地证明侵权事实。因此，应优先挖掘侵权可视度高的专利作为杀手专利。

3. 其他备诉要点

除了以上提到的备诉阶段的主要事项之外，还有其他一些备诉阶段的工作重点，具体介绍如下。

（1）法规、案例、法院研究。企业最好定期研究可能涉诉地区的法规、案例以及法院的审判实务，以熟悉诉讼可能发起地区的专利制度和法律制度，并尽量熟悉国际贸易的相关法律，从而在诉讼发生时充分利用各种法律制度来捍卫自己的合法权益。由于美国采用案例法制度，所以对于美国专利诉讼案例的研究显得尤为重要。即使大陆法系的国家，典型性案例对于后续类似案件也有不可忽视的指导示范作用。因此，对德国、日本等地区典型专利诉讼案件的搜集研究不容忽视。事实上，通过研究这些案例一方面可以总结出商业诉讼策略，另一方面又可以从法律角度梳理出可供企业参考的专利申请保护策略。

（2）证据积累。专利诉讼程序的核心是法庭上各种证据的呈现。因此企业在日常经营中需要系统地完善、积累有利证据，避免不利证据。

一个典型的案例是，在三星对苹果公司的专利诉讼中，苹果公司律师披露了一份长达132页的三星内部报告，该报告将GalaxyS和iPhone逐项做了对比。三星的产品设计师在这份报告中的结论令所有人震惊：建议将GalaxyS设计得更像iPhone。此份证据显然在庭审时给三星造成了严重的不利影响。

事实上，在美国为了避免故意侵权的三倍赔偿处罚，企业经常采用的一个手段就是，提前做一份专利不侵权分析报告，这也属于有利证据的积累。再者，为了避免在美国诉讼的证据公示阶段留下不利证据，企业研发部门在分析研究竞争对手产品、专利时需要规范研讨分析记录。

其他需要搜集积累的证据，包括专利和非专利文献，在先使用公开、销售证据，企业的研发档案，产品的图纸、原型图，等等。这些都将在专利侵权诉讼中成为有力证据。

（3）培育高价值专利包。高价值专利具有技术价值高、稳定性高、保护范围大、市场价值大等特点，是专利侵权诉讼中的常客。高价值专利的培育是由多种因素决定的，比如企业的整体研发水平，企业所委托专利代理机构的专利撰写、布局的专业水平，企业研发技术市场把握水平，等等。因此，企业需要从战略层面制定高价值专利的培育机制，以最大限度地培育高价值专利。此外，企业还必须注意知识产权总体布局，注意专利组合、专利池、标准专利的布局。通过实施标准专利战略，积极参与国际标准的制定，推动自有技术方案纳入标准，积累高价值基本专利。

（4）律师函。当发现竞争对手存在侵权行为时，可先向对手寄发律师函。律师函具有"先礼后兵"的意味，通过发送律师函可以表明友好协商的态度，让当事人更容易接受，尽量达到以不伤和气的非诉形式低成本、快捷解决纠纷的目的。另一方面，专利纠纷中的律师函较宜采用"提示或建议"的文体（因为不想在此阶段直接挑起事端），因此应尽量避免夸大其词。企业在收到律师函时，应及时对自身情况进行检查。若律师函所列情况属实，应尽早与对方联系，通过协商的方式解决，避免进入正式诉讼阶段的成本开销。

律师函是专利诉讼的前兆，当事人应该认真对待，从而避免更大的潜在风险。针对不同的情况，当事人应该采取不同的应对方式。比如，如果权利人直接给当事人发函，这时应该是权利人有意向和当事人通过商务谈判解决问题，因此建议当事人直接与专利权人进行协商，而不是让律师出面应对，以突出当事人解决该潜在纠纷的最大善意。如果专利权人通过律师出面和当事人接触讨论解决问题的方案，则当事人最好也聘请律师来和对方律师直接商谈。

（二）应诉阶段——有序掌控

概括地说，应诉阶段的工作宗旨是有序掌控，即确保各种与专利诉讼相关的资源要素（律师、证据、审理程序、谈判等）处于有效的可掌控状态，且要确保各相关资源要素积极有序地运作，以实现应诉阶段企业利益的最大化。

1. 侵权分析

在专利诉讼中要判断产品是否侵犯专利权，首先要做的技术工作就是专利侵权分析，通过对比专利权利要求与被控侵权物品或者方法的技术特征，以确定是否构成侵权。专利侵权分析需要配合各国的法律适用原则进行，因为每个国家和地区都有自身的专利法以及审判体系，所以企业只有全面了解并合理运用产品出口地的专利侵权判断原则，才能获得准确的专利侵权分析结果。目前已形成三个世界通用的专利侵权判定基本原则，即全面覆盖原则、等同原则和禁止反悔原则。

2. 无效分析

在专利诉讼中被告最常用的抗辩是对原告专利提出无效。提出无效前，企业需要进行专利稳定性分析。

事实上，把一项技术通过周密的语言进行确权是很难的事，尤其是看起来直观简单的技术方案，往往会因为撰写瑕疵而成为经不起无效炮火检验的“纸老虎”。为了让专利稳定性分析做到有的放矢，企业可以邀请技术专家与专利代理人通力合作，在知识产权局专利检索咨询中心出具检索报告的基础上，进行更为细致的补充检索和全面评估，从技术、文字理解、法律缺陷等方面找出专利无效证据。

3. 回避设计

在专利侵权应对策略中，回避设计是企业知识产权管理和技术研发的一个重要主题。企业可以通过提出一种能够避免侵犯障碍专利保护范围的替代方案来规避侵权风险。具体在实践中，企业在明确专利保护范围后，可以通过四种途径获取回避设计方案：其一，省略权利要求的一个以上的技术特征；其二，修改权利要求的一个以上的技术特征；其三，采用现有技术；其四，采用专利审查档案和说明书排除的技术方案，或者说明书记载而权利要求未保护而适于通过捐献原则使用的技术方案。

然而，以个人的看法，自主创新才是强国富民的出路，回避设计只是目前的缓兵之计。随着业界对知识产权日益重视，各国对知识产权的保护也日益加强，回避设计的空间和成功的可能性也将越来越小。因而，在了解别人专利的情况下，努力自主创新，开发属于自己的新技术才是企业正确的发展方向。

4. 其他应诉要点

除了以上提到的应诉阶段的主要事项之外，还有其他一些应诉阶段的工作重点，具体介绍如下。

（1）国内抗衡。在正泰诉施耐德案以及华为诉IDC案中，国内企业在国外面临跨国巨头专利侵权诉讼时，通过适时开辟国内主战场，达到了抗衡海外诉讼的目的。实际上，就目前的环境看，国内企业在中国战场提起对外国企业的专利诉讼胜算较高，可以一定程度上化解国外专利诉讼的危机，这对于中国企业来说不失为一个可选的诉讼策略。

（2）和解谈判。有经验的企业都会做到遵守和运用国际知识产权通行规则，依照国际惯例处理知识产权事务。以积极友好的态度，通过交叉许可、商业合作等多种和解谈判的途径，而不是以直接诉讼到底的策略来解决知识产权问题。

比如，在美国，由于专利诉讼案件审理期长（约50%的专利诉讼案件的一审审理期限超过2年）、费用较高，当事人常常在庭前或判决前通过和解谈判解决争端，这也是美国专利诉讼案件中和解、裁定撤销诉讼、原告撤诉的比例偏高的重要原因。据《TFT-LCD美国专利侵权诉讼案件分析报告》（作者制作）中的数据显示，裁是和解、裁定撤销诉讼、原告撤诉的比例之和高达55%（见图8-3）。由此可见，和解谈判已经被广泛应用到专利诉讼策略当中，在合适的时间点提起和解谈判避免了诉讼双方被拖入长期诉讼的泥潭中，费时费力。

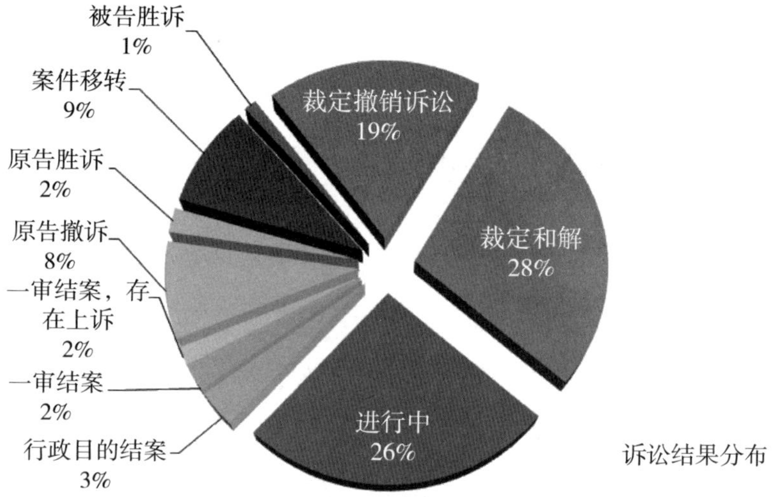

图8-3　TFT-LCD美国专利侵权诉讼案件诉讼结果分析

（3）合纵连横。在与思科及诺西的诉讼案中，华为就充分展现了其处理知识产权纠纷的合纵连横的能力。据悉，华为与业界主要厂商和专利权人（如苹果、IBM、高通、爱立信、诺基亚、北电、西门子等）签署了数十份知识产权交叉许可协议，由此为自己争取到了非常有利的诉讼地位。

（三）备诉与应诉的有机统一

上面分别从备诉和应诉两个角度介绍了企业处理专利侵权诉讼的策略，在两个阶段中有两个基础性工作是必不可少且至关重要的：一是粮草先行（也叫财力支持），二是齐心协力（也叫人力支持）。

1. 粮草先行

在当前企业竞争日趋激烈的新形势下，专利诉讼大战的背后，是企业间市场竞争实力的较量。无论在备诉还是应诉阶段，都需要保证充足的资金预算，方可保证各项工作的顺利推进。比如，一件美国专利诉讼的律师费平均在100万～500万美元，这对企业的经营来说是一个不小的负担。

2. 齐心协力

《孙子兵法》在开篇中说："兵者，国之大事，死生之地，存亡之道，不可不察也。故经之以五事，校之以七计，而索其情。一曰道，二曰天，三曰地，四曰将，五曰法。道者，令民与上同意，可与之死，可与之生，而不畏危也。"

孙武将打仗的重点分为五个方面，其中首要的是"道"，而"道"的标准简单地说就是上下齐心，得民心者得天下。同样的道理，一场专利诉讼往往涉及多方参与者，有企业内部的律师、技术人员、市场人员、财务人员，还有外聘律师（有时外聘律师还包括中方律师以及欧美律师）。如何保证各方参与者有序合作，充分发挥各自优势，是专利侵权诉讼取得最终胜利的重要一环。有经验的企业在应对专利诉讼时通常会由企业重要领导直接挂帅，组建包含各方专家的诉讼专案组，对重要贡献者甚至给予丰富的物质奖励。此方可实现齐心协力、战无不胜的目标。

实际上，在企业应对专利侵权的备诉和应诉阶段，很多工作是可以相互转化的，只是个案不同侧重点有所不同而已。相应地，企业专利侵权诉讼策略架构图中各项工作需要灵活运用，正像中国传统文化中的八卦太极图一样，太极中的阴阳互相转化，八卦的每一卦相互激荡、错综复杂，需要通过长期的应对学习，方能达到熟练运用的境界。

9

PART

第九部分

知识产权综合管理

30家国内一线创新公司的知识产权是如何运营的

IP之道

一、一名优秀专利代理人的自我修养

作者简介：王安武，北京东方亿思知识产权代理有限责任公司副总裁，曾任职于富士康科技集团知识产权部。

2000年大学毕业后，我入职深圳富士康知识产权部门，以专利工程师的身份进入知识产权行业。2004年年初离开深圳，入职北京东方亿思知识产权代理有限责任公司，从一名普通的专利代理人做到公司副总裁。在知识产权行业工作至今的16年里，对于专利代理人的职业提升积累了一些经验和观察。在目前这个言必称“颠覆行业、创造历史”的喧嚣时代，IPR如何抵抗浮躁环境的影响，合理规划成长路径，避免走弯路，仅以本文谈谈自己的看法。

（一）夯实基础

磨刀不误砍柴工。静下心来，一步一个脚印，打下扎实的技术、法律基础，提升洞察行业发展的能力，是IPR进化升级的必经道路。

1. 了解技术背景

没有扎实的技术背景，可能成为一个优秀的出庭律师，但绝不可能成为一个优秀的专利代理人。如何高效地了解进而熟识特定领域的技术，除了学习相关技术领域的经典书籍教材之外，我建议IPR注意以下几个方面的积累。

（1）多和发明人深入沟通。通过和发明人沟通，可以高效地了解特定技术领域的沿革，并理解技术难点；但是，发明人同意、愿意以及乐意和代理人沟通的前提是，代理人不是负担，而是帮手。代理人有意愿以及能力帮助发明人挖掘发明点、完善交底书、充实实施例、撰写出高质量的申请文件，自然会得到发明人的青睐和信任，从而形成互助共赢的局面。

在企业内部任职时，我和所负责的各类电连接器产品线的制造工程师保持着良好的工作乃至私人关系，在有任何技术问题需要请教时，制造工程师们也都是知无不言、言无不尽。

（2）充分利用专利文献的技术特性。充分利用专利文献本身的技术特性来了解特定技术领域，也是一种可取的思路。通过有规划地阅读特定技术领域的专利文献，充分利用专利文献清晰的结构化特征，可以全面地了解特定领域的技术问题以及技术研发趋势。

刚入行时，我也经历了“没吃猪肉，先看猪跑”的培训过程。通过处理FTO（Freeto Operation）调查以及产业调查报告的机会，把竞争厂商申请的美国专利全部下载下来，并一篇一篇地去研读，几个月下来，各个厂商之间电连接器技术的区别以及优缺点，也渐渐明晰了然。

（3）避免定位错误。技术底子虽然要打牢，但专利代理人绝不应把自己定位为与发明人同等水平的技术专家。专利代理人归根结底是立足于技术的法律人。在逐渐了解、熟悉并掌握相关领域技术的过程中，理工科背景的专利代理人可能会有自己需要成为甚至已经成为本领域技术专家的错觉。这种错觉要么会负面影响专利代理人合理分配学习精力，要么会负面影响专利代理人创造性地判断发明技术效果。

在我实际工作接触过的专利代理人中，有轻视交底书认为其中公开的技术不值一提的，有看轻发明人认为其研发能力达不到业内顶尖水平的，也有固执己见误判发明技术的创造性不足的。如果专利代理人客观地将自己准确定位在通过理解技术内容来协助发明人的法律人的角度，有助于避免这些偏见。

2. 加强法律素养

专利代理人除了要精通知识产权领域的法律、法规、部门规章，还应该广泛涉猎其他法律领域，培养综合的法律素养。专利代理人均具备理工科背景，但大多无法学学历，如何提升法律素养，由易到难，我有以下建议。

（1）备战代理人考试和司法考试。通过准备专利代理人考试和司法考试，可以逼迫自己对相关法律法规有一个全面系统的学习。听课、看讲义、做题，时间花够，通过考试应该不是问题，更为关键的是，能够系统性强化相关法律基础。

（2）进修法律学位。现在市面上有大量的国内在职或脱产法律进修的机会。此外，在时间、金钱成本可接受的前提下，通过TOEFL或LSAT考试，去海外进修LLM或JD法学学位，也成为越来越多专利代理人的选择。业内“四证（中国专利代理人/律师执照+美国专利代理人/律师执照）在手，天下我有”的人物已不鲜见。

（3）拓展海外法律工作经验。海外法律工作背景，已经成为国内领军企业（特别是有海外业务需求的企业）对高级IP职位设定的刚性需求，也是众多顶级IP律师事务所对海外业务负责人的基本要求。海外法律工作的机会，不像学习机会可以自己创造，而是可遇而不可求。学习阶段如果有好机会一定要把握住。暂时没有，可以先回国内，找到一个好的平台，保持关注相关职位招聘信息，待日后有好机会再去不迟。

我的一位同行朋友，在美国法学院毕业时即考取美国律师执照，但未找到合适的工作机会。回国进入一家以涉外CommercialIP业务为主的律师事务所作为跳板，在找到合适机会跳到该律师事务所服务的外企从事法律事务后，又通过该外企的平台找到远在瑞士的工作机会，完成了她个人追求的终极跳跃。多语言、跨文化的学习、工作以及生活经历，无疑为她未来的职业发展开启了更多的可能性。

3. 加深产业理解

在打下扎实技术基础的前提下，对客户所处特定产业的历史、现状以及发展趋势有清晰的认识，才有可能提供贴合客户商业需求、符合事务所发展方向的知识产权服务。

（1）重视IP专业问题的商业语言转化。了解客户所处产业的基本情况，包括产业发展沿革、主要竞争对手、客户业务的发展阶段以及中远期目标、产业链上下游关系等，才能站在客户业务发展的角度考虑问题，才有可能把知识产权领域的专业问题以及建议，转化成客户能够听懂的商业语言，传递给客户。这一点在与企业非IPR的行政管理层沟通时，尤为重要。

例如，在我曾经处理的一项中外合资公司成立的项目中，外方CEO只会关注与中方公司如何克服各项困难（包括知识产权法律风险）并完成此项目。律师仅提示法律风险以及法律应对方案是远远不够的，必须将该法律风险与商业风险对应，并提出符合商业运行规则的解决方案，才有可能满足客户的需求。

（2）按行业趋势规划事务所发展。理解产业的各个层面，有助于知识产权事务所管理层有针对性地对业务以及团队进行中远期的规划。对产业发展的理解及判断，将影响在哪个国家地区进行布局，对哪个业务板块进一步扩充，以及对哪个技术领域重点投入，进而影响知识产权事务所的长治久安。

例如，在传统知识产权国内业务量总体趋于平稳甚至下降的情况下，如果还“蒙眼狂奔”，不在国内业务、小语种业务、企业知识产权咨询业务、专利运营业务以及专利技术移转业务上提前布局，发展出适应产业发展、适合事务所运营的差异化服务竞争力，知识产权事务所的道路只会越走越窄。

（二）拓宽视野

能不能夯实基础，决定了专利代理人和知识产权律师的起点根基是否牢固，这是事务所IPR未来茁壮成长的前提；而视野的宽窄，则决定了IPR发展的方向是否正确，是否会走弯路。

1. 培养业务、市场、销售能力

永远要保持一颗不断离开舒适区、不断培养新的业务能力（甚至市场能力、销售能力）的心。

以传统涉外专利事务所的新人为例，在逐渐接触并熟悉基础的专利文件翻译、校对、答复OA等非诉业务之后，是否愿意走出舒适区，改变传统的代理人思维，尝试承担高强度、高压力的客户咨询业务、涉诉业务等，是专利代理人的专业技能是否有质的突破的前提。

此外，如果有心在管理职务上有所发展，在不断锤炼自己的法律专业能力的同时，有意识地了解客户，熟悉市场，培养维护客户和开拓业务的能力，是专利代理人从业务通道转换至管理通道的关键。

2. 转换平台和角色

良禽择木而栖。在不同的发展阶段，要找对适合自己施展拳脚的平台，才可能使自身以及所在平台的价值最大化。

以我自身职业生涯为例，在经历了四年的企业IPR阶段后，驱使自己跳脱企业，进入知识产权事务所的关键，就是对新的知识产权技能的渴求，以及对新平台未知挑战的期待。

在事务所工作了八年后，我从负责各类专利案件处理的部门经理转换角色，任职副总经理负责公司市场以及销售。这几年时间，除了外因促使，自己内在不抗拒离开舒适区的心态，是几年前在事务所内部角色转换的前提。

（三）提升格局

夯实基础、拓宽视野，是事务所IPR晋升的基础以及保证；而格局的提升，则决定了IPR职业生涯可能企及的高度。

1. 贯通服务链条

只有从上游至下游遍历知识产权服务链条，将链条上的每一个点融会贯通，才能真正体会知识产权服务的内涵、价值以及意义。

我的另一位同行朋友，经历外企、国企、民企、知识产权咨询服务机构等数个平台，从企业知识产权咨询、专利挖掘、技术交底书撰写审核、专利申请文件撰写、个案调查行业调查、专利无效，一直做到负责一家企业在美国的专利侵权诉讼抵抗NPE的攻击。如果再经历角色转换，加上NPE平台专利许可运营的经验，则其经验将能贯通整个知识产权服务链条。

这样的经验积累，基本上让她在任何一个平台上从事知识产权事务都可以做到游刃有余。除了机遇，在她身上，我看到更多的则是隐忍、勤勉，持之以恒。

2. 实现客户价值

知识产权服务的终极意义，在于辅助其实现其所珍视的价值。

本末倒置，不顾及客户的商业利益以及项目诉求，将自己“象牙塔”里的“专业判断”“法律建议”凌驾于客户所追求的价值之上，必然会遭到客户的背离。

在不同场合我曾遇到过数位“资深”专利律师，不顾客户的项目诉求，只会根据自己的“经验”，提出项目执行可能遇到各种“困难”“风险”，而不给出解决方案，甚至建议客户放弃此项目。试问，客户花钱请这样的专利律师何用？

3. 建设IP共同体

达则兼济天下。在自身或者平台有能力的前提下，为知识产权共同体建设尽力甚至承担社会责任，是IPR应有的情怀。在这个过程中认识并结交朋友，大家有共同的情怀，可以在一个更高的层面以及格局下考虑问题，相互协助，实现价值。

日本茶道中，有“一期一会”的概念。提醒人们要珍惜当下每个瞬间的机缘。若因漫不经心疏忽了眼前所有，那会是比擦身而过更为深刻的遗憾。中国IPR群体是最勤勉的一个群体，我们无法返回过去，也无法预测未来，但我们绝对可以掌控自己的现在。求知若渴，虚怀若愚！（Stay Hungry，Stay Foolish！这是乔布斯最有影响力的名言。）

二、企业专利工作的逻辑与价值

作者简介：赵刚，苏宁云商专利部经理，曾任职于富士康科技集团和中兴通讯股份有限公司知识产权部。

从事企业专利实务工作十余年来，我经历过不同企业的专利工作模式，包括制造型企业（代工行业）、科技型企业（通信行业）、零售型企业（互联网零售、电子商务行业）。本文试图从不同行业、不同类型企业的角度，结合企业经营的商业模式思考企业专利工作的逻辑与价值，以期对企业专利实务工作者提供一些借鉴。

（一）不同类型企业的专利需求

不同类型企业对专利的实际需求不同，专利在企业经营中扮演的角色也不相同。

目前，许多中小企业对专利的实际需求，很多源于高新企业认证或申报政府项目所需，而非市场经营竞争实际产生的专利保护和竞争所需。为高新企业认证或申报政府项目而进行的专利交易，在一定程度上也造成了国内专利交易价值偏低；而对于国内一些大型制造企业和科技企业来说，专利已成为企业经营和市场竞争中不可或缺的部分，这对企业专利价值体现和专利工作者的企业地位提升是可喜的。

以我曾服务过的富士康科技集团为例，因其重要客户在北美，其在北美经历过多次专利诉讼，吃过专利苦头也尝到过专利甜头，在企业的成长里已烙下深刻的专利印记，专利成为该企业在市场经营竞争中的利器，其价值不言而喻。

比如我服务过的中兴通讯，属于技术密集型行业，与研发创新和专利联系紧密。其所在的ICT行业也是目前专利诉讼发生最频繁、专利运营最活跃的行业，重大的专利问题往往成为决定企业市场经营的关键要素。对于中兴通讯，经过多年融合，专利工作已成为企业经营战略的重要组成部分，除保障欧美市场的正常经营外，该企业也积极通过专利运营获取商务价值，形成企业竞争和财务上的优势。

再如转型中的零售行业，早期线下连锁商业模式注重商标和品牌，但随着电子商务对线下连锁商业模式的冲击，连锁零售企业亦在寻求新的商业模式。比如，将线上电子商务的便利性与线下连锁实体店的体验功能进行融合的O2O零售模式，以及未来与人工智能融合的新零售模式。互联网创新技术和人工智能应用成为新商业模式中的关键部分，新零售企业逐渐意识到专利将成为未来创新商务竞争中的重器，因此由初期的仅注重商标和品牌，转变为商标、专利、版权、域名等各类知识产权业务并重。

（二）企业专利工作的现实逻辑

企业经营以逐利为目的，如果专利问题没有影响到企业的正常市场经营，且在经营中专利价值长久未能得到体现，不但无法给企业带来竞争和财务上的优势，反而会成为财务上持续投入的负担。此种情况下，专利没有价值体现，专利团队在企业中也就没有相应的地位。企业专利工作应有商人的思维，需考虑财务持续投入与预期收益问题，当有所作为时自会有相应的地位提升。

企业专利工作需要理清一个逻辑：专利工作发端于经营规划，扎根于研发实力，表征于专利资产，价值实现于商务竞争，最终带来市场竞争和财务优势。

1. 企业商业模式与专利的关联

众所周知，企业架构设置中一般会有营销、财务、研发及人事等部门，而专利、知识产权部门则是小众部门，许多中小型企业甚至都不会设置法务人员岗位，更不用说专职的专利人员。此种现象并非说明专利对企业不重要，而应该说与企业经营的商业模式对专利是否存在迫切需求有关。

企业经营的商业模式一般是指企业提供哪些产品或服务，通过什么途径或手段来赚取商业利润。制造业通过为客户提供具有实用功能的产品获取利润，互联网行业通过为客户提供技术服务产品来获取利润，零售企业通过各种销售服务（直销、批发、连锁、电子商务、O2O等）获取利润。

商业模式中的产品或者服务本身的技术属性决定与专利的关联程度。比如手机，是典型的技术密集型实体产品，时常会因为专利问题而无法正常销售进而影响企业的生死存亡。又如，互联网企业的商业模式依赖于对现有和创新技术的开发应用，达到以最小的代价接触到更多的客户的目的，再通过对客户流量经营获取超额利润。鉴于创新技术的开发应用属于商业模式中的核心要素，可以看到国内外的大型互联网企业的专利工作开展得如火如荼。再如零售型企业，早期以直销、批发、连锁等商业模式为主，不涉及创新技术应用，故而无太多专利的需求；而目前的电子商务、O2O

（线上线下融合）、未来的智能商务等新零售模式，依赖于对创新技术的开发应用，技术变成新零售的核心要素，专利也演变成新零售中的一种关键竞争手段。

企业商业模式与专利的关联是企业专利工作者有所作为的关键。为客户提供技术密集型的产品、技术服务的企业，或者技术是其商业模式中的核心要素的企业，其对专利重视程度，以及相关财务和人力资源投入等远高于其他企业。

2. 研发创新能力是企业专利工作的土壤

研发创新能力对企业专利案源的价值影响甚大，若没有一定的研发创新能力，很难有研发创新成果的专利化。巧妇难为无米之炊，当研发创新能力成为企业商业模式的核心竞争力时，专利产生的土壤养分会异常丰富。

研发创新能力与专利在企业内部是一对孪生兄弟，创新成果需要专利保护，专利信息的利用反过来可以促进研发创新能力的提升。在研发各环节注意运用专利信息，不仅能够提高研发创新起点，而且能够避免重复研发已有的技术，防御和控制专利侵权风险，节约时间成本和资金投入。例如，企业在产品研发的过程中，盲目、低水平、重复技术研发，通常会导致产品市场化阶段的失败，从而对产品前期研发的投资造成不可挽回的损失，并且会挫伤企业产品创新的积极性。若在研发前，对相应技术领域内的产品进行专利信息检索并分析，从专利的角度了解产品的基本技术现状、技术发展的路线、技术发展态势、目前存在的技术问题，以及可改进的技术方向等，可控制和避免风险与损失。

3. 优化企业专利资产的生产流程

专利的生产需通过布局规划将资源聚焦在研发创新的核心产品和具有竞争优势的产品，确保价值和方向。从专利申请布局规划、专利提案预检索、专利提案评审、专利申请文本质量审核、专利授权与评价等几个方面进行专利质量控制：一是专利布局规划，聚焦资源；二是专利提案预检索，经检索符合专利法规定进入评审；三是专利评审阶段，从技术、市场、法律等角度确认专利价值，决策申请与否；四是专利递交阶段，对专利申请文本质量进行审核和修改；五是专利授权与评价，加强授权程序中的管理与授权后的评价管理。

4. 形成企业商务竞争和财务优势

专利价值体现于保障正常的市场经营竞争、巩固创新能力与彰显科技品牌，以及获取财务收益。从经营竞争角度，制衡对标企业的市场经营过程中的专利竞争和专利诉讼风险，保障市场正常经营；通过专利竞争战遏制跟随者，带来竞争优势。从品牌角度，以专利为载体，通过长期的、系列的策划宣传，带来创新能力与科技品牌形象的体现。从财务收益角度，通过专利池运营、专利技术许可、专利诉讼、专利交易等获取收益，形成财务优势。

（三）企业专利工作的价值实现

企业的专利资产积累是长期的、持续的，无捷径可走。对初创科技型企业和转型中的互联网零售企业的专利价值实现，首先，从业人员的心态需平和，勤勤恳恳从零开始，始终不忘保障企业经营、带来竞争优势的工作初心。其次，要加强基础平台建设，包括激励考核制度、业务流程、人才团队、企业专利文化氛围等。最后，要进行有效的专利规划布局，聚焦资源。

1. 专利工作的心态调整

初创或转型中的企业，专利价值与意义在短期内难以实现，从业人员的心态需要保持平和，及时调整成就感低和价值意义不显的焦虑、彷徨心态。企业内的专利人员职业规划路径，以及业内领先的薪酬体系，是调整人员心态的关键。另外，通过参与政府项目，如贯标、战略推进计划、优势企业评选、专利奖项评选等，在行业中适当地显示自己的存在是一个不错的业绩和心态调整的选择，但参与政府项目是推动企业专利工作的一个手段，而非专利工作的目标。

2. 专利工作的基础设施搭建

初创或转型中的企业，当专利工作基础薄弱时，需制定相应的专利制度、设立专利考核指标、建立专利平台系统、设立专利组织架构等基础设施支撑专利工作的开展。

在具备基础设施后，需要具体操作层面的内容，即专利工作的具体实施。如制订专利工作具体实施的工作表单、文档模板、操作指引、专利申请流程，建立企业内专利工作机制，启动专利申请布局。

3. 专利工作的布局规划

专利申请布局规划是合理分配工作资源的关键，专利申请资源应聚焦核心产品和具有竞争优势的产品，确保专利申请的基本价值处在正确的方向。结合布局规划，通过宣传、访谈沟通、培训，获得研发反馈，并通过对研发创新产品、项目的主动和深度介入，挖掘出有价值的技术创新点，进行专利申请。

在具体操作层面：第一，对研发中心技术、产品负责人要进行定期访谈沟通，获得研发对专利的实际需求；第二，结合研发需求，对研发中心进行定制化培训，普及对应的技术领域的专利知识，培训后进行头脑风暴，讨论出目前的技术创新点；第三，从创新技术项目出发，提供与新技术相关的专利文献，与项目组沟通并进行风险回避，找到技术差异创新点；第四，从创新产品项目出发，提供与新产品相关的专利文献，与项目组沟通并进行风险回避，找到产品差异创新点；第五，对创新点进行专利检索判断后形成交底书，再通过法务、技术、市场三方评审进行申请决策，进行专利申请。

4. 营造企业专利文化氛围

对于专利工作刚起步的企业，除必要的企业专利申请布局外，专利文化氛围的营造是一项重要工作。企业专利文化氛围营造离不开制度支撑，离不开长期、持续的培训与宣传。在制度层面除设立必要的奖酬与考核外，企业人事制度中亦可将专利作为发明人企业职称评选、薪资提升等的考虑因素。在操作层面，加强专利的企业内外部培训和宣传工作。

在企业外部宣传方面，须与品牌、商务等部门紧密合作，结合事件策划系列宣传主题，构建企业IP优质的品牌形象。

在内部培训与宣传方面，既要重视与公司高层的沟通，也要重视对公司中基层的宣传贯彻。为让企业高层理解支持专利工作，要针对高层定制专利工作月报，建议在推送专利月报过程中，用通俗易懂的语言介绍一件本月完成的典型专利申请，使高层逐步了解专利保护的内容、与其业务的关联度等。

在企业专利文化氛围营造方面，要抓住关键宣传阵地，比如企业内部BBS论坛、内部IM、线下宣传栏等，可针对企业全员推送行业专利信息速递、行业典型专利介绍、内部专利激励解读等吸引眼球的内容。

以对行业典型专利介绍为例，如果企业进入互联网支付领域，可以以大家耳熟能详的微信红包相关专利为例，对其专利布局进行解读并与产品、研发、市场人员进行交流沟通。比如，通过日常工作中对红包专利监控，发现以下相关专利申请：最早的专利申请（CN201410043851.4）出现在2014年1月29日，时间在2014年春节前夕，并在2016年提交了分案申请（CN201610132721.7）。2014年专利申请名称中出现“虚拟物品”关键词，2015年部分专利申请名称中出现“资源的分享”“资源的获取”等词语，2016年则出现了“数据”“事件”的处理等。目前，微信红包专利申请约20件。将微信红包典型专利解读分析介绍给相关产品人员、研发人员、业务运营人员、业务领导等，激发其推动自己项目的专利布局意识，是不错的切入点，同时也有利于营造广泛认可的企业专利文化氛围。

总之，企业的专利价值必须结合企业运营，在保障市场经营中得到体现。专利工作人员要规划资源获取，搭建基础平台，建设团队并营造企业专利文化氛围。随着北京、上海、广州知识产权法院的设立，未来可以预期，企业专利价值在司法定价的诉讼赔偿额度上会得到更直观的体现。

三、知识产权管理的创新与守旧

作者简介：吴锦伟，昊翔电能运动科技有限公司法务副总监，曾任职于富士康科技集团、上海硅知识产权交易中心、展讯通信有限公司和TechInsights知识产权部。

十多年前，企业知识产权管理尚算是新生事物，当年我在富士康初入道之时，国内知识产权管理当属萌芽状态。即便是大型国企、外企也只是偶有设置一两个兼职或专职知识产权人员，大陆富士康的各位同仁当时也就是码码字、写写案子而已，谈不上管理；我国鹏城京城那些当今如日中天的知识产权风云企业亦尚未组团建队。

这二十年来，见证了知识产权业当初不敢预想之大发展。本人亦经历了国企、外企、民企，以及咨询公司和事务所的知识产权业态，有机会从各个角度了解了企业知识产权管理的成长史。随着各种知识产权管理策略和技术的演进发展，各种套路也逐渐形成，外企、国企、民企，电子、化工、医药行业各自形成了一套知识产权策略和方法学；而且企业知识产权管理建立了国家标准而且还要贯标，可见国家级的总套路形成了。

套路的形成是以前创新的累积，而遵循这些形形色色的套路又是守旧的表现。本文结合本人的各种见闻和理解来谈谈知识产权管理中的创新与守旧。文中创新没有褒贬义之分，只是两种方法论。

（一）创新与守旧

既然说到知识产权管理中的创新和守旧，我们首先要弄清何谓创新，何谓守旧。在本文中做个定义，凡是无成例可循的事情不妨称之为创新，凡有文献事例可查的我们称之为守旧。

如此说来，知识产权行业大体算是一个守旧的行业。美国有判例法，这十几年来我们在不同酒店的午餐会上反复学习讨论了关于侵权判定的Festo，关于创造性的KSR，关于软件和商业方法专利的Bilski和Alice，专利的历史有如牛车般一步一顿缓慢前行。至于国内的诉讼更是以保守、不敢判知名。至于立法更是进展缓慢，当年郑成思和王立明关于民法典要不要设知识产权篇闹得不可开交，如今斯人已去，而《中华人民共和国民法典》终于在2021年1月1日施行，其中对于知识产权做了明确规定。再比如说外企惊呼“狼来了”的激进的发明人奖励制度，被一次次在各种会议上提出抨击，直至今天“狼”终究还是没有来。“太阳底下没有新鲜事物”，用在知识产权这个行业正合适。

这又是一个从来不排斥创新的行业，每一个案例其实都是一次创新，都是对既有原则的重新认识甚至是颠覆性的重新认识。比如，专利侵权判定原则甚至连专利三性的判断原则都随着时代的进步不断地受到挑战，对其认识一直在改变，而且未来还会有哪些变化无人能够断言。审判方面有敢于创新而脱颖而出的法官，中国的专利法在数十年间也修订了四次。近年来的创新变化更是结构性的、革命性的，知识产权法院及上诉法院的设置是很好的说明。

（二）如何做好守旧

守旧，相对来说比较容易，因其容易其要求也就较高。只有做好守旧才算达标，而对创新只要求做到就行。

守旧的第一步是知旧，你只有熟悉了才能去守，死守自己一知半解的东西必多以悲剧而终。对于新入行者要多听多想，理解既有知识至关重要。昆山富士康当时有个共享文件夹，名字叫“我的饭碗”，里面列出了各种专利申请所需的表格。这个创意很容易想到，事实上现如今国家知识产权局网站上也有表格下载这个栏目，难得的是文件夹的创立者把它当成饭碗来看待。所以广泛地收集和拥有资料是守旧的第一步。

又有一例，一位女专利工程师说过，她因为新入职，领导未曾安排太多工作，多有闲暇。在完成了领导交代的工作之后，她又把这项工作重复来完成，据说每次完成工作都有不同的认识，以至最后这位女专利工程师业务熟练，工作效率大大提高。可见反复操练、熟悉资料流程，是做好守旧的第二步。

上海有一知名专利代理人，给客户的交底书极为详细完善，而且每次客户有自由发挥之处，或者未按其要求填写者，必电话指出并要求发明人重新修改。如此一来大家觉得发明人填写的交底书近乎完成的专利。实际上对发明人的交底书要求不必如此之高，而且反复指出修改无甚意义，更是浪费往来时间。该代理人解释，这些看上去没有必要而且浪费时间的工作却有所值，因为这实际上是培训客户，如果把他当成一个长期客户就必不能纵容他养成随意填写交底书的习惯，几次反复之后发明人必能形成习惯，以后代理人的工作量就会大大减小，效率也就提高了。可见做好守旧的第三步不但自己要严格守旧，而且要培训整个合作团队守旧，形成规则后效率也就提高了。

守旧进一步是找规律，守其精华、去其糟粕。管理界有个知名的不拉马原则：将军到下属部队视察，发现炮组中总有一名士兵在发射过程中无所事事，而操练条例就是这样要求的。查阅军事文献才知道，古代大炮是由马车运载到前线的，那个士兵的任务是拉住马的缰绳，减小后坐力产生的位移；而后来自动化和机械化程度提高，已经不再需要这样一个角色了，但操练条例没有及时地调整，因此出现了“不拉马的士兵”。知识产权管理中因为前述的法律和案例变更极有可能会出现这样的情形，比如诉讼中要同时出具年费收据和专利登记簿副本，关于诉讼管辖地的一些重复抵触的规定。在这些情况下，我们更要先做调查，理清哪些要守，哪些不要守。

守旧的最高境界是守原则。业内有一位代理人以头脑灵活、知识广博、经验丰富而著称。不管何种技术背景的案子的发明人去跟他交底，他对相关的技术背景都能深刻掌握，提问切中要害并且有启发性，即使是初次申请专利的发明人也能完整地口头交底。他后来解释说，无论何种技术背景，只要我们代理人熟悉专利法的各种原则，熟悉专利的写法，那么无非就是几个套路，剩下的只是细节补充；而无论代理人多么熟悉技术背景，也不可能事先就了解发明内容，否则发明也就不具备创造性了。我们面对的就是这样一个有所知、有所不知的工作，如果不遵循原则必然使自己陷入迷乱而不知所措；但反过来只要熟悉专利原则，了解每一撰写套路，并能灵活运用自己的专利知识，那么无论其技术如何复杂，专利撰写亦能做到万变不离其宗。

（三）如何做到创新

最简单的创新是应用新工具。十余年前曾有一个商标事务所问我：“我们打算建一个网站，不知道能否招揽来生意，又不知付出成本值不值？”相信今天类似问题还是会有，也许会是：我是不是要做一个App来推广业务？据最新统计，申请量较大的几家商标代理中已经多数是“互联网+”的代理机构了。真可谓彼时之创新已为今日之守旧。所以给业者的建议是，永远不要犹豫应用新工具、新手段来解决问题。这是最简单、成本最小的创新，别人已经给你准备好了一切，只等你去尝试了。

创新最重要的一点就是不落俗套，因为总有那么一些固定思维、固定习惯套住你，让你不能创新；而一旦我们破除了这个限制我们的俗套，就会豁然开朗，思路无限。有一道数学题非常生动地描述了这个俗套：甲乙两人有若干硬币，有一圆桌不知面积几何，甲乙依次将硬币放在桌面，直到一方无处可放，最后不能放入者为负。问：甲乙谁胜谁负？常规思维是，要看这个圆桌面积到底能容纳多少个硬币，而且要考虑各种放法，所以谁胜谁负实难料定。答案是：先放者胜。道理很简单，只要他为后放者设个套，在圆心先放一枚，然后后放者在任何地方放其硬币，先放者只需在其圆心对称处放置一枚即可待其无处可放而稳操胜券。可见先行者的套路是如何凶猛地限制后随者而产生先发优势。那么跟随者必须要创新才能突破藩篱，破局而出。

某电子厂商要上马一个手机双卡双待的项目，通过检索大家都觉得不可为，因为美国厂商在此领域早有一系列专利布局，似乎专利申请方面潜力不大，但是最后老板还是力排众议做了此项目，而且还进行了专利挖掘。实施后大家才发现，专利天地、大有可为，并申请了一批专利。本人曾有幸见过他们的专利清单，确实与美国某厂商的专利组合有较大差异而且实际上做得更好。技术发展和变化以及实际的研发项目支撑要比单纯的概念性专利组合强得多，从而有力地保护了他们的海外市场。

突破思维定式的枷锁后，就要集采众长、融会贯通，进行创新了。技术人员容易想到的是，把各种技术手段加到自己的产品中去，比如以前一些手机厂商喜欢把跑马灯、低音炮加到手机上，或者把手机造型做成小白兔、宝马车。创新成本不大，但是在手机严重同质化的时代，这些小创新倒也令人耳目一新。企业知识产权人员了解各种知识产权类型，运用各种知识产权手段推陈出新，也往往能出奇制胜。例如，某厂商利用商标和专利对项目进行综合保护，某集团利用著作权命名定义其产品功能，某公司利用集成电路布图设计打击模仿、冒用，某企业利用软件界面外观先知先觉首开记录。

最后，要做到创新还要大胆，变不可能为可能。以广药集团和加多宝（中国）饮料有限公司（以下简称加多宝）缠讼为例。第一战是中规中矩的商标之战，广药集团拿回“王老吉”商标可谓是中规中矩的守旧做法。接下来是双方的创新之战，加多宝不甘失去商标，想出一个妙招唤回市场，于是有了那句著名的广告词：“全国销量领先的红罐凉茶改名‘加多宝’。”没想到这句简单的广告词竟连踩两个“大雷”，广药集团连续以虚假宣传和包装装潢权起诉加多宝，并且均获胜。这种另辟蹊径的勇气，在看似不可诉的情况下却连续出击、连战连胜，正是我们在知识产权管理创新中不可或缺的。

总体而言，守旧易而创新难，守旧守的是原则，创新创的是细节。顺势时守旧，逆势时创新。守旧者求安稳，创新者求突破。建议先求稳再求变，先练好基本功再求变化，切勿心急。在没有做好守旧之前急切求变，结果可能只是没有基础的空中楼阁，创新过程中风险难以预测，往往未获其利而先受其害。当然，也不能一味守旧，故步自封，唯有平时用守旧之道打下坚实基础，时刻准备，一旦机遇成熟该出手时就出手，该创新时就创新，两者结合才能不断超越，更上层楼。

四、IP 时代的版权风险控制与诉讼攻防策略

作者简介：王宗鹏，北京大学法律硕士，律师和专利代理人双重资格，曾任职于富士康科技集团及腾讯科技有限公司从事IP及法律工作，现就职于迅雷网络，负责整体诉讼工作。

当前，随着我国互联网产业迅速发展，BAT 等大型互联网企业网络内容生态战略也已落地，网络版权资源作用凸显，这些因素共同推动了网络版权的正版化。那么从公司经营角度看，如何对版权进行有效管理，又怎样通过版权维权为公司创造价值；同时，当公司面临版权侵权风险时，该如何做好防范和应对工作，以减小其对公司业务运营的影响。这些问题值得每个IP从业者深思。

（一）网络版权如何进行有效管理及维权

1. 权利确权

尽管版权在创作之日起自动产生，但享有版权权利并非“占有”即可，因为绝大多数权利是通过受让取得的。所以，受让方一定要让出让方

提供完整、合法的版权授权权属链条，才能开展后续的维权管理和运营工作。

通常，企业获得版权权利不是通过创作产生，而是通过分销渠道采购取得，这就让版权采购协议的条款审核变得非常重要。人们常说，魔鬼藏在细节里，如果不细抠每个细节则可能为日后维权和运营埋下隐患。

首先，权利授权范围、授权使用平台、上线和授权日期要确认清楚，最重要的一点是，版权是否存在单独维权的权利。

如果是独家授权，那对于权属链接完整性、有效性要进行详细审核；如果版权还涉及境外的主体，则其形式要件要符合相关法律规定。部分链条文件若没有授权函件的原件，则还要通过原件和复印件一致的公证书来保证其不存在瑕疵。

如果是一般非独家授权，那对于版权权属链条文件中的交割给付条款要有明确约定。实践中，视频类版权采购协议纠纷中，经常会在合同是否完全履行的问题上产生纠纷。因为在实践中，双方商务部门往往关注的是采购价格、付款周期和提供相应影片介质，却忽略对版权权属文件的交割，比如，忽略在授权协议内加入要对方提供版权文件的条款。实际上，当双方由于权属问题产生纠纷时，这个条款可以用来抗辩合同是否完整履行。需要提醒的一点是，如果在商务履行过程中对于文件交割没有很好地记录（如邮寄存根、往来邮件记录等），将可能导致在后期诉讼中出现举证困难的问题。

其次，对于电影作品等视频类版权权属的主体认定相对还是比较容易的，只要保证作品署名（相应的影视作品上的制片主体、发行主体、摄制主体都会被认定为权利人，有相反证据除外）和实际授权主体一致，授权链条完整即可；而对于域外作品的授权文件，根据法律规定还需要经进一步的公证或认证才能完成认定。

需要指出的是，对于其他类型网络版权作品的权属，其认定往往比较复杂。比如权属主体涉及对象不明确，如由于作者往往采用笔名，所以网络小说文字作品、美术作品、摄影作品的权属认定执行起来往往更难；权属主体涉及多个对象，比如音乐作品，权属主体除了词作者、曲作者、表演者，还包括录音录像制作者等。所以在音乐版权的授权和许可中，对上述的权利授权和权限界定则要更加明确，否则会为后期维权设下陷阱，使自己处于非常被动的局面。个人的建议是，为了避免后续因作品权属认定产生的争议，此类作品适宜在一开始就通过版权登记、时间戳或电子证据等方式固化认证。

2. 维权策略

对版权进行维权难免牵扯到诉讼，这就要求企业提前做好策略部署。一个完整的维权策略，包括前期的诉讼风险分析、中期的庭前证据、庭中应诉思路准备，以及后期的和解或判决结果执行方案。

如今，各拥有优质IP资源的企业都已经意识到，企业不遗余力花费巨额资金获取版权资源，就是要通过其维持自己的市场竞争地位，通过内容获取用户，进而增加市场份额。

如何使企业重金采购的版权发挥其最大市场价值和竞争优势，法律维权无疑是一个重要手段。对有可能实施侵权行为的网络平台实时监控、打击，可以增加版权的附加价值，提高业务竞争力。实务中为此采用的措施包括预警通知、取证诉讼及行政机构投诉等。

首先，不论诉讼案件是交由外部律师处理，还是公司内部自己承办，企业要做到对版权资源进行有效的“IP资源权利维护和管理”，至少要进行几个维度的有效数据梳理和统计，包括作品权属链条统计、独家版权授权统计、分销授权平台统计、取证平台统计、维权案件进展数据统计等。这类数据应该委派专人管理，和公司业务采购协议数据做到实时同步。最好能做到协调办公，并统一由法务人员进行数据管理。否则，实践中可能会发生数据因不同部门和人员分管而出现偏差的情形，给后期维权、取证带来信息的不确定性，甚至导致取证和起诉平台已经存在授权的尴尬局面。

其次，针对不同维权主体的维权策略也要有所差别。比如，针对大企业、大平台的维权，企业最好建立完善的流程化维权和监控机制。以比较成熟的网络视频维权为例，国内几家大企业均建立了专门的维权团队负责维权工作，同时也委托外部专业的律所、监控平台等一起合作，进行全天候、全网络的维权。另外，还专门针对各大平台，如安卓和苹果应用软件的分发渠道进行侵权产品的风险排查。针对侵权行为实施通知下架、证据公证等工作，为后期诉讼做好准备。

仅仅通过上述手段进行维权也存在诸多弊端。比如，尽管通过诉讼可以带来胜诉赔偿判决，但业务部门不满意这样被动的维权方式，因为维权将带来时间上的耽搁，导致公司错失市场时机，即使事后赔偿也可能难以得到对价的损失弥补，并很难对竞争对手起到实质性的震慑作用。

实质上，版权行业经过前些年的混战局面后，目前已经逐步趋于规范，而在这个过程中巨头之间也划分了各自的领地疆土。譬如由腾讯、优土、爱奇艺、乐视等大型视频内容提供商率先发起成立的视频正版联盟，其在维权方面已经显示出了自己的优势。从这个角度看，建议业内有一定影响力的企业，最好能尝试建立类似的合作机制，即通过和业内主要企业建立联盟或其他合作关系，共同协商，形成维权快速处理机制。

对于中小企业而言，其自身资源有限，建议可以通过法律诉讼手段对重点侵权对象进行集中打击，并争取诉讼额度达到以儆效尤的目的。必要时也可通过新媒体途径扩大案件影响力，给对方施加舆论压力，迫使其停止侵权行为。这样一来企业不仅可以直接获得相应的经济赔偿，还可以通过对中小规模企业的打击，对小型侵权平台起到震慑作用，减少恶意侵权行为。

另外，对于不同侵权类型，诉讼策略也不尽相同。以下将分直接侵权和间接侵权两种情形进行说明。

实际中，随着版权保护意识的提高，直接侵权的情况在逐步减少，但获得独家授权的主体为保证IP稀缺性不走分销渠道进行资源垄断时，一些平台可能由于无法获得授权，迫于运营压力，铤而走险使用未经授权的版权。另外，当授权过期，版权方有意无意未及时下线使用版权也可能导致直接侵权的产生。针对这种情形企业可直接放心取证，关键是要在内部核实好授权情况，确定没有二次分销和授权时做好取证工作；而针对大平台进行取证，虽然后续并非一定采取诉讼手段，但这些取证内容可作为后续谈判的砝码和和解对冲资源进行使用。

对于间接侵权类型，其情况要比直接侵权复杂得多。原因在于网络迅速发展，新型的侵权形式层出不穷，相关立法却不能完全跟上。比如，视频聚合平台是承担直接侵权责任，还是承担破坏技术措施进行定性，还是采取《反不正当竞争法》来应对是一个比较复杂的问题。再比如，网络云存储服务中涉及作品传播，平台承担何种法律责任到目前也没有定论，而网络直播平台中涉及游戏直播、视频分享、直播等，也是维权比较头疼的问题。以上这些新问题带来法律适用和侵权结果的不确定性，但无论如何作为维权方的公司法务，针对这些新问题，新动向都要求时刻保持关注，参与业内讨论并争取话语权，建议可以先取证，在证据有把握的情形下，可试探性地先进行小范围诉讼，并积极参与司法及学术界的讨论，争取引导司法做出有利判决。

实际上，鉴于互联网商业模式变化快、产品更新迭代迅速，对于上述一些新型的侵权模式，若出现相关法律、司法解释不足的情形，实务中可以尝试通过《反不正当竞争法》来实施打击，这主要是其适用主要考量侵权行为在商业模式上是否存在不合理措施，对有违公认商业道德、损人利己的情形，一般均适用通过竞争法来进行诉讼。

（二）如何进行产品风险控制及应诉

上面谈到企业的维权策略，实际上，有矛就有盾，企业在运营过程中也免不了存在侵犯他人合法权利的情况，作为公司法务，强化风险控制和应诉工作显得必不可少。

1. 如何从应诉的角度进行产品风险控制

首先，为了尽力避免发生不必要的诉讼，企业要建立完善的风险预警机制。风险预警的主要任务是捕捉风险迹象和传递风险信息。一方面，法务部应与管理层和业务层保持密切沟通，实时了解产品最新发展情况和开发方向；另一方面，对于商务部的采购协议，要严格审核和规范，并可定期分享已结案件的处理情况，结合实例开展相应培训，增强全员诉讼风险防范意识。在平常的工作中也可根据行业发展动态和产品生命周期，提出切实可行的风险控制建议并形成标准化作业，但要注意此类风险控制建议一定要把握好“度”，既不能太严格以至阻碍业务发展，引发业务抵触情绪，又要最大可能地可执行，达到降低业务法律风险的目的。

企业法务经常会收到各类侵权预警及法律通知函件，如电子函件和纸质函件，该如何对待此类事件呢？首先对于电子函件建议设立投诉收件邮箱，并由专人处理，以提高处理效率。

事实上，法律要求一个有效的侵权预警及法律通知函件必须具有的构成要件，包括明确侵权来源、权利主体、侵权内容等，如果邮件只是泛泛而谈，并没有明确侵权来源，则可以不用理会。对于纸质来函，也同样适用上述处理情况。综上，对于有效来函我们一定要及时处理，避免在后期诉讼中被认定为对企业不利的证据。实际上，来函一定程度上也可以帮助公司从外部角度对产品有更细致的了解，从这个角度上看来函相当于前置风险控制，帮助企业查缺补漏。

2. 不同类型诉讼案件的应对策略

企业遇到诉讼属于正常现象，不用过分慌张。应首先根据材料分析案件基本信息，如原告、涉及诉请和产品，并评估对方是要赔偿还是要打击产品，以制定不同的应对策略。如果诉求涉及核心产品和功能，则要积极准备应对策略。

如被诉侵权产品涉及企业核心产品的核心功能，其涉及企业核心利益，需要积极调动各类资源来应对，可以先寻求业务产品人员支持，了解涉案产品中所涉及的技术问题，从而准确地分析所涉及的法律问题；再考虑自己在诉讼中主动和被动的情况，做到对案情和对手知己知彼。需要注意的是，对于涉及企业产品的核心模式，要尽量做到有所取舍，如果涉及产品评估在法律上没有太大瑕疵，那就要坚持到底，争取拿到胜诉判决，维护产品的合法性。若是对产品的运营模式评估后认为存在一些法律上的不确定性，为避免扩大不利影响，则建议寻求替代性争议解决方案，尽可能达成和解而不是诉讼到底，以免出现对我方不利的败诉判决；如果必须要参与诉讼，也应在诉讼中有所取舍，争取对核心功能合法性得到司法判决的确认。

如果碰到的是委托律师批量维权的一般性案件，则通常可判断这类诉讼是以得到赔偿为目的，所以针对此类案件一定程度上可以采用消极的应诉手段，比如拖延的策略。实际中经常碰到在拖延的过程中起诉方自己主动撤诉的情形。相反，如果应对及时主动，则会引起维权律师的关注，对方会认为我方心虚甚至进一步抬高价码。具体操作时，可以穷尽司法程序，比如在管辖、举证期限上做文章，在一审、二审开庭等过程中，多给对方制造程序上或实体上的困难。

从事版权工作以来，本人通过处理大量案件发现，每个案件的最终结果都存在很大的变数，很难预判，往往在出判决之前，充满了不确定性。

攻防策略制定是一回事，实施又是另一回事，而不论维权还是被诉，都因涉及内部的、外部的多方利益纠葛，产生了诸多变数。所以，从法务管理的角度看，平日里做好产品风险控制工作，关注业内发展动态，紧跟技术和法律发展前沿动态，才能够以不变应万变。

五、知识产权交易实务及创新

作者简介：郑玉林，广州知识产权交易中心副总经理，曾任国家专利技术（深圳）展示交易中心副主任兼专利运营部总监、华为中央研究院专利管理经理及深圳富士康科技集团专利工程师。

知识产权运营的概念全面提出是在2014年的时候，因此2014年被视为“知识产权运营元年”，而知识产权交易作为知识产权运营的主要方式，也是在2014年快速发展起来的，当时诞生了一些以知识产权交易为主营业务的公司，所以2014年也称为“知识产权交易元年”。

知识产权交易的类型包含许多种，本文重点从权属交易、许可及入股等几个方面进行解读。主要的分割依据是，通过知识产权兑换现金价值及股票等现金等价物的交易方式。

（一）知识产权交易发展现状

提到知识产权交易，首先要说明一下，我国知识产权交易目前处在知识产权交易的初级阶段。阶段的不同，决定了交易标的和交易方式的不同。

任何事物的发展都有一个过程，不同的知识产权权属主体可以处在不同的阶段，但是整个知识产权交易市场的主要权属主体决定了知识产权交易市场的发展阶段。

1. 知识产权交易初级阶段

知识产权制度的实施到2014年的时候，国家知识产权战略做出调整，由量转变为质。这意味着我国的知识产权完成了基础量的积累，开始进入结构调整的阶段。结构调整的一个主要途径就是交易。比如，中国改革开放初期，市场机制刚刚建立的时候，市场上交易的主要是小米、鸡蛋等商品。知识产权交易市场的建立，也是从小到大逐步发展起来的。开始时权利人拿出来卖的，不是已经成熟应用的知识产权成果和未来可能带来收益的知识产权成果，而是把自己多余的、未来用不上的知识产权成果拿出来转让，甚至是自己需要放弃的知识产权成果（因知识产权年费支出过高，投入产出比低）。

这个阶段，市场上的知识产权成果处在鱼龙混杂的阶段，其中不乏具有很高经济价值因为没有识别出来而进入市场的知识产权成果，并且形成符合市场情况的知识产权评估体系，但此阶段没有建立知识产权成果分级标准。

2. 知识产权交易中级阶段

经过几年的市场交易案例的积累，目前我国的知识产权交易市场已经进入中级阶段的早期。随着知识产权评估市场的活跃及案例的逐渐累积，慢慢形成知识产权评估体系。这里的评估体系主要是指定价体系，将知识产权根据潜在的经济价值划分价值等级，比如十万元以下，十万元至百万元，百万元以上，并且根据知识产权的类别、所处的行业或者技术领域进行分门别类的整理。此阶段的知识产权交易价格和评估价值的偏差还在正负10倍左右，知识产权价值评估的经验和能力还不能满足市场的需要。目前我国的商标交易基本上处在这个阶段，专利的交易还需要再发展一段时间。

3. 知识产权交易高级阶段

进入知识产权交易高级阶段的标志是，出现一批专门以发现知识产权价值，然后进行包装增值，最后转让出去的知识产权交易经济公司，也可以称为“知识产权星探”。批量“知识产权星探”的诞生标志着知识产权价值评估的经验和能力已经达到成熟的水平，知识产权交易价格和评估价值的偏差还在正负3～5倍。到了高级阶段这个偏差还在正负3～5倍，主要是因为知识产权价值的货币化过程还需要经营模式、市场营销、公司管理、生产制造等多个环节的统一协调配合。

（二）知识产权交易实务

1. 知识产权交易需求

由于我国知识产权存量巨大，待转让的知识产权数量也非常大，而且分散在全国各地不同的中介手上，客观形成的信息不对称，使得市场上常常出现买家找卖家、卖家找不到买家的情况，因此给知识产权交易中介留下很大的发展空间。目前市场上比较大的几家知识产权中介彼此之间也有交易，所以知识产权中介又可以细分为买方中介和卖方中介。知识产权转让需求和购买需求可以分发给多家中介，或者发布在知识产权交易平台或者交易QQ群上，散布的途径越多，成交的概率也越大。

2. 知识产权交易接洽

由于待转让的知识产权数量非常大，所以目前的知识产权交易通常情况下是买方市场，一个购买需求，有多个卖方可以满足。站在买方的角度，通常不急于达成交易，可以预留一个询价时间段，待多个卖方出价后，综合考量性价比最高的卖方，与之签署交易合同。类似的交易方式通过交易平台操作会更加容易一些，针对一个买方需求，多个卖方向交易平台反馈知识产权标的及价格，由买家最终确定交易标的。由于卖方相互之间信息隔离，迫于成交的压力，卖方都会给出最优惠的价格。

3. 交易合同设计

目前市场上，几乎每家交易中介都有自己的知识产权交易合同模板，其中中立的版本就是国家知识产权局制定的版本，只是合同内容比较多，从风险规避的角度，基本的风险点都涵盖了。合同的基本框架确定后，基于买卖双方的利益还有以下几个方面可以进一步商榷。

（1）背景、前景知识产权约定。通常情况下，买家都会要求卖家给予背景知识产权许可，同样，卖家也可以要求前景知识产权的许可，这样的交叉许可，对于双方利益的绑定都有好处。买卖双方可以结合主动权要求背景、前景知识产权剥离，或者另外付费。

（2）反向许可。知识产权在转让出去之后，就完全脱离原权利人的控制，为了避免原权利人反悔而再次使用该知识产权，通常在交易的过程中，要求买方给予反向许可的权利。反向许可的期限通常覆盖知识产权的生命周期，并且反向许可可以覆盖卖方的关联方。

（3）技术服务费。在知识产权交易的过程中，经常会附加技术服务的部分，但是技术服务的时间及投入通常难以估量，所以在知识产权交易合同中通常将技术服务费部分另行计算，或者在交易合同中明确有限的技术服务内容，比如明确投入多少人员，服务时间在多少日以内，多出的部分按照标准另行付费。

4. 知识产权交易注意事项

（1）背景知识产权，在签订知识产权交易合同之前，需要做好尽职调查，特别是背景知识产权的调查。归属同一权利人的背景知识产权，需要将背景知识产权一同纳入交易合同，或者获得权利人的许可。归属不同权利人的背景知识产权，需要将背景知识产权的交易进行整体考量，以免出现背景知识产权受牵制的情况。

（2）知识产权进出口管制，在涉及跨境知识产权交易的情况下，首先需要评估交易标的是否属于禁止出口，在交易前需完成进出口审批相关资料，并预留办理进出口手续时间。我国企业向外转让知识产权时，首先需要到国务院商务主管部门或者地方商务主管部门申请技术进出口资质，通过网络申请“技术进出口合同登记证书”后，再办理知识产权转让登记手续。没有技术进出口资质的企业，可以先将知识产权转让给具有技术进出口资质的中介，通过中介完成技术进出口的审批流程。

5. 知识产权价值评估

知识产权价值评估是知识产权交易前定价的主要方式，根据知识产权所处阶段不同，可以分为成本法、未来收益法及市场法三种评估方法。

（1）成本法。主要目的是评估知识产权成果的获取成本，如设备费、材料费、加工费、管理费等。该方法可以非常好地再现知识产权成果的成本，但是无法反映知识产权成果的真实价值。因此，该评估方法更适于尚未发挥市场价值的知识产权成果。对于有价值的知识产权成果而言，该评估方法明显偏低，但是可以作为最低价的评估基础。该评估方法在国有企业、高校及科研院所的知识产权交易过程中比较常用，以便于知识产权交易满足国有资产保值增值的要求。

（2）未来收益法。该方法是在知识产权成果未来可以预期收益基础之上，按照预期收益折现以确定其经济价值的评估方法。该评估方法的适用基础是知识产权成果未来有市场化应用的预期，并创造可以预期的收益现金流。该方法要求知识产权成果已完成生产制造相关的技术准备条件，具备批量生产能力，使得评估的结果更贴近于创造的收益。未来收益法评估采用的参数通常有预期收益额、折现率及收益期限等。

（3）市场法。该方法主要适用于已经成熟运用的技术，或者已经成熟的交易市场，基于现有市场的交易案例，相对评估出知识产权成果的价值。该评估方法对于交易案例的数量及市场成熟度要求比较高，在知识产权领域可借鉴的意义不是特别大。比如在WiFi技术领域、图像技术领域、音视频技术领域等专利交易比较成熟的知识产权市场上适用性好。

6. 知识产权入股

随着我国经济体制逐渐成熟，我国最新颁布的《中华人民共和国公司法》删除了关于股东出资额不得低于30%的限制，进一步促进了科技公司以知识产权出资入股的方式。目前，以知识产权出资入股的操作方式主要有以下几种。

（1）公司创始人技术入股。由资深技术人员或者行业专家发起创立技术公司，创始人将自己拥有的技术作价入股到新技术公司。目前市场上，以技术为主导的创新创业公司主要采用这种方式，但是在出资过程中，所提供的知识产权价值评估报告及对应的知识产权作价，未经独立第三方认定或者投资人认可，在后续的融资过程中通常不被投资方认可。

（2）高校科技成果转化技术入股。由高校或科研院所的教师利用职务发明发起创立技术公司，经高校或科研院所同意，将职务发明作价入股到技术公司。该方式在中科院及国内主流高校中广泛使用，目前市场接受程度较好，许多企业在后来逐渐发展壮大，并成功上市。

（3）技术入股成立合资公司。该方式通常出现在中外合资企业中，通常外方出技术、中方出资金共同成立合资公司，但是也有特例，比如H3C，就是由华为出技术、3Com出资金共同设立的合资公司，目前H3C已经成长为大型企业，并被HP收购。

7. 知识产权许可

知识产权许可可以在保留知识产权权属的同时，将知识产权使用权许可出去，以兑现知识产权的部分经济价值。知识产权许可根据市场的成熟度不同有不同的许可策略，可以分为以下几种情况。

（1）新兴技术许可。新兴技术通常市场尚未形成，处在市场培育阶段，许可经济价值较低，甚至需要通过许可换市场的方式来培育市场，目前的无线充电技术的许可就是非常典型的案例。无线充电联盟（Wireless Power Consortium）为了吸引行业广泛使用其技术方案，提出5瓦以内的充电设备免费的许可策略，受到消费类产品的广泛欢迎，迅速打开了消费类充电市场，并通过消费类市场的海量应用将芯片成本降低到市场可以接受的程度。

（2）成长技术许可。当技术处于成长阶段时，技术通常处于过热期，对未来的发展预期偏高，许可的成本也高，同时，由于市场尚未成熟，随时可能出现新的替代技术，因此，成长技术的许可需要稳健一些，重点评估替代技术的风险。比如，通信标准Wifi及WiMAX之争，拿到WiMAX许可的企业最后是血本无归。为了避免这种情况，企业通常需要做好两手准备，两种技术都需要做好技术储备，以防丧失市场机会。

（3）成熟技术许可。成熟技术许可制度目前已经非常完善，很少出现当年DVD技术许可中出现失效专利收许可费的情况，收费标准也比较透明。这种情况为许可证交易打下了良好的基础，目前市场已经具备了基本条件，但是在国内还没有企业当第一个“吃螃蟹”的人。

（三）知识产权交易的问题及创新

1. 知识产权权属变更

随着知识产权交易市场的活跃，市场上涌现出一批知识产权交易中介，知识产权交易量每年大幅增长，但是知识产权权属变更的速度一直没有提升，一度出现权属变更积压，严重制约了知识产权交易市场的发展。因此，有必要对知识产权权属变更的流程进行优化和加速，特别是建立知识产权权属变更快速通道。将知识产权权属变更的时间从两周缩短到一周，并逐渐缩短至三个工作日。

2. 知识产权交易税收减免政策及办理

知识产权交易中的专利交易可以享受免征增值税及500万元以内技术性收入免所得税，500万元以上技术性收入减半征收所得税的政策。为了享受这些政策，企业需要到当地技术市场管理部门进行技术合同登记，以及到所在地税局申请所得税减免。这些税收减免的政策极大地促进了专利交易市场的发展，但是随着专利交易规模的增长，这些专利交易的技术合同登记量及所得税减免申请量也成倍增长，逐渐形成制约交易市场发展的瓶颈。因此，需要基于整个交易系统的角度重新制定技术合同登记的方式和税收减免办理方式，减少非必要的程序，提高办理效率。

3. 知识产权交易创新

知识产权服务行业属于传统的服务行业，在互联网无处不在的今天，知识产权服务行业的互联网化的比例依然很低，传统人工服务方面也面临着互联网浪潮的挑战，现在已经诞生部分“互联网+知识产权”的公司，比如中细软、知果果、权大师等；但是目前仅仅是在知识产权服务的基础上加入互联网的元素，并没有重新定义知识产权服务的方式。在未来在知识产权交易方面将面临以下几个方面重定义。

（1）电子合同。依据联合国国际贸易法委员会《电子商务示范法》、世界各国颁布的电子交易法以及我国的《中华人民共和国合同法》通过信息网络以电子化的方式订立的合同，统称为电子合同。电子合同目前应用的场景越来越多，部分合同的要件因为简化程序而缺失，从而产生了很多新的问题。比如，签约主体的认证、电子合同的效力、电子合同交易的安全性、电子合同的真实性等问题，这些问题严重制约了电子合同的广泛应用。因此电子合同还需要进一步改进优化。比如，依托国有企业平台设立，以增强独立性，作为第三方见证合同真实性；将自有认证与第三方认证相结合，提高认证水平；引入电子证据系统，提升电子合同法律效力；设计基于交易双方的加密技术，确保加密信息仅交易双方可以解密，提升交易安全性。

（2）电子支付。随着支付宝、微信支付等互联网支付业务的兴起，个人端（C端）的电子支付越来越便捷，但是基于企业端（B端）的电子支付因受企业财务制度的约束，一直无法广泛应用。只有在财务制度约束较少的收款业务，企业端应用得稍微多一些。所以现有的电子支付技术还需要技术创新，将电子支付技术与企业财务制度相结合，增加制单、复核等环节，以满足企业财务管理的需要。

（3）知识产权金融。提起知识产权金融，目前应用最多的场景是知识产权质押融资。其实知识产权质押融资只是发挥了知识产权的经济价值属性，并没有实现在知识产权交易环节增加金融助力，比如在知识产权交易基础上，通过银行向知识产权交易双方提供融资、结算及理财等服务，同时向知识产权交易双方提供贷款或融资服务，以弥补交易双方资金流不足的问题。通过知识产权金融服务为知识产权交易加上金融杠杆，激发知识产权交易市场的活力。

（四）知识产权交易 2.0 与 3.0

我国的知识产权交易市场经过2014—2016年三年的培育，已经打下了良好的基础，顺利完成知识产权交易1.0阶段目标，这三年沉淀下来的交易数据、交易价格及交易案例，培养了一批知识产权交易人才。伴随着互联网技术的引入，知识产权交易升级到知识产权交易2.0阶段、3.0阶段，交易规模翻几番，平均交易价格突破10万元，高价知识产权的交易比重逐渐提升。路漫漫其修远兮，吾将上下而求索，作为一名知识产权交易人，我们在亲眼见证整个知识产权交易市场成长的同时，更需要为实现这个目标而努力奋斗。